水下考古

Underwater Archaeology

第二辑

国家文物局水下文化遗产保护中心　主办

上海古籍出版社

图书在版编目（CIP）数据

水下考古. 第二辑／国家文物局水下文化遗产保护
中心主办. —上海：上海古籍出版社，2020.12
ISBN 978-7-5325-9824-3

Ⅰ. ①水… Ⅱ. ①国… Ⅲ. ①考古技术—水下技术
Ⅳ. ①K854.1

中国版本图书馆 CIP 数据核字（2020）第 237841 号

水下考古

（第二辑）

国家文物局水下文化遗产保护中心　主办
上海古籍出版社出版发行
（上海瑞金二路 272 号　邮政编码 200020）
（1）网址：www.guji.com.cn
（2）E-mail：guji1@guji.com.cn
（3）易文网网址：www.ewen.co
上海界龙艺术印刷有限公司印刷
开本 889×1194　1/16　印张 16　插页 2　字数 380,000
2020 年 12 月第 1 版　2020 年 12 月第 1 次印刷
ISBN 978-7-5325-9824-3/K·2932

审图号：GS(2020)2652 号　定价：228.00 元
如有质量问题，请与承印公司联系

《水下考古》编辑委员会

目　　录

CONTENTS

Conservation and Technology

Call for Papers

Specification of Article

金银岛一号沉船遗址 2018 年
水下考古调查简报

西沙群岛 2018 年水下考古队

摘 要： 2018 年国家文物局水下文化遗产保护中心与海南省博物馆联合组队对西沙群岛金银岛一号沉船遗址进行了水下考古重点调查，在金银岛一号沉船遗址发现船板一块。该遗址以石质类文物为主要堆积，表面还散落有一定数量的陶瓷器残片。根据对石质类文物和采集出水的瓷片特征的分析，金银岛一号沉船遗址的时代为清代中晚期。

关键词： 金银岛一号沉船遗址 水下考古调查 时代 性质

　　西沙群岛位于南海西北部，北起北礁，距海南本岛约 200 公里，南至先驱滩，东起西渡滩，西止于中建岛，由永乐和宣德两个岛群组成，其中永乐群岛包括北礁、永乐环礁、玉琢礁、华光礁、盘石屿五座环礁和中建岛一座台礁，永乐环礁又由金银岛、甘泉岛、珊瑚岛、全富岛、鸭公岛、银屿、石屿、晋卿岛、琛航岛、广金岛、筐仔沙洲、羚羊礁等岛礁组成[1]。

　　金银岛位于永乐环礁西南，因其在永乐环礁之外，状如环礁尾巴，故被渔民俗称为"尾峙"、"尾岛"。它东西长约 1 275、南北宽约 650 米，东缘距羚羊礁礁盘西缘约 6.6 公里。金银岛所在珊瑚礁礁盘中部有一非封闭型浅湖，东南礁盘上还分布有多个小沙洲，西南面有缺口，可出入小船。低潮时礁盘所在海域水深较浅，部分礁盘甚至能露出海面。

　　1974、1975 年广东省博物馆和海南行政区文化局开展了西沙群岛文物资源调查，并对甘泉岛和金银岛进行了考古试掘，在金银岛及其周边礁盘上发现一批重要文物[2]。

　　1991 年，中央民族大学王恒杰教授对西沙群岛的永兴岛、珊瑚岛、甘泉岛、金银岛等岛屿及岛屿周边的礁盘进行了考古调查，在金银岛周边礁盘上发现大量陶瓷器残片和石质类文物[3]。

　　1996 年 4～5 月，海南省文物保护管理办公室、中国历史博物馆水下考古学研究室、广东省文物考古研究所等单位联合组成了西沙群岛文物普查队。普查队在金银岛西南沙滩及礁盘上发现

———————————

［1］ 海南省地方志办公室：《西南中沙群岛志》，南海出版公司，2008 年，第 17~29 页。

［2］ 广东省博物馆：《广东省西沙群岛文物调查简报》，《文物》1974 年第 10 期；广东省博物馆：《西沙文物——中国南海诸岛之一西沙群岛文物调查》，文物出版社，1975 年；广东省博物馆、广东省海南行政区文化局：《广东省西沙群岛第二次文物调查简报》，《文物》1976 年第 9 期。

［3］ 王恒杰：《西沙群岛的考古调查》，《考古》1992 年第 9 期。

300 余件陶瓷器残片,推测其属于同一处沉船遗址[1]。

2010 年,中国国家博物馆和海南省文物局组成的西沙群岛水下考古工作队根据渔民提供的线索,在金银岛西南礁盘上发现一处沉船遗址。遗址内海床表面散落有大量的石质类文物和青花、白釉瓷器残片。由于遗址靠近金银岛,考古队遂将其命名为金银岛一号沉船遗址。

2012 年至 2014 年,中国国家博物馆和海南省文物局对金银岛一号沉船遗址进行了定期调查和复查,初步掌握了该遗址的分布范围、堆积状况和文化内涵。

2018 年 3~4 月,国家文物局水下文化遗产保护中心与海南省博物馆联合开展并实施了2016~2017 年度西沙群岛水下考古调查项目。金银岛一号沉船遗址水下考古重点调查是该项目的主要工作内容之一。

金银岛一号沉船遗址位于西沙群岛永乐环礁金银岛西南部礁盘所在海域内,东北距金银岛约 960 米,南距礁盘边缘约 190 米。

一、调 查 经 过

金银岛一号沉船遗址 2018 年水下考古重点调查自 2018 年 3 月 25 日开始,至 4 月 20 日结束。

由于遗址所在海域水深较浅,工作母船无法抵近工作现场,只能锚定在距离遗址较远的较深海域。工作母船锚定位置与遗址之间人员、设备和工具材料的运输只能由小艇来完成。小艇空间小不便于单次运送较多的设备和人员,多次往返又会增加时间成本和安全隐患,因此出于安全和工作便利考虑,考古队利用浮筒和木板制作了一个 5 米×6 米的水上浮台,并将其锚定在遗址上方作为水面工作平台,用以放置设备、工具材料和人员上下水的潜水平台及临时休息场所(图一、二)。

图一　制作水面平台　　　　　　　　　图二　锚定于遗址上方的水面平台

---

[1] 郝思德:《'96 西沙群岛文物普查的新收获》,《岭峤春秋——海洋文化论集》,广东人民出版社,1997 年,第 300~306 页。

金银岛一号沉船遗址 2018 年水下考古重点调查主要完成了以下工作：

1）对遗址保存现状进行全面的摄影、摄像等影像资料采集和文字记录。

2）对遗址开展水下考古重点调查和局部清理试掘,详尽记录遗址的分布范围,地层堆积,遗物位置、种类、尺寸及海底环境等信息。

通过对遗址保存现状进行全面的影像记录,基本确认了遗址的分布范围和堆积情况。根据遗址的分布和工作需要,在遗物分布较为密集的区域设置了永久基点,并以基点为中心布设基线。共计布设南北向、东西向主基线各一条（图三）,其中东西向基线长 72 米,南北向基线长 123 米,从而把遗址分为 I（东北）、II（东南）、III（西南）、IV（西北）四个工作区域。在主基线交叉点（距离南北向基线南端点 25 米）、东西向主基线东端点（距离主基线交叉点 36.8 米）安放水下永久基点标识并记录其 GPS 坐标（图四、五）,同时为了扩大测绘范围、全面记录遗址原貌,还布设了多条辅助参考基线。

图三　水下基线（由南向北）

图四　主基线交叉点处设置的基点标识

图五　对基点进行 GPS 定位

基线布设完成后,以基线为网格和参照开展水下考古重点调查,对部分遗迹和遗物进行清理,并选取了船板位置进行局部解剖以确认遗址的地层堆积,对暴露出来的船板、石质类文物、陶瓷器残片以及海底地形地貌进行测绘、摄影摄像、分类统计、特征描述等资料采集和全面记录。

鉴于遗址的分布范围非常大,在水下调查中采用了分组、分区域、传统手工测绘与摄影制图相结合、现场人工摄影摄像与软件拼接合成影像相结合等工作方法。传统手工测绘通过布设与主基线平行的辅助参考基线,测绘并记录遗迹或遗物与基线的相对位置,实时完成测绘。其特点是效率偏低、水下工作时间长、对海况要求不高,但测绘完毕即可成图并便于随时查漏补缺（图六）。摄影制图是通过水下拍摄遗迹或遗物的正射影像并测量其尺寸、方向及相对位置，随后在电脑上使用制图软件完成测绘和拼接。这种工作方法的特点是效率高、水下工作时间短，但是对摄影技术和海况的要求较高，且室内工作较多（图七）。通过传统手工测绘与摄影制图相结合，完成了遗址分布范围内海床表面地形起伏图和遗物平面分布图的测绘。

图六　传统手工测绘

图七　摄影制图

在水下测绘的同时即时跟进录像、拍照等相关记录工作，对遗址进行了全方位的摄影和摄像记录，并对不同种类石质文物及陶瓷器标本的水下埋藏情况进行了影像记录，而后通过相关软件构建遗物分布密集区域及部分有代表性的石质类文物的三维模型（图八、九）。

图八　水下录像

图九　水下摄影

在遗址西北部Ⅳ区内发现一块炭化木板，其一端暴露于海床表面，为了弄清其性质和分布范围，以该木板为中心，布设了三个2米×2米的南北向软探方（与南北向主基线平行），由南至北分别编号为T1、T2、T3，其中T1的西南角距离主基线交叉点47米，距离南北向基线10米。通过对三个探方进行试掘和清理，揭露出一块残断的炭化船板，位于T2中部，呈东北—西南走向，船板附近还发现有大量陶瓷器残片分布（图一〇、一一、一二、二六）。

图一〇　Ⅳ区试掘探方清理

图一一　Ⅳ区试掘探方 T1、T2、T3 分布图（由南向北）

图一二　Ⅳ区试掘探方 T2 内船板及瓷片埋藏情况

图一三　遗址内海水样品采集

　　3）在做好资料采集及记录的基础上，对部分小件遗物如陶瓷器残片进行了提取，同时对发现的船板及海底泥沙、海水、海洋生物等进行了样品采集（图一三）。

　　4）本次金银岛一号沉船遗址水下考古重点调查提取出水的文物主要为瓷器残片、石砚、船板等。考古队对出水文物按质地进行了保湿、脱盐、表面清理等有针对性的现场保护，极大保留了文物原始信息，将出水后环境的改变对文物造成的影响降到最低，主要的保护方法和技术有：出水文物保存状况评估，病害图的绘制，瓷器残片、石砚表面附着物的清除和脱盐浸泡，以及船板取样木材的脱盐浸泡等（图一四）。现场工作结束后，将文物移交给博物馆开展后续的保护和研究工作。

　　5）在完成金银岛一号沉船遗址水下考古重点调查的基础上对其进行了仪器探测。由于遗址所在海域水深很浅，大的工作船无法抵近遗址现场，因此使用了 SHARK MARINE NAVIGATOR D127 型潜水员水下声呐导航系统开展探测。该系统集成有 Starfish 475 型侧扫声呐和 Imagenex 837B 型多波束测深系统，以水下推进器作为动力。考古队采用人工操作水下推进器的方式对遗址进行探测，初步获取了遗址所在水域的水深、水温、地质构造、海底地形等基础信息和资料（图一五）。

图一四　出水文物脱盐浸泡　　　　　　　　　图一五　探测调查

二、遗址概况

　　金银岛一号沉船遗址所在海域的海底大部分区域为壳状的珊瑚板岩，部分区域珊瑚板岩上覆盖有一层较薄的死鹿角珊瑚残段堆积，死鹿角珊瑚残段堆积中夹杂有少量珊瑚砂。海底地形有一定起伏，北部较浅，南部深，高平潮时北部水深1.5米，南部水深2.2米。海水清澈，水质较好，能见度高，水底能见度约20米（图一六、一七）。由于遗址所在海域靠近礁盘浪花线，水深浅，受水面风浪影响大，水中涌浪较急，水下工作时人员易受涌浪影响而来回漂动，难以固定、有效地停留在遗址内的工作区域，水下工作难度很大。南风天气时由于遗址南部直接面向外海，没有岛礁遮挡，受风浪影响更甚；北风天气时遗址东北部的金银岛可以一定程度地遮挡风力的影响，所以工作条件相对较好。

图一六　遗址所在海域海底环境　　　　　　　图一七　遗址所在海域海底环境

　　遗址南部有多道东北—西南向的冲沟。东部冲沟位于东西向主基线东端点向南约30米，中部冲沟位于南北向主基线南端点向南约25米，西部冲沟位于东西向主基线西端点向西9米处。冲沟内的堆积多为松散的死鹿角珊瑚残段和珊瑚砂，其间还发现有少量的石质文物散落。高平潮时冲沟沟底最深处水深约 6 米。冲沟向南延伸到礁盘外坡一定距离后皆封闭,多没有连通外海(图一八、一九、二五)。冲沟以南为礁盘边缘,呈斜坡状,硬质珊瑚底,地表生长有大量珊瑚,水下生态良好(图二〇、二一)。

图一八　遗址南部冲沟(由北向南)

图一九　遗址南部冲沟(由东向西)

图二〇　冲沟及南部礁盘(由北向南)

图二一　斜坡状礁盘(由西向东)

在金银岛一号沉船遗址发现一块船板,仅有一小段暴露于海床表面,大部分被埋藏于海床以下。遗址以石质类文物为主要堆积,石质类文物之间还发现有少量的陶瓷器残片。石质类文物和陶瓷器残片大多直接分布于海床表面,部分石质类文物存在叠压堆积的情况。遗址整体分布略呈南北向,核心堆积区南北长 124、东西宽 72 米,共计发现石质类文物 646 件(见图一二、二二、二三、二四)。

遗址核心堆积区以外发现的石质类文物较少,仅在遗址东部冲沟内发现 5 件、中部冲沟内发现 14 件。核心堆积区以北 40 米处还发现一处陶瓷器残片散落区。该区域海底主要为珊瑚砂,其间夹杂有少量死后的鹿角珊瑚残段。海床表面仅发现一定数量的陶瓷器残片,不见石质类文物。陶瓷器残片呈南北向条带状分布,分布范围南北宽 65、东西长 81 米,多见装饰连续成组变体寿字纹的青花瓷碗、盘等。这些残片与核心堆积区船板附近及石质类文物之间发现的青花瓷器残片在釉色、器形及纹饰等方面基本一致,应是受海浪冲刷作用而远离遗址核心堆积区后形成的堆积(图二五)。

图二二　石质类文物分布情况

图二三　石质类文物分布情况

图二四　金银岛一号沉船遗址水下概貌（东西 40 米×南北 50 米）

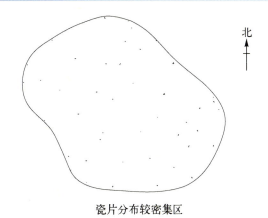

北

瓷片分布较密集区

IV　　I

遗址核心堆积区

III　　II

0　5　10米

图二五　金银岛一号沉船遗址平面图

　　金银岛一号沉船遗址的地层堆积比较简单，且堆积较薄，以遗址西北部Ⅳ区试掘探方 T2 的地层堆积为例，可以分为 3 层（图二六、二七）：

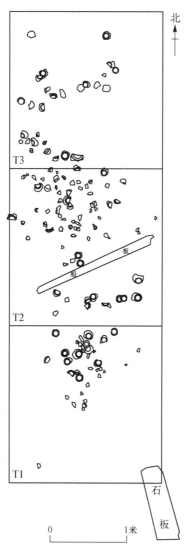

图二六　金银岛一号沉船遗址Ⅳ区试掘探方 T1、T2、T3 平面图

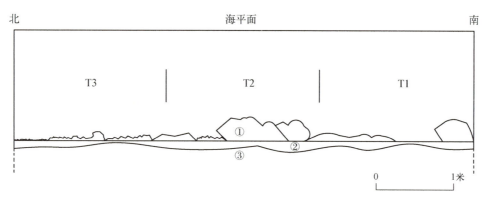

图二七　金银岛一号沉船遗址Ⅳ区试掘探方 T1、T2、T3 东壁剖面图

第①层：厚约 10～20 厘米，堆积主要为松散的死鹿角珊瑚残段和珊瑚石，其间分布有少量石质类文物和陶瓷器残片，应为海浪冲刷和珊瑚死后形成的堆积。

第②层：深 10～15 厘米，厚 10～30 厘米，白色珊瑚砂，较细腻，发现有船板及大量陶瓷器残片，器类有碗、盘、碟、杯、盏、汤匙、砚台、器盖等，应为沉船遗址形成时的原生堆积。

第③层：深 20～30 厘米，珊瑚板岩，厚度不明，珊瑚板岩硬而结实，未发现遗物。

三、遗迹与遗物

（一）遗迹

在金银岛一号沉船遗址仅发现一块船板，位于核心堆积区西北部Ⅳ区试掘探方 T2 内，没有发现其他遗迹。船板只有一小段暴露于海床之上，而大部分被埋藏于海床以下约 0.3 米处，外表呈黑色，质地松软，表面有大量海洋生物蛀蚀后形成的孔洞，残长 160、残宽 10、厚 6 厘米。有多枚铁钉镶嵌在船板中，铁钉锈蚀严重，船板附近散落有大量陶瓷器残片。由于没有直接暴露在海床表面，这些陶瓷器残片表面基本没有附着物，器表光亮莹润。船板以上的堆积主要由松散的死鹿角珊瑚残段、珊瑚石块构成。所在区域周围海床表面还散落有一定数量的石质类文物（见图二五、二六，图二八）。

图二八　全部揭露后的船板

（二）遗物

通过本次水下考古调查，在金银岛一号沉船遗址共发现遗物 713 件。该统计数字主要包括全部石质类文物、船板和提取出水的陶瓷器标本，其他散落于遗址表面的陶瓷器残片由于数量太多，未列入统计数量中。根据材质可以将这些文物分为石质类、陶瓷类及木质船板三类，其中石质类文物发现 665 件，木质船板仅发现 1 块（在遗迹部分已介绍，不再详述），采集出水陶瓷器残片 47 件（表一）。

表一　金银岛一号沉船遗址遗物统计表

名　　　称		数量（件）	备　注
石　板	素面石板	517	
	台阶状石板	6	
	六边形石板	6	
	夹柱石板	5	

（续表）

名　　称		数量(件)	备　　注
石　条	长条形石条	43	
	弧形隆起石条	5	
石　柱	圆形石柱	20	
	方形石柱	22	
石基座		1	
石须弥座		5	
地袱石		2	
石华拱		1	
石屋檐构件		6	
石屋面盖板		7	
石斗		1	
石磨盘		4	
石砚		2	提取出水
石擂钵		5	
石杵		4	
碇石		3	
木船板		1	采集样品
青花瓷器	碗	11	提取出水
	盘	4	提取出水
	盏	1	提取出水
	汤匙	1	提取出水
五彩瓷器	碗	3	提取出水
	盘	6	提取出水
	碟	6	提取出水
	盅	3	提取出水
青白釉瓷器	杯	4	提取出水
	汤匙	3	提取出水
	器盖	2	提取出水
	瓶	1	提取出水
白釉瓷器	碟	2	提取出水
总　计		713	

1. 石质类文物

在金银岛一号沉船遗址共发现石质类文物 665 件,多散落于海床表面,分布较为集中,部分区域石质类文物存在多件叠压的情况。大多数石质类文物的表面附着有珊瑚和其他海洋生物,颜色斑驳不纯,部分石质类文物雕刻有精美的花纹装饰,多见浅浮雕的缠枝花卉纹、绶带纹等。根据功用可以分为建筑构件、生活用具和船上用具等三类。

(1)建筑构件

石质建筑构件共发现 647 件,占发现石质类文物总量的绝对多数。根据形状、尺寸和功用又分为石板、石条、石柱、基座、须弥座、屋面盖板、地栿石、华拱、屋檐构件、石斗等。

① 石板　534 件,可分为素面、台阶状、六边形、夹柱石板四类。

素面石板　平面呈长方形或方形,多素面,部分装饰有线纹,共 517 件。

标本 2018XSJYW01：51,平面呈长方形,素面无纹,平躺于海床表面,器表附着有一层海洋生物和珊瑚砂,颜色斑驳不纯。长 92、宽 30、厚 9 厘米(图二九)。

台阶状石板　石板两侧各有两个小台阶,背部较平,发现 6 件。

标本 2018XSJYW01：161,平面呈长方形,侧面为台阶形盝顶状,素面,平躺于海床表面,器表附着有一层海洋生物和珊瑚砂,生长有一棵珊瑚,颜色斑驳不纯。长 75、宽 35、厚 10 厘米(图三〇)。

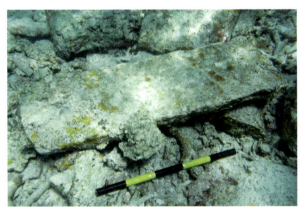 

图二九　素面石板(2018XSJYW01：51)埋藏情况　　图三〇　台阶状石板(2018XSJYW01：161)埋藏情况

六边形石板　平面呈六边形,素面,较为平整,发现 6 件。

标本 2018XSJYW01：99,器表附着有一层海洋生物和珊瑚砂,呈灰白色。边长 18、厚 8 厘米(图三一)。

夹柱石板　石板中间或拐角处有缺口,发现 5 件。

标本 2018XSJYW01：126,平躺于海床表面,底朝上,略内收,中部有一长方形缺口,长方形缺口内还有一圆形缺口,已残断,器表附着有一层海洋生物和珊瑚砂,颜色斑驳不纯。长 91、残宽 46、厚 9 厘米(图三二)。

② 石条　发现 48 件,根据石条截面的形状分为长条形和弧形隆起两类。

图三一　六边形石板(2018XSJYW01：99)埋藏情况　　　图三二　夹柱石板(2018XSJYW01：126)埋藏情况

长条形石条　截面呈长方形，共43件，多素面。

标本2018XSJYW01：607，两端略残，平躺于海床表面，器表附着有一层海洋生物和珊瑚砂，呈灰白色。残长180、宽30、厚13厘米(图三三)。

弧形隆起石条　截面上半部呈圆弧形隆起，下半部为长方形，发现5件，多素面。

标本2018XSJYW01：492，完整，上半部呈圆弧形隆起，下半部为长方形，一端有较短的长方形榫头，器表附着有一层海洋生物和珊瑚砂，颜色斑驳不纯。长110、宽23、厚15厘米(图三四)。

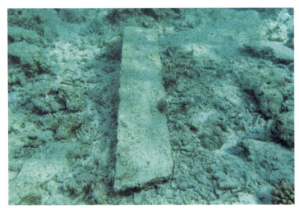

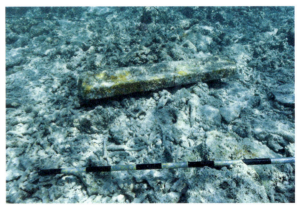

图三三　长条形石条(2018XSJYW01：607)埋藏情况　　　图三四　弧形隆起石条(2018XSJYW01：492)埋藏情况

③ 石柱　42件，根据截面的形状分为圆形石柱和方形石柱两类。

圆形石柱　20件，截面为圆形，多素面，部分石柱下部较柱身粗，修整得比较粗糙，少数有榫卯结构的凹槽。

标本2018XSJYW01：290，较完整，上部略细，较为规整，直径26厘米，下部长78厘米，较柱身略粗，直径32厘米，比较粗糙，器表附着物较少，呈青灰色。残长270厘米(图三五)。

方形石柱　22件，截面为长方形，下部略粗，柱身多装饰有浮雕花纹，部分石柱上部发现有榫卯结构的凹槽。

图三五　圆形石柱(2018XSJYW01：290)埋藏情况　　图三六　方形石柱(2018XSJYW01：491)埋藏情况

标本 2018XSJYW01：491，下部完整，修整得较为粗糙，柱身侧面浅浮雕有"一瓶青莲"纹样，顶部残断，残存一兽爪，器表附着有一层海洋生物和珊瑚砂，呈灰黑色。残长 177、宽 20、厚 20 厘米(图三六)。

④ 石基座　1 件。

标本 2018XSJYW01：558，平面呈梯形，中部内收呈束腰状，器表附着有一层海洋生物和珊瑚砂，并生长有多棵珊瑚，颜色斑驳不纯。上部长 60、下部长 72、高 34 厘米(图三七)。

⑤ 石须弥座　5 件。形制相近，发现的石须弥座皆为完整须弥座的一半，两半可以合成一个正六面形的完整须弥座，分两层，底层刻出圭角，似地栿形状，中间亚腰形，浮雕有暗八仙、绶带等纹样，顶部较平，中间开一圆孔，圆孔贯穿座身。

标本 2018XSJYW01：68，器表附着有一层海洋生物和珊瑚砂，生长有多棵珊瑚，颜色斑驳不纯。边长 55、座高 65、最宽处 110、顶部圆孔直径 30 厘米(图三八)。

图三七　石基座(2018XSJYW01：558)埋藏情况　　图三八　石须弥座(2018XSJYW01：68)埋藏情况

⑥ 地栿石　2 件，形制相近。

标本 2018XSJYW01：162，较完整，长条状，上部截面为圆形，两端有长方形榫状外凸，下部截面为长方形，器表附着有一层海洋生物和珊瑚砂，颜色斑驳不纯。通长 162、宽 22、厚 7～15 厘米，长方形凸榫长 13、宽 8、厚 7 厘米(图三九)。

图三九　地袱石（2018XSJYW01∶162）埋藏情况　　　图四〇　石华拱（2018XSJYW01∶614）埋藏情况

⑦ 石华拱　仅发现 1 件。

标本 2018XSJYW01∶614，残损严重，一端内卷，器表附着有少量珊瑚砂，石材呈青灰色，夹杂有较多黑色结晶颗粒。残长 28、高 10、厚 7 厘米（图四〇）。

⑧ 石屋檐构件　发现 6 件，形制相近。

标本 2018XSJYW01∶287，两端略残，平面呈长方形，顶部雕刻有 5 道瓦垄，瓦垄之间为 4 道内凹的瓦面，与瓦面相对应的位置各雕刻有三角形的滴水，器表附着有一层海洋生物和珊瑚砂，颜色斑驳不纯。残长 100、宽 32、厚 15 厘米（图四一）。

⑨ 石屋面盖板　7 件，形制相近。

标本 2018XSJYW01∶519，残，整体呈歇山顶式，中部有一道较粗的凸棱，凸起较高，两短侧面倾斜，雕刻有多道瓦垄。残长 70、宽 38、厚 6 厘米（图四二）。

图四一　石屋檐构件（2018XSJYW01∶287）埋藏情况　　图四二　石屋面盖板（2018XSJYW01∶519）埋藏情况

⑩ 石斗　仅发现 1 件。

标本 2018XSJYW01∶477，青灰色石材制成，上部呈四脚香炉状，有四个长方形凸榫，下部残，四角呈圆弧形，雕刻有兽状纹样，依稀可辨为"象"形，器表附着有一层海洋生物和珊瑚砂，颜色斑驳不纯。宽 40、残高 20 厘米（图四三）。

图四三　石斗（2018XSJYW01：477）埋藏情况

图四四　石磨盘（2018XSJYW01：315）埋藏情况

（2）生活用具

石质生活用具仅发现 15 件，数量较少，根据功用的不同分为石磨盘、石砚、石擂钵、石杵等。

① 石磨盘　4 件。形制相近，多为石磨的一半，平面为圆形，平底。

标本 2018XSJYW01：315，为石磨下半部，略残，器表附着有一层海洋生物和珊瑚砂，生长有多棵珊瑚，颜色斑驳不纯。磨盘厚 15、外径 55、出汁槽深约 4 厘米，出汁槽内为研磨面，高约 6、直径 36 厘米，研磨面中部有一方孔，边长 4 厘米（图四四）。

② 石砚　仅发现 2 件。

标本 2018XSJYW01：679（提取出水，出水编号 2018XSJYW01：采 1），青灰色石材制成，完整，平面呈"风"字形，双墨池，底面内凹，侧面及背部有多道刻划凹槽，器表部分位置附着有一层较薄的珊瑚砂。通长 19、宽 11～14、厚 2.7 厘米（图四五）。

标本 2018XSJYW01：678（提取出水，出水编号 2018XSJYW01：采 49），青灰色石材制成，略残，平面呈长方形，墨池较平，一端略凹，墨池四周有边框，边框略高出墨池，器表部分位置附着有一层较薄的珊瑚砂。长 9.6、宽 6.8、厚 1 厘米（图四六）。

图四五　石砚（2018XSJYW01：679）

③ 石擂钵　5 件。形制相近，多斜沿、鼓肩、斜弧腹、小平底略内凹，素面无纹。

标本 2018XSJYW01：497，完整，器表附着有一层海洋生物和珊瑚砂，颜色斑驳不纯。口径 20、通高 14 厘米（图四七）。

④ 石杵　4 件，形制相近。

标本 2018XSJYW01：496，青灰色石材制成，较为平滑，一端较细，另外一端略粗，器表附着有一层海洋生物和珊瑚砂，颜色斑驳不纯。长 27、最大径 8 厘米（图四八）。

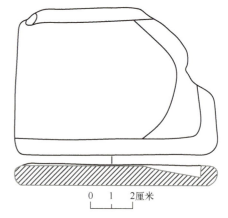

0 　1 　2厘米

图四六　石砚（2018XSJYW01：678）

图四七　石擂钵（2018XSJYW01：497）埋藏情况　　　　图四八　石杵（2018XSJYW01：496）埋藏情况

（3）石质船上用具

石质船上用具仅发现3件，均为碇石，2件较为完整，1件残断，呈橄榄状，中部较宽，有一周环绕碇身的长方形浅槽，两端内收变窄。

标本2018XSJYW01：577，器表附着有一层海洋生物和珊瑚砂，颜色斑驳不纯。通长327、宽40~43、厚35厘米（图四九）。

2. 瓷器

金银岛一号沉船遗址以石质类文物为主要堆积，石质类文物之间及遗址核心堆积区北部

图四九　碇石（2018XSJYW01：577）埋藏情况

的海床表面散落有一定数量的陶瓷器碎片，总体分布较为零散，仅在船板附近海床以下的第②层中陶瓷器碎片分布相对比较集中。

2018年金银岛一号沉船遗址水下考古重点调查共采集出水瓷器47件（片），皆为残片，没有完整器，器类有碗、盘、杯、盅、盏、碟、匙、瓶、器盖等，根据釉色可以分为青花、五彩、青白釉和白釉四类。

（1）青花瓷器

采集出水 17 件。青花颜色黯淡，浓淡不一，淡处浅蓝，浓处略发黑，釉色泛青灰，胎质灰白，外壁装饰纹样比较单一，多为成组连续的青花变体寿字纹或花卉纹，内底中部或素面，或饰青花押款，内底外部多有一周涩圈，口沿、底、足多刮釉，器类有碗、盘、盏、匙等，以碗、盘为主。

① 青花瓷碗　11 件，形制相近。

标本 2018XSJYW01：688（出水编号 2018XSJYW01：采 10），口、腹、底皆存，侈口、圆唇、斜弧腹、平底中部略凸、圈足较高，足墙底部刮削露胎，较平，外底及内足墙无釉，外足墙有烧结痕迹，内底有一周涩圈，灰白胎，质地细密、坚硬，釉色白中泛青灰，外腹上部饰有成组连续青花变体寿字纹，内壁素面无纹。口径 15、底径 7、通高 5.4、足高 1.2 厘米（图五〇）。

标本 2018XSJYW01：709（出水编号 2018XSJYW01：采 15），口、腹、底皆存，侈口、圆唇、斜弧腹、平底中部略凸、圈足较高，足墙底部刮削露胎，内底有一周涩圈，灰白胎，质地细密、坚硬，釉色白中泛青灰，外腹上部饰有青花花卉纹，近底处有一道青花弦纹，外足墙饰有两道青花弦纹，内壁素面无纹。口径 13.2、底径 7.5、通高 6、足高 1.3 厘米（图五一）。

标本 2018XSJYW01：712（出水编号 2018XSJYW01：采 18），仅存下腹部和碗底，弧腹内收，平底略凹，圈足较高，足墙底部刮削露胎，较平，内底有一周涩圈，灰白胎，质地细密、坚硬，釉色白中泛青灰，外腹饰有成组连续青花变体寿字纹，寿字纹以下有两道青花弦纹，外足墙上部饰两道青花弦纹，内腹部近底处有两道青花弦纹，内底中部有青花"双泉"圆形押款，圆形押款外饰六瓣青花花瓣纹。底径 11.8、残高 6、足高 2.6 厘米（图五二）。

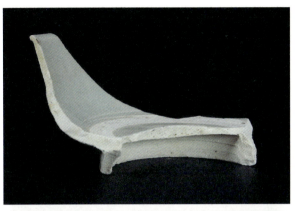

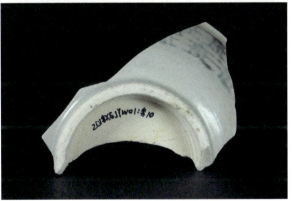

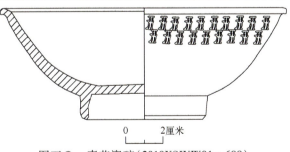

图五〇　青花瓷碗（2018XSJYW01：688）

标本 2018XSJYW01：713（出水编号 2018XSJYW01：采 20），口、腹、底皆存，侈口、圆唇、斜弧腹、平底略凹、圈足较高，足墙底部刮削露胎，外底及内足墙无釉，内底有一周涩圈，灰白胎，质地细密、坚硬，釉色白中泛青灰，外腹上部饰有成组连续青花变体寿字纹，近底处有一道青花弦纹，外足墙饰有两道青花弦纹，内壁素面无纹。口径 12、底径 5.8、通高 6.4、足高 0.9 厘米（图五三）。

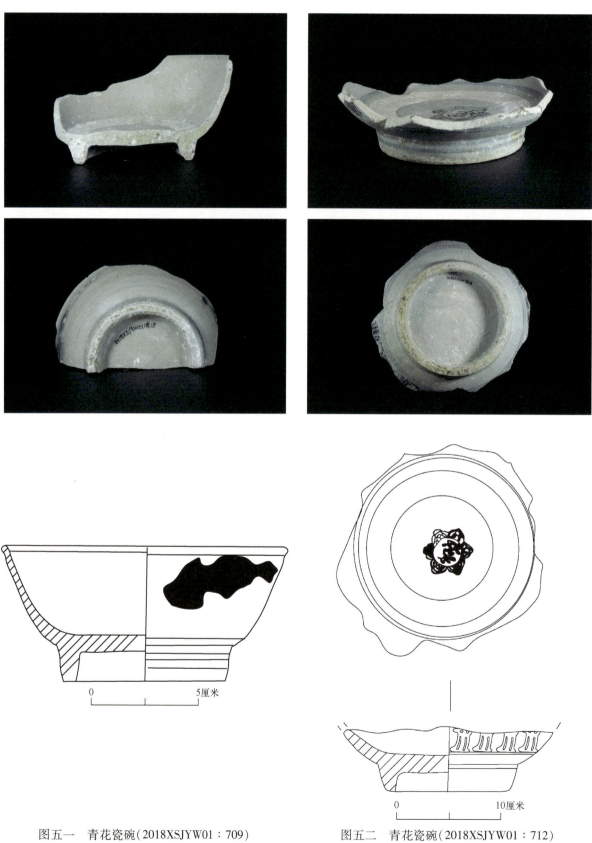

图五一　青花瓷碗（2018XSJYW01：709）　　　　　图五二　青花瓷碗（2018XSJYW01：712）

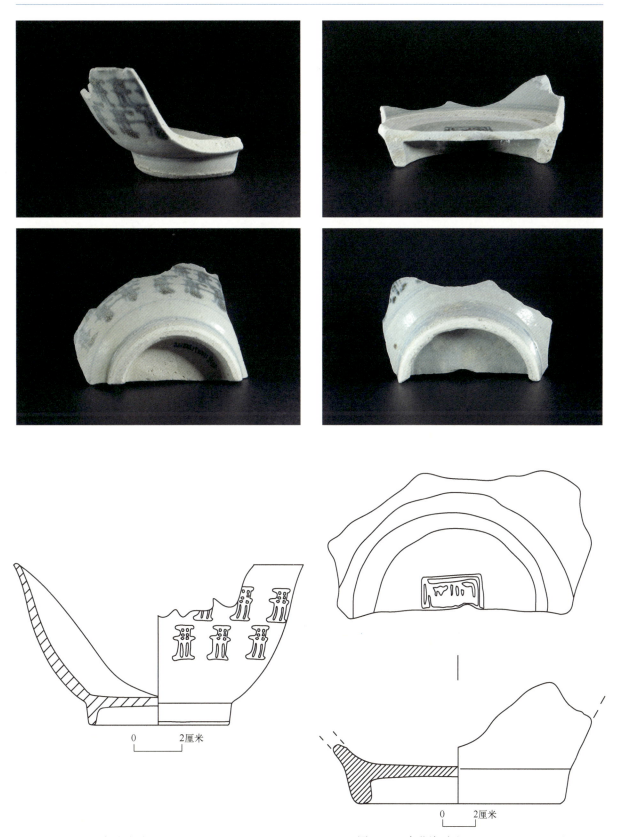

图五三　青花瓷碗（2018XSJYW01：713）　　　　　图五四　青花瓷碗（2018XSJYW01：546）

标本 2018XSJYW01：546(出水编号 2018XSJYW01：采 22)，仅存下腹部和碗底，斜弧腹内收，平底，圈足较高，足墙底部刮削露胎，较平，内底有一周涩圈，灰白胎，质地细密、坚硬，釉色白中泛青灰，腹部外壁饰有成组连续青花变体寿字纹，寿字纹以下有两道青花弦纹，外足墙上部饰两道青花弦纹，内腹部近底处饰两道青花弦纹，内底中部有青花方形押款，押款仅余一半，款识不辨。底径 12.6、残高 6.6、足高 2.0 厘米(图五四)。

标本 2018XSJYW01：545(出水编号 2018XSJYW01：采 19)，仅存部分口、腹残片，侈口、圆唇，灰白胎，质地细密、坚硬，白釉略泛蓝，口沿外壁饰两道青花弦纹，腹部外壁饰青花"……山雨……"等文字。口径 15、残高 4.3 厘米(图五五)。

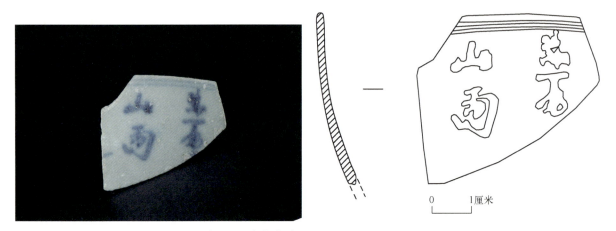

图五五　青花瓷碗(2018XSJYW01：545)

标本 2018XSJYW01：694(出水编号 2018XSJYW01：采 34)，口、腹、底皆存，侈口、圆唇、斜弧腹、平底、圈足较高，足墙底部刮削露胎，内底有一周涩圈，灰白胎，质地细密、坚硬，釉色白中泛青灰，釉面有冰裂纹，外腹上部饰青花花卉纹，外足墙上有两道青花弦纹，内壁素面无纹。口径 12.5、底径 6.3、通高 6.2、足高 1.3 厘米(图五六)。

② 青花瓷盘　4 件。

标本 2018XSJYW01：689(出水编号 2018XSJYW01：采 11)，口、腹、底皆存，敞口、圆唇、浅斜弧腹、平底、矮圈足，足墙底部刮削露胎，内底有一周涩圈，灰白胎，质地细密、坚硬，釉色白中泛青，口沿外壁有二道青花弦纹，上腹部外壁饰有青花花卉纹，圈足与腹底交接处有一道青花弦纹，内壁口沿及近底处绘有三道青花弦纹，弦纹之间为青花花卉纹。口径 14、底径 7.1、通高 3.1、足高 0.6 厘米(图五七)。

标本 2018XSJYW01：48(出水编号 2018XSJYW01：采 30)，仅存部分腹和底，浅弧腹、平底、矮圈足，灰白胎，质地细密、坚硬，釉色白中泛黄，内外壁均饰有青花芝草纹。底径 8、残高 2、足高 0.4 厘米(图五八)。

标本 2018XSJYW01：49(出水编号 2018XSJYW01：采 31)，仅存盘底残片，平底，灰白胎，质地细密、坚硬，釉色白中泛黄，内底较平，饰青花方形押款，款文为"全兴"，残长 5、残宽 4.5、厚 0.8 厘米(图五九)。

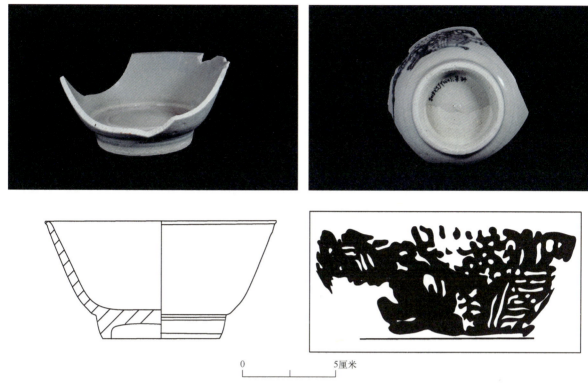

0　　　　　　　5厘米

图五六　青花瓷碗（2018XSJYW01：694）

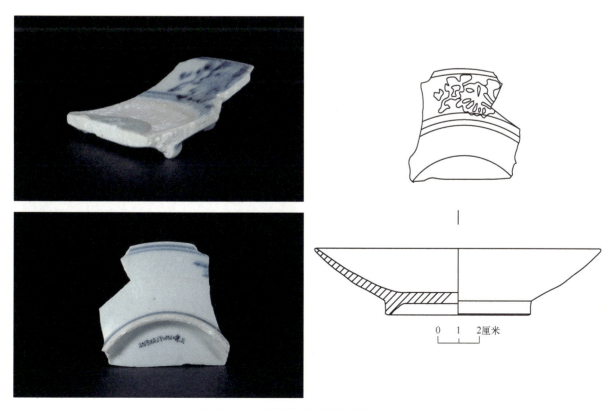

0　1　2厘米

图五七　青花瓷盘（2018XSJYW01：689）

图五八　青花瓷盘（2018XSJYW01：48）

图五九　青花瓷盘（2018XSJYW01：49）

标本 2018XSJYW01：50（出水编号 2018XSJYW01：采 32），仅余部分口沿，卷沿、圆唇、弧腹，灰白胎，质地细密、坚硬，釉色白中泛青灰，内壁饰成组连续青花变体寿字纹，外壁口沿下饰青花花卉纹。口径 21、残高 2.7 厘米（图六〇）。

图六〇　青花瓷盘（2018XSJYW01：50）

③ 青花瓷盏　1 件。

标本 2018XSJYW01：550（出水编号 2018XSJYW01：采 26），口、腹、底皆存，侈口、尖唇、弧

腹、平底略凹、矮圈足,灰白胎,质地细密、坚硬,满施白釉,略泛青灰色,釉面残存有一层白斑,外壁口沿及腹部绘有三道青花弦纹,弦纹之间为青花圈点纹。口径 10.7、底径 5、通高 4.4、足高0.7 厘米(图六一)。

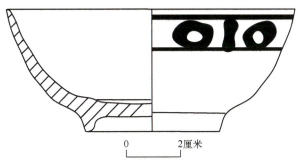

图六一　青花瓷盏(2018XSJYW01:550)

④ 青花瓷汤匙　1 件。

标本 2018XSJYW01:701(出水编号 2018XSJYW01:采 41),柄部上端残缺,汤匙前部残缺,灰白胎,质地细密、坚硬,满施白釉,略泛青灰色,内外壁均满饰青花花卉纹,外底略内凹。残长 7.8、宽 4.6、匙部高 1.6 厘米(图六二)。

(2)五彩瓷器

采集出水 18 件。多白胎、白釉,釉上施彩绘,但彩绘大多已经脱落,仅可见痕迹,器类有碗、盘、碟、盅等。

① 五彩瓷碗　3 件,形制相近。

标本 2018XSJYW01:549(出水编号 2018XSJYW01:采 25),仅存下腹部和圈足、弧腹、内底中部略凸、高圈足,胎质白而细腻,满施白釉,仅内底有一周涩圈,部分涩圈边缘残存有红彩,外腹部残留有五彩弦纹和网纹痕迹,彩已脱落。底径 7.4、残高 6.4、足高 1.6 厘米(图六三)。

② 五彩瓷盘　6 件,形制相近。

标本 2018XSJYW01:680(出水编号 2018XSJYW01:采 2),口、腹、底皆存、敞口、口沿微侈、斜弧腹、平底、矮圈足,足墙底部刮削露胎,胎质白而细腻,满施白釉,仅内底有一周涩圈,内壁残

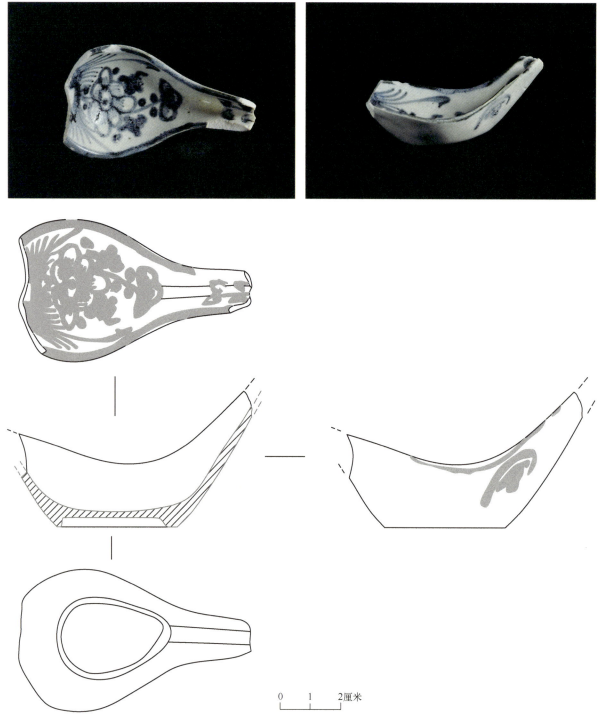

图六二　青花汤匙（2018XSJYW01：701）

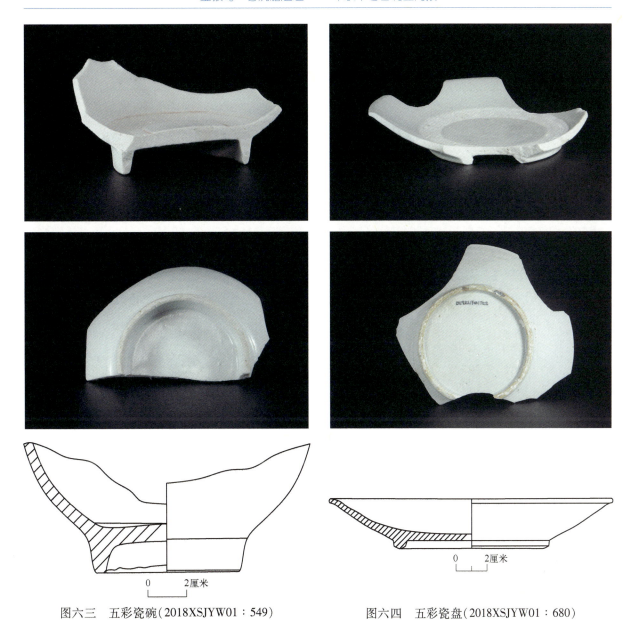

图六三　五彩瓷碗（2018XSJYW01：549）　　　　图六四　五彩瓷盘（2018XSJYW01：680）

存有五彩网格纹痕迹，内底中部可见五彩花卉纹，花卉纹外为弦纹，彩皆已脱落，仅见花纹痕迹。口径 17、底径 9.5、通高 3、足高 0.5 厘米（图六四）。

标本 2018XSJYW01：47（出水编号 2018XSJYW01：采 29），仅存部分口沿、腹部和圈足，敞口、浅弧腹、内底中部略凹、矮圈足，足墙底部刮削露胎，胎质白而细腻，满施白釉，仅内底有一周涩圈，腹部内壁残存有少量红彩，纹样不辨。口径 13、底径 8、通高 3.3、足高 0.6 厘米（图六五）。

③ 五彩瓷碟　6 件，形制相近。

标本 2018XSJYW01：685（出水编号 2018XSJYW01：采 7），口、腹、底皆存，侈口、尖唇、浅弧腹、平底略凹、矮圈足，胎质白而细腻，满施白釉，略泛青，彩绘皆已脱落，仅在内底中部依稀可见有彩绘变体寿字纹痕迹残留。口径 7.8、底径 6、通高 2.2、足高 0.5 厘米（图六六）。

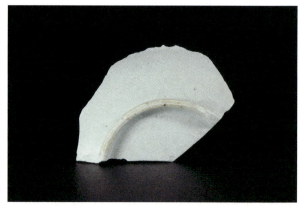

图六五　五彩瓷盘(2018XSJYW01：47)

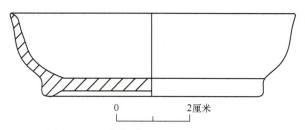

图六六　五彩瓷碟(2018XSJYW01：685)

④ 五彩瓷盅　3件,形制相近。

标本 2018XSJYW01：708(出水编号 2018XSJYW01：采 48),口、腹、底皆存,侈口、尖唇、斜直腹、小平底、矮圈足,胎质白而细腻,满施白釉,略泛青,口沿刮釉,彩绘多已脱落,仅在外壁部分位置残存绿彩痕迹。口径 5、底径 2.8、通高 3.4、足高 0.5 厘米(图六七)。

(3) 青白釉瓷器

采集出水 10件。多为白胎,胎质细密、坚硬,釉色白中泛青,多素面,器类有杯、汤匙、器盖、瓶等。

① 青白釉瓷杯　4件,形制相近。

标本 2018XSJYW01：45(出水编号 2018XSJYW01：采 27),口、腹、底皆存,侈口、尖唇、斜弧

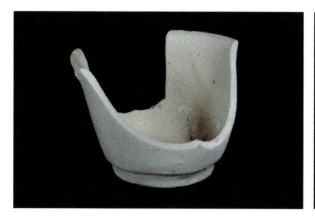

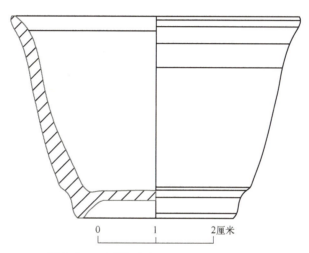

图六七　五彩瓷盅（2018XSJYW01：708）

腹、底略凹、矮圈足，胎质白而细腻，施白釉，釉色略泛青，釉面有一层白色斑点，外壁局部釉层脱落，足墙底刮釉露红胎，内底有多道转轮痕迹，素面无纹。口径 7、底径 3.6、通高 3.4、足高 0.6 厘米（图六八）。

标本 2018XSJYW01：706（出水编号 2018XSJYW01：采 46），口、腹、底皆存，侈口、尖唇、斜弧腹、内底中部略凸、矮圈足，圈足内削露胎，胎质白而细腻，施白釉，釉色泛青，釉面残留有一层白斑，外壁从口沿处向下出筋至圈足，筋纹凸起较细。口径 6、底径 2.6、通高 3.1、足高 0.6 厘米（图六九）。

　　② 青白釉瓷汤匙　3 件，形制相近。

　　标本 2018XSJYW01：46（出水编号 2018XSJYW01：采 28），柄残缺，匙部完整，腹较深，底内凹，灰白胎，胎质细腻，釉色白中泛青，素面无纹。勺深 1.8、残高 2.9、残长 8.5、宽 4.5 厘米（图七〇）。

　　③ 青白釉瓷器盖　2 件，形制相近。

　　标本 2018XSJYW01：703（出水编号 2018XSJYW01：采 43），仅余一小部分口沿和盖面，出沿、子口，子口磨损严重，盖面圆弧形隆起，口沿及内壁部分位置没有施釉，烧结成红色，白胎，胎质细腻，釉色白中泛青，素面无纹。口径 10、沿宽 0.5~0.6、残高 3 厘米（图七一）。

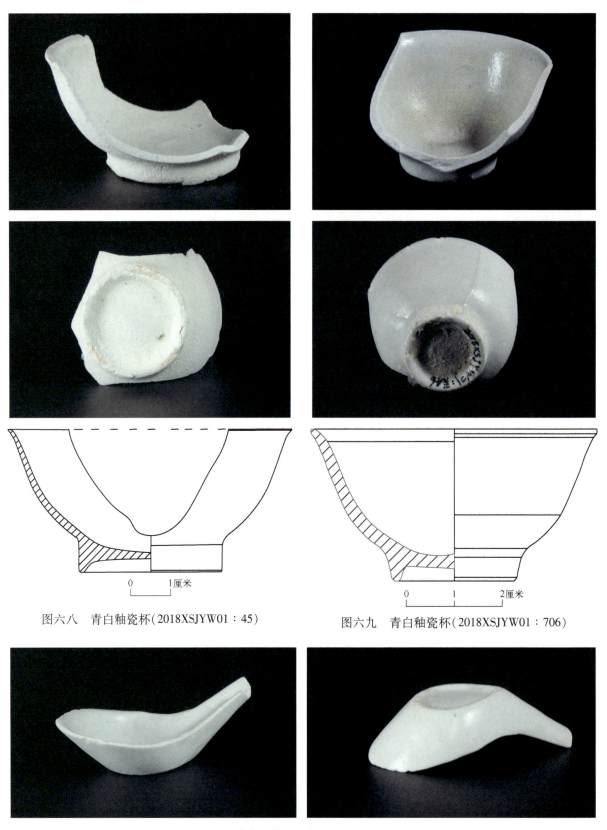

图六八　青白釉瓷杯（2018XSJYW01：45）　　　　图六九　青白釉瓷杯（2018XSJYW01：706）

图七○　青白釉瓷汤匙（2018XSJYW01：46）

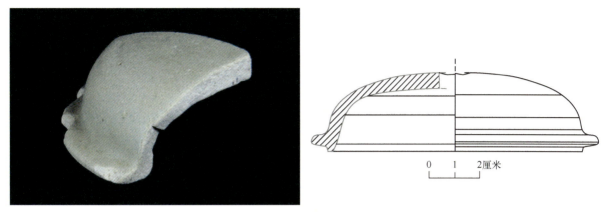

图七一　青白釉瓷器盖(2018XSJYW01∶703)

④ 青白釉瓷瓶　1 件。标本 2018XSJYW01∶691(出水编号为 2018XSJYW01∶采 13),仅存下腹部及器底,弧腹、平底、矮圈足,足墙底部刮釉,灰白胎,施白釉,釉色略泛青,内底有多道转轮痕迹,素面无纹。底径 5.3、残高 1.8、足高 0.4 厘米(图七二)。

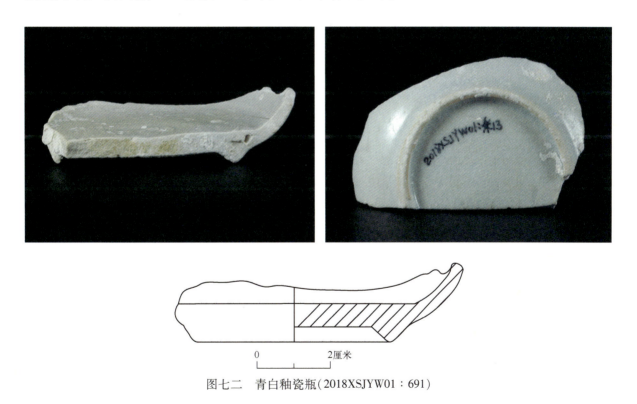

图七二　青白釉瓷瓶(2018XSJYW01∶691)

(4)白釉瓷器

仅采集出水 2 件,皆为碟,白胎,胎质洁白细腻,胎体轻薄,施白釉,素面无纹。

标本 2018XSJYW01∶683(出水编号为 2018XSJYW01∶采 5),口、腹、底皆存,侈口、方唇、浅弧腹、内底中部略凸、矮圈足,胎质白而细腻,施白釉,仅外底中部没有釉。口径 8、底径 6、通高 2.1、足高 0.5 厘米(图七三)。

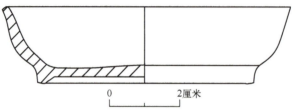

图七三　白釉瓷碟(2018XSJYW01：683)

四、初 步 认 识

西沙群岛是南海广袤海域中的重要节点，也是海上丝绸之路南海段航线的必经之地，自古以来就是我国与南洋群岛、中南半岛以及印度洋沿岸开展经贸活动与文化交流的航道要冲和重要桥梁。经过长期生产、生活以及海洋贸易活动，西沙群岛海域遗留下了大量水下文化遗产。这些水下文化遗产是海上丝绸之路所特有的文化遗迹，是南海文化底蕴的象征。金银岛一号沉船遗址2018年水下考古重点调查工作的开展为海上丝绸之路、移民史、海上贸易等相关学术研究提供了重要资料，是对南海水下文化遗产进行有效保护与研究的基础工作。

(一) 遗址性质

通过调查，在金银岛一号沉船遗址仅发现一块船板，船板主体被埋藏于海床表面以下0.3米，在船板周围的同一地层中还发现大量陶瓷器残片。这些陶瓷器残片表面没有附着和滋生海洋生物，器表光洁，与散落在海床表面的陶瓷器残片在外观上有明显区别。据此判断，该船板应为原生堆积。同时遗址核心堆积区及船板附近的海床表面散落有大量的石质类文物和陶瓷器残片，分布相对比较集中。石质类文物在石材、规格、雕刻技艺、造型、装饰风格及功用上都非常相近，应属于同一批船载物品，而陶瓷器中装饰成组连续青花变体寿字纹的青花瓷碗、盘等代表性器物在海床表面的石质类文物之间和船板所在的地层中皆有发现，因此石质类文物、陶瓷器与船板应属于同一时代，皆为船载物品。船板和船载物品的同时发现基本可以证明金银岛一号为沉船遗址无疑。

从遗址所在海域环境、遗物堆积以及分布情况看，金银岛一号沉船遗址的形成原因与西沙群岛珊瑚岛一号沉船遗址基本相同[1]，应是装载石质物品的船只因某种意外情况（如风浪影响或船只操作不当等）进入金银岛一号沉船遗址所在海域后发生搁浅触礁，造成船体第一次损伤。由于海床较硬无法继续下沉，船体直接暴露在海床表面以上，在风浪、水流以及船上石质类物品重压等多重作用的影响下，船体损毁不断加剧，并逐渐发生崩解直至全部损坏。船体崩解后石质类物品和陶瓷器直接暴露在海床上，在风浪、水流和潮汐的作用下不断发生位置移动，从而形成遗址现有的分布和堆积情况，重量较大的物品如石质类文物，在水流和风浪的影响下位移距离较短，分布相对比较集中，而陶瓷器碎片则由于重量较轻，位移的距离较远，多散落分布于遗址核心堆积区各个位置，部分陶瓷器残片甚至被带离遗址核心区。而船体崩解破坏后的大多数散乱船板由于没有被石质类文物重压或没有被埋于海床以下，受水流和风浪的影响，这些散乱的船板逐渐消失于这一海域，仅有少量被压到海床以下一定深度的船板能够残存至今。

金银岛一号沉船遗址虽然只发现一块原生状态的船板，但是船板与石质类文物、陶瓷器的同时发现具有重要的学术价值和意义。西沙群岛海域目前已经发现的大部分水下文化遗存皆位于礁盘上的浅海海域，且多以陶瓷器残片或石质类文物为主要堆积，船体或船板发现很少，这些水下遗存究竟是不是因为沉船而形成的遗址，或者仅仅是陶瓷器等遗物的堆积，学界一直存有疑问，金银岛一号沉船遗址船板与石质类文物、陶瓷器的同时发现为解决这一重要学术问题提供了最为直接的证据，为确定西沙群岛大部分水下遗存的性质提供了重要的参考。

另外在金银岛一号沉船遗址核心堆积区的西北边缘还发现三块碇石，碇石附近没有发现其他相关的遗迹和遗物。据此推测，金银岛一号沉船遗址所在海域可能存在更多的沉船遗址，并以金银岛一号沉船遗址为主要堆积。

（二）遗址时代

金银岛一号沉船遗址发现的遗物有石质类文物、陶瓷器残片和船板三类，以石质类文物为主。

石质类文物中建筑构件为大宗，其中素面石板（见图二九）、夹柱石板（见图三二）与西沙群岛珊瑚岛一号沉船遗址发现的素面石板（2015XSSHW01：63）[2]以及海口市博物馆藏西沙群岛出水夹柱石板（图七四）在形态与功能上比较接近；方形石柱（见图三六）柱身浮雕“一瓶青莲”纹样，顶部残存一兽爪，似为狮爪，与海南省博物馆和海口市博物馆所藏西沙群岛出水石狮望柱（图七五）以及珊瑚岛一号沉船遗址发现的 B 类石柱（2015XSSHW01：206）[3]相近；石屋檐构件

［1］ 邓启江、曾瑾：《珊瑚岛一号沉船遗址相关问题研究》，《水下考古》（第一辑），上海古籍出版社，2017 年，第 100~103 页。

［2］ 西沙群岛 2015 年水下考古队：《珊瑚岛一号沉船遗址 2015 年度水下考古发掘简报》，《水下考古》（第一辑），上海古籍出版社，2017 年，第 23~24 页。

［3］ 西沙群岛 2015 年水下考古队：《珊瑚岛一号沉船遗址 2015 年度水下考古发掘简报》，《水下考古》（第一辑），上海古籍出版社，2017 年，第 33~35 页。

图七四　海口市博物馆藏西沙群岛出水夹柱石板

图七五　海口市博物馆与海南省博物馆藏西沙群岛出水石狮望柱

图七六　海南澄迈罗驿村石牌坊

（见图四一）在海南澄迈罗驿村清乾隆年间的石牌坊（图七六）上可以见到相同的构件；而石擂钵（见图四七）、石杵（见图四八）、石磨盘（图四四）出现时间较早，沿用时间很长，现在部分居民日常生活中仍然有使用，在珊瑚岛一号沉船遗址也发现器形相近的石擂钵、石杵等[1]。因此金银岛一号沉船遗址大多数石质类文物的产地与珊瑚岛一号沉船遗址的相近，多产自福建，尤以闽南地区的华安等地可能性较大，目的地为东南亚地区，是东南亚地区华人移民采购的用于建造庙宇、祠堂

[1]　西沙群岛 2015 年水下考古队：《珊瑚岛一号沉船遗址 2015 年度水下考古发掘简报》，《水下考古》（第一辑），上海古籍出版社，2017 年，第 36~40 页。

或牌坊等的建材[1]。

在金银岛一号沉船遗址石质类文物之间及遗址核心堆积区北部的海床表面发现有一定数量的陶瓷器碎片,主要分为青花、五彩、青白釉和白釉四类。其中青花的数量最多,胎质灰白,青花釉料颜色较深,多呈墨绿色,多装饰成组连续的青花变体寿字纹和弦纹,有的青花瓷器内底印有押款,如 2018XSJYW01：712 碗(见图五二)外腹饰成组连续青花变体寿字纹,内底有青花"双泉"圆形押款,2018XSJYW01：49 盘(见图五九)内底有青花"全兴"方形押款,与珊瑚岛一号沉船遗址发现的 2015XSSHW01：91、92、93 青花碗,2015XSSHW01：94、95、282 青花盘在器形、纹饰上非常相近,装饰青花圈点纹的青花瓷盏(见图六一)在珊瑚岛一号沉船遗址也有发现(2015XSSHW01：90)[2]。因此金银岛一号沉船遗址发现的陶瓷器,尤其是装饰成组连续青花变体寿字纹和弦纹的青花瓷器与珊瑚岛一号沉船遗址的相近,多见于福建闽南地区德化、华安、安溪、南靖等地清代中晚期的窑址[3]。五彩瓷碟(见图六六)、五彩瓷碗(见图六三)与福建惠安大竹岛发现的同类器物(大竹岛：28、19)相近,为清代中晚期德化窑的产品[4]。

另外,BETA 实验室对金银岛一号沉船遗址船板的采集样品进行了测年分析。检测报告认为船板样品的时代为清代中期。

根据上述分析,金银岛一号沉船遗址的石质类文物和陶瓷器在器形、功用、装饰风格等方面皆与珊瑚岛一号沉船遗址的同类器相近,而珊瑚岛一号沉船遗址的时代为清代中晚期[5],金银岛一号沉船遗址船板采集样品的测年为清代中期。据此可以判断,金银岛一号沉船遗址的时代与珊瑚岛一号沉船遗址相近,为清代中晚期。

金银岛一号沉船遗址发现大量用于建造祠堂、庙宇或牌坊的石质建筑构件,方形石柱(见图三六)雕刻一瓶青莲(谐音"一品清廉")纹样,青花瓷器装饰成组连续青花变体寿字纹(见图五三)以及"双泉"(见图五二)"全兴"(见图五九)等押款,充分体现了海外华人移民浓厚的乡土观念和对传统文化的坚守,为研究中国传统文化在东南亚等地的传播和影响提供了珍贵的资料,具有重要的历史和文化价值。

附记:2016~2017 年度西沙群岛水下考古调查项目由海南省博物馆和国家文物局水下文化遗产保护中心联合组织实施,三沙市政府协助。项目领队为邓启江,参加金银岛一号沉船遗址

[1] 邓启江、曾瑾:《珊瑚岛一号沉船遗址相关问题研究》,《水下考古》(第一辑),上海古籍出版社,2017 年,第 121~126 页。

[2] 西沙群岛 2015 年水下考古队:《珊瑚岛一号沉船遗址 2015 年度水下考古发掘简报》,《水下考古》(第一辑),上海古籍出版社,2017 年,第 50~56 页。

[3] 邓启江、曾瑾:《珊瑚岛一号沉船遗址相关问题研究》,《水下考古》(第一辑),上海古籍出版社,2017 年,第 119~121 页。

[4] 国家文物局水下文化遗产保护中心等:《福建沿海水下考古调查报告(1989~2010)》,文物出版社,2017 年,第 269~273 页。

[5] 邓启江、曾瑾:《珊瑚岛一号沉船遗址相关问题研究》,《水下考古》(第一辑),上海古籍出版社,2017 年,第 104~121 页。

2018年水下重点调查的人员有邓启江、周春水、朱砚山、张敏、蒋斌、韩飞、贾宾、姜涛、何声乐、何书平、朱滨、曾瑾、张红兴、韦军、黎飞艳、王泽冰、甘才超、罗鹏、朱世乾、甘慰元、姜武威、邱秀华等。

摄影：黎飞艳、曾瑾、姜涛、朱砚山、朱滨、朱世乾、韩飞；

绘图：张红兴、何书平、甘才超、王泽冰、张敏、周春水、姜武威；

执笔人：邓启江、蒋斌、罗鹏、贾宾、何声乐、韦军。

Underwater Archaeological Survey of Jinyin Island 1 Shipwreck Site in 2018

By

Underwater Archaeology Team of Xisha Islands in 2018

Abstract：In 2018, National Center of Underwater Cultural Heritage and Hainan Museum jointly organized a team to conduct a key underwater archaeological investigation on the Jinyin Island 1 Shipwreck site, Xisha Islands. Through the investigation, the team found only 1 piece of shipboard in the site. Jinyin Island 1 Shipwreck site mostly consisted of stone objects and ceramics scattered on the surface of the site. According to the characteristics of stone objects and ceramics, the age of Jinyin Island 1 Shipwreck is the middle and late Qing Dynasty.

Keywords：Jinyin Island 1 Shipwreck Site, Underwater Archaeological Survey, Time, Character

2015 年西沙甘泉岛海岛考古调查

国家文物局水下文化遗产保护中心　海南省文物局　海南省博物馆

摘　要：2015 年 4 月，国家文物局水下文化遗产保护中心与海南省文物局、海南省博物馆联合组队，对甘泉岛再次进行了海岛考古调查，发现各类遗迹 18 处，采集了一批商周以来的文物标本，为研究海南史、南海史提供了新的资料。

关键词：甘泉岛　海岛考古　商周时期　近代遗迹

甘泉岛位于我国西沙群岛永乐环礁西北侧，现隶属于海南省三沙市羚羊村。我国渔民俗称其为"圆峙""圆岛"[1]，是西沙群岛中为数不多的有淡水的岛屿。它在渔民祖辈总结的航海针经或《更路簿》中多有记载。我国古代渔民、商船出海时可以在此补充淡水或居住等待救援。组织开展甘泉岛乃至整个南海的海岛考古调查，对研究海南史、南海史以及丝绸之路南线具有重要意义。

甘泉岛的考古工作始于 20 世纪 70 年代。1974 年 3 月，驻岛部队曾挖出 7 件唐宋瓷片。同年，广东省博物馆和海南行政区文化局的文物工作者在岛上首次进行考古调查，采集和试掘文物 37 件，其中 11 件为唐至五代的青釉瓷器（残件），26 件为宋代的青白釉瓷器（残件）。这批器物与广州西村皇帝岗、潮州笔架山、廉江县窑头村窑址的产品风格一致，因而推测该处为一处唐宋时期居住遗址[2]。1974 年 3~5 月，广东省博物馆和海南行政区文化局再次对甘泉岛唐宋居住遗址进行了发掘，出土陶瓷器 72 件、铁器 5 件以及数量较多的鲣鸟骨和螺壳等，加深了对该遗址的了解[3]。其间调查队还调查了岛上的 3 座明清至近代的珊瑚石小庙（其中一座为砖墙），并在岛屿西北部采集到一片明代晚期的青白釉碗底[4]。1991 年王恒杰教授到西沙群岛进行调查，在甘泉岛上调查发现瓮棺、夹砂陶器、石器等一批史前至战国秦汉时期的文物，并对岛上的 3 座小庙和魏晋以来的陶瓷残片进行了记录和采集[5]，将甘泉岛的开发历史推前至史前时期。20 世纪 90 年代，考古工作者在西沙群岛开展了系统的文物普查工作，调查区域也由海岛延伸至水下。借

［1］　广东省地名委员会：《南海诸岛地名资料汇编》（内部发行），广东省地图出版社，1987 年，第 179 页。
［2］　广东省博物馆：《广东省西沙群岛文物调查简报》，《文物》1974 年第 10 期。
［3］　广东省博物馆、广东省海南行政区文化局：《广东省西沙群岛第二次文物调查简报》，《文物》1976 年第 1 期。
［4］　广东省博物馆：《广东省西沙群岛文物调查简报》，《文物》1974 年第 10 期。
［5］　王恒杰：《西沙群岛的考古调查》，《考古》1992 年第 9 期。

文物普查之机,海南省的文物工作者对西沙群岛大多数岛礁进行了陆地调查,仅 1996 年就调查了 18 座岛、4 座沙洲和 4 座环礁,在其中 15 座岛、3 座沙洲上采集文物标本 1 300 余件[1],可惜详细资料尚未见发表。

    2015 年 4 月,国家文物局水下文化遗产保护中心与海南省文物局、海南省博物馆联合组队,开展了西沙群岛珊瑚岛 I 号沉船水下考古发掘工作。考古队对甘泉岛再次进行了陆地考古调查。本次调查历时 6 天,由于前两次集中发现文物的沙堤部分长满植被,无法进入,因此本次调查范围主要包括甘泉岛的海滩、岛中部凹地(泻湖)和部分沙堤,调查时代以近代为主。与前两次调查相比,本次调查方法采用多视角航拍技术并结合区域系统调查,还对局部重点区域进行了考古勘探,现将调查成果简述如下。

一、自然环境及地层堆积

    甘泉岛呈椭圆形,与珊瑚岛南北相望,相距 2 海里。该岛南北长 800 米,东西宽 460 米,面积约 0.3 平方千米。外侧礁盘宽约 200 米,多为海滩岩和礁灰岩,海滩(又称岸坡)宽约 30 米,多为白色松散贝壳珊瑚砂;海滩后为沙堤,宽约 60~70 米,高 5~8 米,多为棕色鸟粪珊瑚砂;岛中部为凹地(为古代泻湖),多为棕色或黄褐色鸟粪珊瑚砂砾岩(图一),土、沙很少,部分古代遗迹直接暴露在岩石之上。

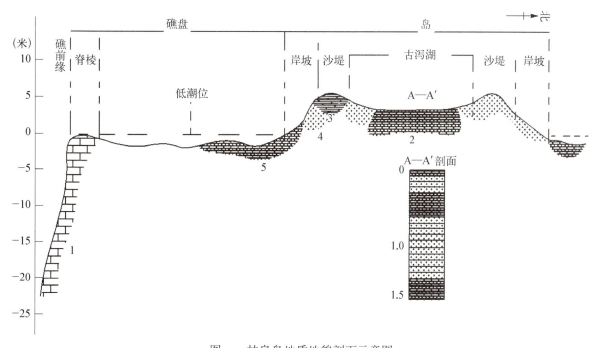

图一　甘泉岛地质地貌剖面示意图
(根据《我国西沙群岛第四纪生物沉积物及成岛时期的探讨》图 1 绘制)

[1]　郝思德:《96 西沙群岛文物普查的新收获》,《岭峤春秋——海洋文化论集》,广东人民出版社,1997 年,第 300~306 页。

　　据研究，甘泉岛成岛于全新世中期[1]，由珊瑚环礁发育而成。珊瑚礁堆积速率差异较大，潮上带为0.15~0.35毫米/年，潮间带的海滩岩增长大于1或3毫米/年，潮下带推测为0.8毫米/年，总体上约1毫米/年[2]。岛上植物相对较多，种属达57种，其中野生种属50种，特有种属4种[3]。外围沙堤上主要是以麻枫桐和羊角树为代表组成的茂密灌木丛，中部洼地主要是草海桐形成的灌木丛，岛内洼地还有羽状穗砖子苗等沼泽植物。

　　调查队首先对甘泉岛海滩进行了踏查，并结合无人机航拍照片，发现甘泉岛四周海滩为缓坡型，近海礁盘水位浅，退潮时直接显露；仅东南侧有一狭长水道，可供舢板等小船停靠、登岸，其余地点登岛必须舢板冲滩，其岸线无法直接停靠大型船舶。东南水道为甘泉岛主要登岛路线，靠近甘泉井。2010年笔者上岛时还在此发现有渔民临时避风、居住的木结构简易房屋，现已拆除，其地之上新建了甘泉岛村委会。

　　本次调查，在岛北部沙堤内侧地势较高处（该区域地势平坦、草本植被茂盛，且周边发现两处房屋基址）进行了小面积考古勘探。经勘探，该区域地层简单，以白色珊瑚砂为主，沙质松散，第①层厚0~0.15米，成分有颗粒细小的珊瑚砂、植被腐殖物和粗砂粒，干燥、松散，几乎不见土；第②层厚0.15~1.0米，为纯净的颗粒细小的珊瑚砂，含水量明显增加。因沙层松软，未勘探到底，亦未发现文化层。

二、遗　　迹

　　本次海岛调查，调查队在无人机多视角航拍技术的支持下，首先获取了甘泉岛5厘米精度正射影像和三维模型资料。在此基础上，调查队以岛上淡水资源为中心（淡水井），对甘泉岛外环海滩、泻湖和部分沙堤进行了拉网式全覆盖踏查，共发现遗迹18处，其中建筑基址7处、珊瑚石小庙2处、水井4处、灶1处、沟及水塘1处、疑似兵营1处、生活垃圾区2处（图二）。除明清时期的1号水井甘泉井和年代不详的2号珊瑚石小庙外，其余皆为近代遗迹。

1. 建筑基址　7处

　　1号建筑基址位于甘泉岛南部甘泉井东南约50米处，距海岸约30米，当地渔民称其为"日本炮楼"，长3.7米，宽3.6米，残深约1米，方向370°，四角用珊瑚石砌成方形，中间留方形柱孔，上部建筑不见迹象，南侧靠码头方向有门道（图三）。

　　2号建筑基址位于现在的甘泉岛居委会房屋东侧，1号水井南侧，有道路直通1号水井和岛东南侧码头，仅存水泥地面，不见墙体残留迹象，平面呈方形，长8米，宽5.1米，方向340°。据当地渔民口头传说，其可能为日本侵占该岛时所遗留。

[1]　赵焕庭等：《南海诸岛全新世珊瑚礁演化的特征》，《第四纪研究》1997年第4期。

[2]　何继生、钟晋樑：《从考古发现看西沙群岛珊瑚礁的成长率》，《南海海洋科学集刊（第3集）》，科学出版社，1982年，第37~43页。

[3]　童毅等：《中国西沙群岛植物多样性》，《生物多样性》2013年第3期。

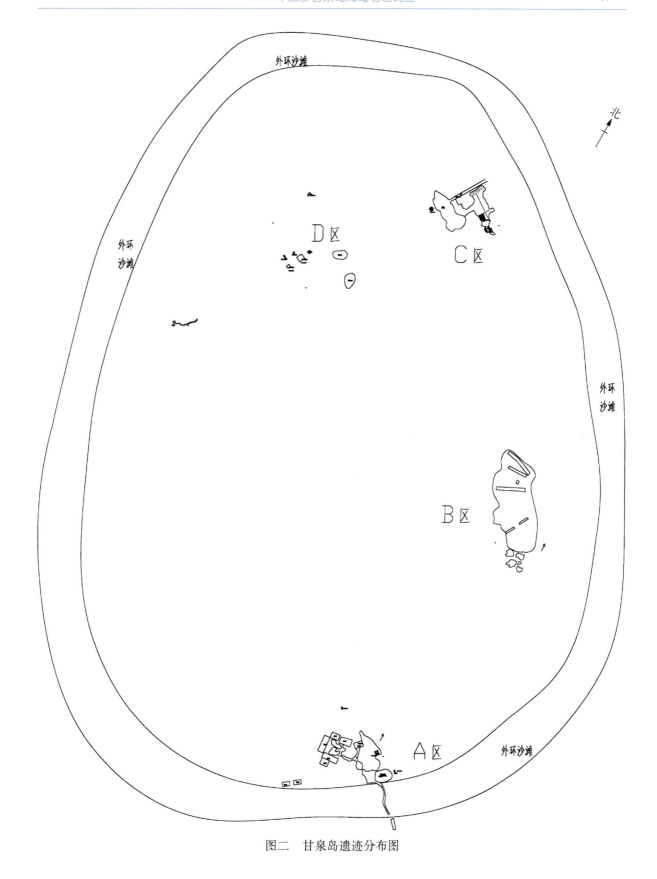

图二　甘泉岛遗迹分布图

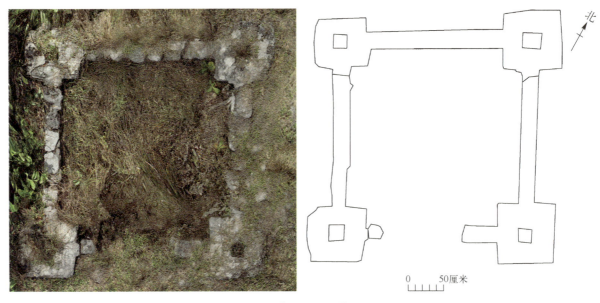

图三　1号建筑基址及其平面图

　　3号建筑基址位于甘泉岛东北部,靠近环岛沙堤。该区域地势较高,为一台地,平均海拔约5~7米。台地周围植被茂盛,地表为较厚的沙层。经勘探,沙层厚1米左右。建筑基址的西北部是一处开阔区域,地表覆盖杂草,下面有较厚的沙层。3号建筑基址不见墙体遗留,仅存用珊瑚石铺砌的地面,长5.1米,宽4.3米,方向343°。地面铺设讲究,南北两侧使用大块珊瑚石整齐平铺,并呈矩形,中间使用小型碎珊瑚平铺宽65~71厘米的东西长条形小沟,小沟表面低于建筑基址地面,并将建筑基址地面分成南北两部分。建筑基址地面四周竖砌一排珊瑚石(图四)。

图四　3号建筑基址及其平面图

4 号建筑基址位于 3 号建筑基址东南侧 6.8 米处,用珊瑚石垒砌而成,呈圆形,较凌乱,残高 0.3~0.5 米,西北方向留有出口,室内不见铺地(图五)。

图五　4 号建筑基址

5 号建筑基址位于岛内中部偏北。该处地势低平,地表多为珊瑚石和杂草。它与 2 号建筑基址类似,仅存方形水泥地面,长 5.4 米,宽 4.8 米,方向 152°(图六)。

6 号建筑基址位于 5 号建筑基址南边约 6 米处,仅存水泥地面,长 3 米,宽 2.4 米,方向 154°(图七)。

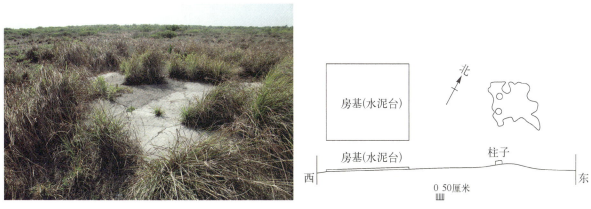

图六　5 号建筑基址及其平面图

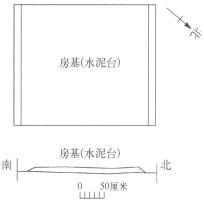

图七　6 号建筑基址及其平剖面图

图八　7 号建筑基址（墙体部分）

7 号建筑基址位于 6 号建筑基址西侧约 4.5 米处，仅存水泥地面和少量珊瑚石砌筑的墙体，残长 3.9 米，残宽 0.4 米，残高 0.34 米（图八）。

2. 小庙　2 座

1 号小庙位于甘泉岛南部，甘泉井东南约 75 米处，为方形单间建筑，墙体用红砖平砌，外抹水泥，内侧神台和小庙外墙用水泥抹平。残高 1.96 米，宽 1.28 米。庙门敞开，没有窗，庙门高 1.29 米，宽 1.2 米。庙内有两级台阶，最高一层摆放着香炉（图九）。根据调查，该庙由琼海渔民苏德柳、黄家秀、邓开志、邓学相、庄论仁等五人于 1928 年所建[1]。

2 号小庙位于甘泉岛西北部灌木丛中，也为方形单间建筑，高 1.47 米，宽 1.61 米。庙门敞开。庙门高 1.14 米，宽 0.75 米。庙为珊瑚石堆砌而成，在庙门上方绘有人头形图案，现已被翻新，内侧神台用水泥抹平。庙内有一级台阶，高 0.14 米，上面摆放着现代香炉（图一○）。现有一条小路可出入。该庙与 20 世纪 70 年代、90 年代调查的珊瑚石小庙位置不同，具体年代不详。

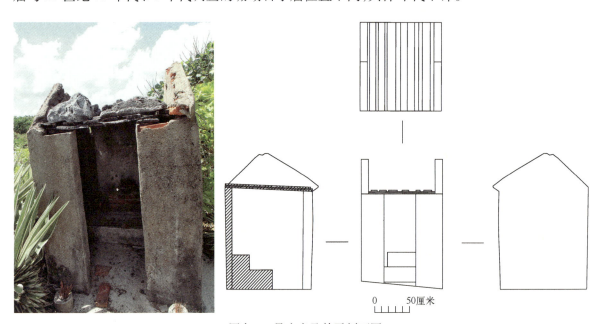

0　　50厘米

图九　1 号小庙及其平剖面图

3. 水井　4 口

1 号水井位于甘泉岛偏南部，现甘泉岛居委会房屋后，码头至岛内的道路从此经过。该井以泉水甘甜著称，常年淡水充沛，俗称甘泉井。据记载，该井为清末李准巡视南海时所挖，现由红砖

[1]　广东省博物馆：《广东省西沙群岛文物调查简报》，《文物》1974 年第 10 期。

砌成,圆形,周边有水泥地面,外圈直径 1.46 米,内径约 0.99 米,深度不低于 5 米。因甘泉井井圈顶部的红砖上有刻划的日文及数字(图一一、一二),可推测砖圈建筑的年代不晚于日占时期。

2 号水井位于甘泉岛东北部,一处凹地旁边,圆形,内径 3.04 米,外径 3.61 米。该井直接在岩石上开凿,四周用不规则珊瑚石平砌。该井现已被填埋(图一三)。

3 号水井位于在 5 号建筑基址西侧 3 米处,圆形,直径约 1.76 米,深度超过 2.5 米。该井直接在岩石上开凿,不见井圈,现已干涸,井内长满杂草(图一四)。

4 号水井位于甘泉岛东部,方形,长 2.35 米,宽 2.9 米,深 0.76 米。该井是在珊瑚石上开凿而成,珊瑚石层厚约 0.35 厘米。坑中目前生长有杂草与树木。经初步判断,其为开凿不成功的水井(图一五)。

4. 灶 1 座

1 号灶位于岛内中部偏北,5 号建筑基址西北部约 60 米,靠近沙堤,保存较为完整。该灶是在珊瑚石上人工开凿两排不规则圆形灶台和出烟孔,下面开凿有火塘和火道,灶孔直径约 0.3 米,开凿的珊瑚石板尚摆放在南侧(图一六)。

5. 沟及水塘 1 处

1 号水沟位于甘泉岛东北部,3 号建筑基址西侧,为一条直接在珊瑚石上人工开凿的沟渠。沟渠北面穿过沙堤连通大海,南面连接岛内水塘,水塘西南侧即为 2 号水井(图一七)。

6. 生活垃圾区 2 处

1 号生活垃圾区位于甘泉岛中部偏北,5 号建筑基址东北侧 30 米处;2 号生活垃圾区位于 5 号建筑基址东侧约 50 米,两个垃圾区相距约 20 米。两个垃圾区发现有大量的啤酒瓶碎片和少量陶瓷片、建筑材料和铁质残件等。经过

图一〇 2 号小庙

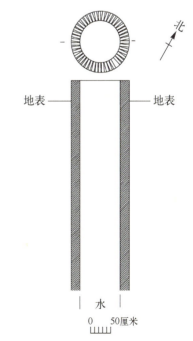

图一一 1 号水井(甘泉井)及其平剖面图

图一二　1号水井（甘泉井）刻字

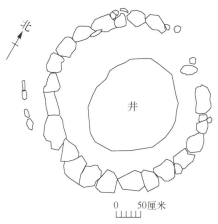

图一三　2号水井及其平面图

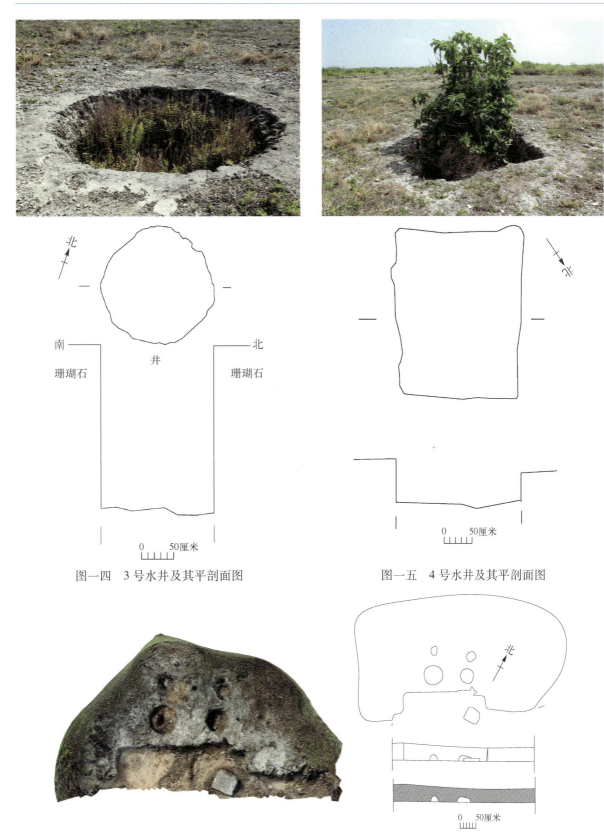

图一四　3 号水井及其平剖面图　　　　图一五　4 号水井及其平剖面图

图一六　1 号灶及其平剖面图

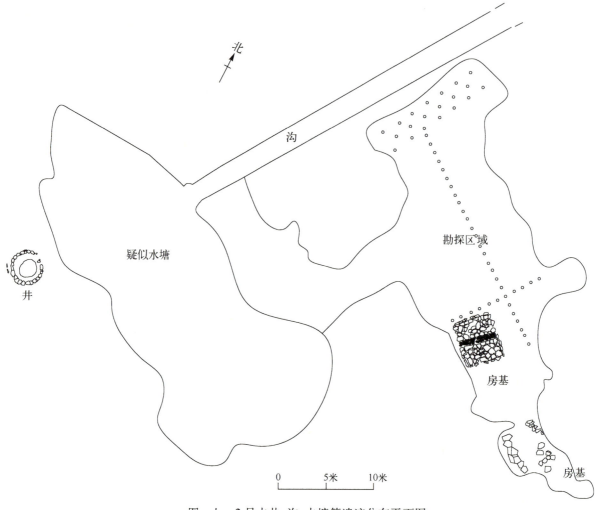

图一七　2 号水井、沟、水塘等遗迹分布平面图

对啤酒瓶上文字的辨认，主要包括"台湾专卖局""DAI NIPPON BERWERY"等文字。因而推测，这些酒瓶为近代日本侵占我国台湾时期的产品。

7. 其他

（1）水泥柱

两根，位于甘泉岛中部偏北侧，5 号建筑基址北约 4 米处，圆形，皆残，为水泥灌注而成，相距 0.55 米，残径 0.25 米。

（2）疑似兵营

位于甘泉岛东部，有近 300 平方米的被人工清理出的地面，还有珊瑚石垒砌成的 4 条疑似人工道路的遗迹。道路遗迹长宽不一，其中自北向南依次为：1 号道路遗迹残长 27.6 米，残宽 2.7 米，残高 0.2 米；2 号道路遗迹残长 19 米，残宽 2.1 米，残高 0.2 米；3 号道路遗迹残长 27.6 米，残宽 2.8 米，残高 0.25 米；4 号道路遗迹残长 24.4 米，残宽 1.8 米，残宽 0.18 米。4 号水井位于 2 号与 3 号疑似道路之间。

三、遗　物

因本次调查采取了踏查的方法,采集的遗物皆为地表采集,其材质主要有陶片、瓷片、铁器、玻璃器等,时间跨度从商周一直到近现代。

1. 商周至汉代遗物

本次调查,采集到陶片 7 件,有盆口沿、罐底和钵口沿等,皆残损严重,辨识难度大。器型、陶质和纹饰与广东、广西和海南发现的商周至汉代器物风格相似,具体介绍如下:

(1) 盆口沿　1 件

2015XSG 采 5－2:采集于甘泉岛海滩,夹砂红褐陶,素面,圆唇,敞口。残长 3.6 厘米,厚 3.1厘米,口径 20.4 厘米(图一八,1;图一九,1)。

图一八　甘泉岛采集商周至汉代陶片

(2) 钵口沿　1 件

2015XSG 采 13:采集于甘泉岛北端偏东,泥质,胎表有龟裂纹,素面,敞口,尖唇,斜平沿。残宽 2.5 厘米,残长 4.3 厘米,胎厚 0.6 厘米(图一八,2;图一九,2)。

(3) 罐底　1 件

2015XSG 采 5－3:采集于甘泉岛海滩,夹砂红褐陶,素面,大平底。残长 12.5 厘米,残高 3 厘米,壁厚 1 厘米(图一八,3;图一九,3)。

(4) 其他残片

2015XSG 采 5－1:采集于甘泉岛海滩,夹砂红褐陶,素面,肩部残存桥型系一个。长 11.1 厘米,厚 0.7 厘米(图一八, 4;图一九,4)。

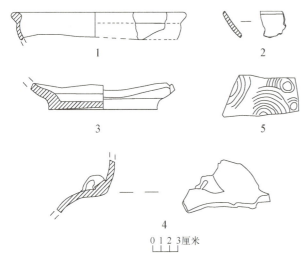

图一九　甘泉岛采集商周至汉代陶片线图

2015XSG 采 05－4：采集于甘泉岛海滩。夹砂红陶，器型不辨。残宽 8.4，厚 0.7 厘米（图一八，5）。

2015XSG 采 31－3：采集于 2 号生活垃圾区，红褐陶，外壁饰涡纹。残长 9 厘米，厚 0.7 厘米，残宽 4.5 厘米（图一八，6；图一九，5）。

2. 唐宋时期遗物

唐宋时期遗物有沙滩上发现的 8 件青白瓷碗底和 1 件酱釉罐口沿，在中部洼地仅发现 1 件青瓷碗残片。

（1）碗底

因受海水腐蚀和海浪冲击，碗底边缘圆滑，有的釉色已脱落，应为周边区域内沉没船只所携带的货物受海流冲击而来。根据碗底情况，可以分为两类，一种为饼足，平底或内凹，一种为矮圈足。

a. 饼足

2015XSG 采 20：灰白胎，胎质细密，釉层已基本剥落。残长 5 厘米，残宽 3.7 厘米，胎厚 0.8 厘米（图二〇，1）。

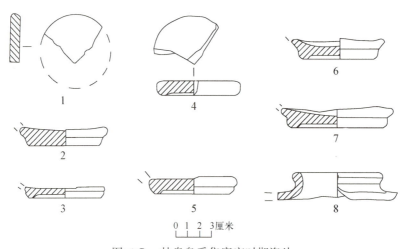

图二〇　甘泉岛采集唐宋时期瓷片

2015XSG 采 2：灰白胎，胎质细密，釉层已基本剥落。残高 0.9 厘米，残宽 7.5 厘米，圈足直径 6.7 厘米（图二〇，2）。

2015XSG 采 3：平底，灰白胎，胎质细密，釉层已基本剥落。青白瓷饼足碗底，残高 1.5 厘米，残宽 7.2 厘米，直径 6.5 厘米（图二〇，3）。

2015XSG 采 07－1：足内凹，灰白胎，釉层脱落。残高 6.5 厘米，残宽 1.1 厘米。

2015XSG 采 15：足内凹，灰白胎，胎质细密，釉层已基本剥落。残宽 5.8 厘米，底径 7 厘米，厚

1.1 厘米,残高 2.1 厘米(图二〇,4)。

b. 矮圈足

2015XSG 采 1:足内凹,灰白胎,胎质细密,釉层已基本剥落。残高 1.5 厘米,残宽 7.7 厘米,圈足直径 7.1 厘米(图二〇,5)。

2015XSG 采 4:灰白胎,胎质细密,釉层已基本剥落。残高 0.9 厘米,底厚 0.6 厘米,底径 6.6 厘米。

2015XSG 采 6:足内凹,灰白胎,胎质细密,外壁底部及圈足不施釉,其余釉层已基本剥落。残高 1.6 厘米,底厚 0.8 厘米,底径 6.7 厘米(图二〇,6)。

2015XSG 采 11:足内凹,灰白胎,胎质细密,其余釉层已基本剥落。底径 8.8 厘米,残高 1.6 厘米(图二〇,7)。

(2)罐口沿 1 件

2015XSG 采 8:采集于甘泉岛海滩,圆唇,直口,短直径,细泥胎。残长 4.8 厘米,残宽 2.2 厘米,胎厚 0.7 厘米,口径 7.4 厘米(图二〇,8)。

3. 明清至近代遗物

明清至近代遗物有白瓷、酱釉瓷、青花瓷等瓷器残片,陶片、玻璃残件和铁构件等,其中以近代遗物为主,大部分近代遗物与日占时期侵略殖民有关。

(1)瓷片

① 白瓷 散落在两处生活垃圾区,共采集标本 3 件,皆残,根据器型可分为碗和杯两类。

A. 碗 2 件,皆采集于 2 号生活垃圾区。

2015XSG 采 30-1:素面,圈足,内底平,白灰色胎,内底涩圈,外底内墙及底不施釉。残宽 10.3 厘米,残高 3.2 厘米,胎厚 0.25 厘米,底径 5.9 厘米(图二一,1)。

2015XSG 采 30-2:素面,圆唇,侈口,弧腹,圈足,白灰色胎,外底内墙及底不施釉。残高 5.6 厘米,口径 13 厘米,胎厚 0.3~1.1 厘米(图二一,2)。

B. 杯 1 件,采集于 1 号生活垃圾区。

2015XSG 采 33-1:素面,直口,深直腹,矮圈足,细白胎,满釉。口径 5.8 厘米,底径 3.2 厘米,高 7.2 厘米,胎厚 0.2~0.6 厘米(图二一,3)。

② 酱釉瓷 共采集 6 件,未见完整器,器型皆为罐,纹饰以篮纹为主。

2015XSG 采 28-1:口沿,采集于 6 号建筑基址西侧。圆唇,折沿,肩上有篮纹。残宽 13 厘米,残高 4.7 厘米,胎厚 0.9 厘米(图二一,4)。

2015XSG 采 28-2:口沿,采集于 6 号建筑基址西侧。圆唇,折沿,圆鼓,口沿至肩部为竖绳纹,肩部及以下为横向绳纹。残宽 15.5 厘米,残高 13.8 厘米,胎厚 0.8 厘米(图二一,5)。

2015XSG 采 28-3:罐底,采集于 6 号建筑基址西侧。平底,底部及内部不施釉,红褐胎,胎中加细砂。残宽 8.4 厘米,残高 4.2 厘米,胎厚 0.3~0.6 厘米,底径 11.2 厘米(图二一,6)。

2015XSG 采 31-1:口沿,采集于 2 号生活垃圾区。敞口,圆唇,短颈,折肩,外饰几何纹,夹砂灰胎,内外施釉。口径 17 厘米,残宽 11.4 厘米,残高 8 厘米,胎厚 0.7~1.2 厘米(图二一,7)。

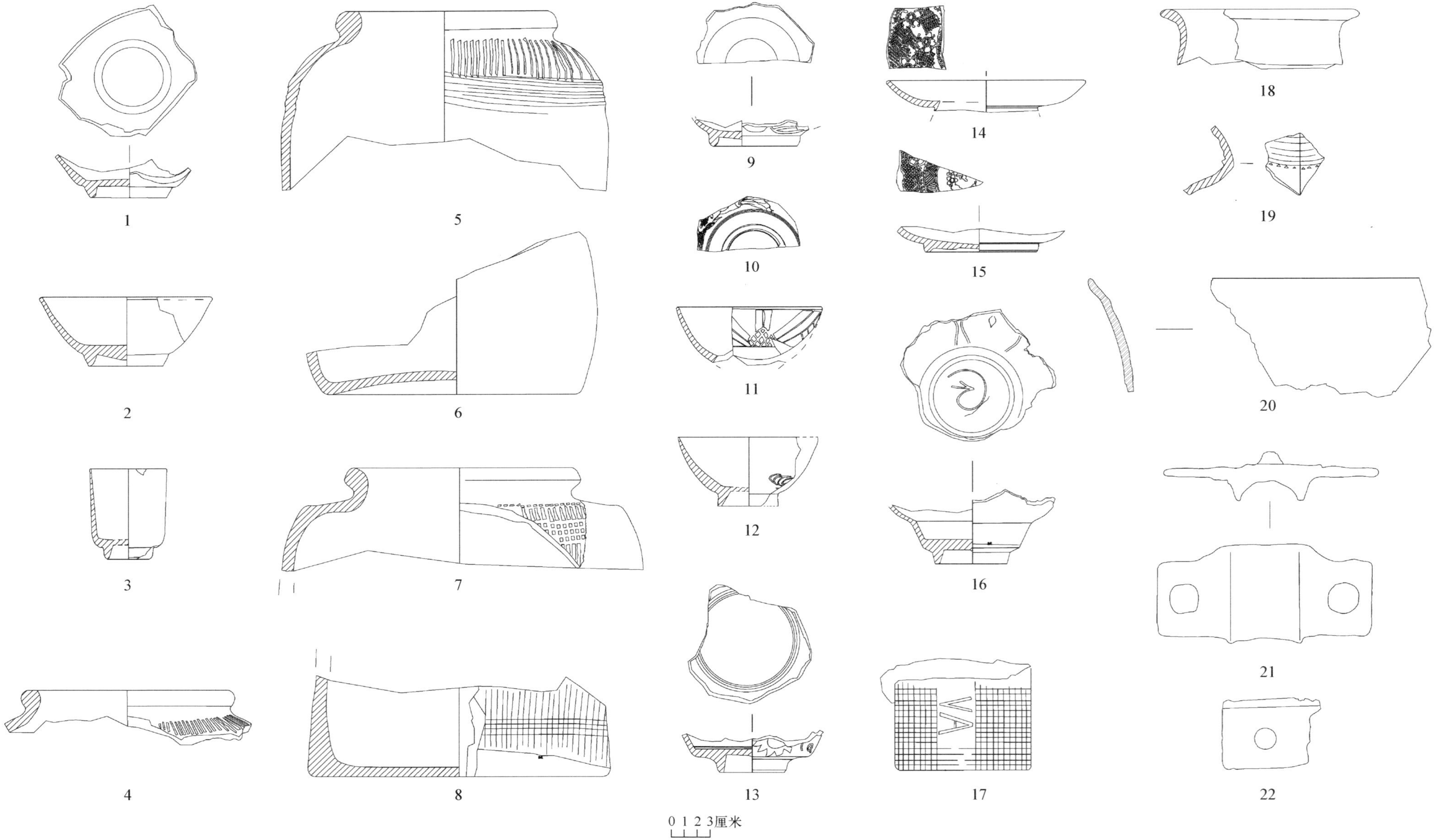

图二一 洲尾遗址出土的部分龙泉窑青瓷

0 1 2 3厘米

2015XSG 采 31－2：罐底,采集于 2 号生活垃圾区。深直腹,大平底,外饰几何纹饰,夹砂灰胎,外壁底部及底无釉。底径 22.4 厘米,残高 8.5 厘米,胎厚 0.8~1.2 厘米(图二一,8)。

③ 青花瓷　共采集 10 件,器型包括盘、碗两类,器物纹饰有青花花卉、人物、双圈等。

A. 青花碗　6 件,根据腹部的不同分为弧腹碗和折腹碗两型。

a. 弧腹碗　5 件,分布较为零散。

2015XSG 采 17：碗底残片,采集于甘泉岛东北部。圈足,外壁饰青花纹饰,白灰色胎,青花泛黄,内底涩圈,外底内壁及底不施釉。残宽 9 厘米,圈足 7 厘米,厚 0.3~0.7 厘米,残高 2.1 厘米(图二一,9)。

2015XSG 采 18：残片多块,采集于甘泉岛岛内中部,靠近疑似道路区,为同一器物残片,无法复原。根据残片推测,器型为敞口,圈足,外壁满绘青花纹饰,口沿内侧单圈,内壁下部单圈,内底涩圈,白灰色胎。

2015XSG 采 21－1：碗底残片,采集于甘泉岛西北部,2 号珊瑚石小庙门前树下。圈足,外饰青花人物,下部双圈,内底单圈,白胎细密,满釉。残宽 9.2 厘米,残高 3.4 厘米,胎厚 0.3~0.5 厘米(图二一,10)。

2015XSG 采 30－3：口沿残片,采集于 2 号生活垃圾区。圆唇,侈口,弧腹,外饰青花纹饰,白胎,致密。残宽 8.4 厘米,残高 4.2 厘米,胎厚 0.3~0.6 厘米,口径 11.2 厘米(图二一,11)。

2015XSG 采 33－2：小碗残片(有绿釉),采集于 1 号生活垃圾区。敞口,深弧腹,矮圈足,圈足外撇,外壁底部残存青花、绿釉纹饰,细白胎,质地坚密,满釉。口径 10.8 厘米,底径 4.9 厘米,高 5.3 厘米,胎厚 0.1~0.8 厘米(图二一,12)。

b. 折腹碗　1 件,调查期间,甘泉岛村民在岛南生活区的庭院整理花圃时发现,距离地表约 20 厘米。

2015XSG 采 34－2：碗底。小圈足,外壁饰青花花卉,内底双圈,灰色胎,满釉。残宽 10 厘米,残高 3.1 厘米,胎厚 0.3~0.6 厘米,底径 5 厘米(图二一,13)。

B. 青花盘　2 件。

2015XSG 采 16：口沿残片,采集于甘泉岛北端偏东。敞口,葵花口,浅弧腹,圈足残,内壁绘满青花花卉,内地青花几何纹饰一周,外壁底部单圈足,圈足外饰带状青花,灰白胎,胎质细密。残长 4.9 厘米,残高 2.5 厘米,胎厚 0.3 厘米(图二一,14)。

2015XSG 采 21－2：盘底残片,采集于甘泉岛西北部,2 号珊瑚石小庙门前树下。矮圈足,圈足外底中部内凹,内壁绘青花花卉,内底青花几何纹饰一周,外壁底部单圈,中间青花花卉,圈足外部饰带状青花,灰胎致密,圈足内未施釉。残宽 6.9 厘米,残高 1.5 厘米,胎厚 0.3~0.4 厘米(图二一,15)。

C. 渣斗　1 件,调查期间,甘泉岛村民在岛南生活区的庭院整理花圃时发现,距离地表约 20 厘米。

2015XSG 采 34－1：折腹,圈足,外壁饰青花纹饰,内壁绘青花莲瓣,内底单圈青花纹饰,灰色胎,釉色泛绿,青花深蓝色,外壁底部及圈足不施釉。残宽 11.5 厘米,残高 5.2 厘米,胎厚 0.3 厘米,底径 5.6 厘米(图二一,16)。

（2）陶器　3件，有耐火砖、罐口沿等，年代为近代。

A. 耐火砖

2015XSG 采 24：残块，采集于 F06 东侧。砖身布满方格纹，在中间有一条 3 厘米宽的空白带，上面残存有大写英文字母"VA"。宽 10.6 厘米，厚 6 厘米，残长 9 厘米（图二一，17）。

B. 罐

2015XSG 采 12‐1：口沿，采集于 1 号水井西北约 30 米处。素面，敞口，尖圆唇外翻，矮束颈。残长 9.2 厘米，残宽 4.8 厘米，胎厚 0.6 厘米（图二一，18）。

C. 其他

2015XSG 采 12‐2：灰褐陶残片，采集于甘泉井西北约 30 米处。夹细砂，外饰一周凸旋纹，有三角形戳印纹。残宽 6.5 厘米，残高 5 厘米，胎厚 0.7 厘米（图二一，19）。

（3）玻璃器　11件

调查队在甘泉岛北端的两处生活垃圾区中发现大量玻璃瓶，并采集了其中具有代表性的标本 11 件，皆残，器皿表面有"台湾专卖局""正味四品　嘉纳合会""日本麦酒矿泉株式会社""DAI NIPPON BERWERY"等字样，和"登录""商标""""""""K9"等商标和数字，为近代日占时期殖民侵略的产物。

2015XSG 采 29‐1：瓶底，墨绿色。器底上部的断茬处有英文字母"NIPPON BEER"，瓶底有阿拉伯数字"3"。腹径 6.4 厘米，底内径 4.2 厘米，厚 0.5～0.7 厘米，残高 5 厘米（图二二，1）。

2015XSG 采 29‐3：瓶底，茶色。器底上部有"台湾专卖局"五个汉字，瓶底有"K9"文字。腹径 7.6 厘米，残高 8.4 厘米，厚 0.5 厘米（图二二，2）。

2015XSG 采 29‐4：瓶底，墨绿色。瓶底上部有"登录商标""日本麦酒矿泉株式会社"，瓶底有阿拉伯数字"4"。腹径 6.4 厘米，厚 0.5 厘米，残高 8.4 厘米（图二二，3）。

2015XSG 采 29‐5：瓶底，淡蓝色。瓶底上有""图案。腹径 7.8 厘米，残高 4.1 厘米，厚 0.2～0.5 厘米（图二二，4）。

2015XSG 采 32‐1：瓶底，棕色。瓶底上部有"DAI NIPPON BERWERY"字母，瓶底有""图案。腹径 7.4 厘米，残高 13 厘米，厚 0.2～0.6 厘米（图二二，5）。

2015XSG 采 32‐2：瓶口颈部，棕色。瓶口完整，瓶身上有字母"T"，口径 1.8 厘米，残高 14 厘米（图二二，6）。

2015XSG 采 32‐3：瓶口颈部，绿色。口沿部残。肩部有"登录商标"字样。残高 15 厘米，腹径 6.8 厘米，厚 0.3～0.5 厘米（图二二，7）。

2015XSG 采 32‐4：瓶口颈部，白色。口径 1.8 厘米，腹径 6.2 厘米，残高 10 厘米，厚 0.4 厘米（图二二，8）。

2015XSG 采 32‐5：残片，棕黄色。残片上有字母"TRADE MARE"，残高 12.5 厘米，腹径 7.8 厘米（图二二，10）。

2015XSG 采 32‐6：残片，浅蓝色。残片上有汉字"正味四品 嘉纳合会"。残高 7.8 厘米，厚 0.3～0.6 厘米（图二二，9）。

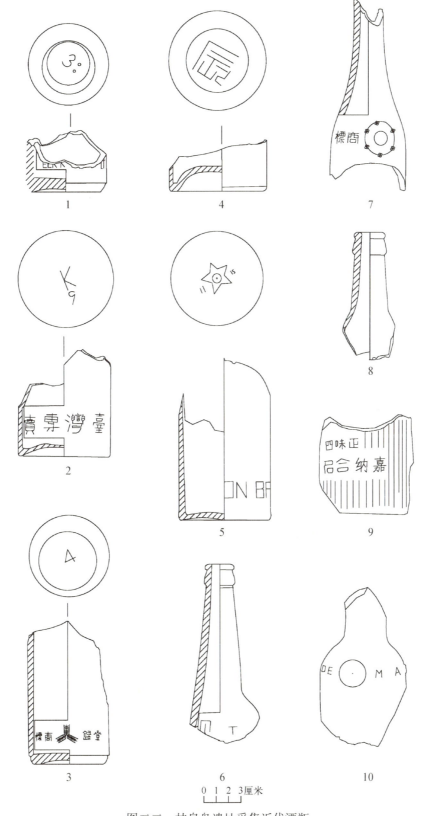

图二二　甘泉岛遗址采集近代酒瓶

（3）铁器　采集 3 件,有铁锅口沿和铁构件。

2015XSG 采 27：铁锅口沿。已锈蚀。残长 16 厘米,残高 10 厘米,厚 0.3 厘米(图二一,20)。

2015XSG 采 25：铁构件。表面已锈蚀。其上有两个小圆孔。直径 2.4 厘米。长 16.7 厘米,宽 7.2 厘米,高 4.2 厘米(图二一,21)。

2015XSG 采 26：铁构件。已锈蚀。其上有一小圆孔,直径 0.9 厘米。厚 0.5 厘米,残长 7.6 厘米(图二一,22)。

四、初 步 认 识

据《汉书·地理志》记载,汉代从徐闻、合浦出发,经中南半岛国家,可以到达黄支国(即今印度东海岸)和已程不国(今斯里兰卡)。可见,至迟到汉代,我国海上丝绸之路南海航线已经开通。本次调查采集到了商周至汉代的陶片数枚,其中 2015XSG 采 31－3 涡纹红褐陶残片与广州增城墨依山商代墓地 M66：1 大口尊纹饰、陶质相似[1],为此次发现年代最早的陶片,虽然数量少,但是结合文献记载,甘泉岛的开发年代上限值得进一步探讨。

本次调查发现的唐宋时期遗物以瓷器碗底为主,器型较为单一。华光礁、北礁等岛礁多有类似遗物发现。这些遗物可能为唐宋时期海上丝绸之路贸易船只沉没后,被海浪冲击到甘泉岛海滩之上形成的。根据甘泉岛周边地形地貌情况分析,甘泉岛虽然有淡水资源,但没有方便停靠大船的码头,也无法提供避风的港湾。因此,甘泉岛主要作为海上作业或商贸船只临时补给之地。明清以来,南海海上贸易繁荣,渔民海上作业频繁,表现就是明清以来的遗存及文献记载增多,珊瑚石小庙、《更路簿》的记载就是例证。

根据《李准巡海记》记载："正午开行,约三十里,又至一处。……其林木雀鸟,一切与前岛同。工人之掘井者,少顷来报曰：已得淡水,食之甚甘。掘地不过丈余耳。余尝之,果甚甘美,即以此名曰甘泉岛。勒石竖桅,挂旗为纪念焉。"[2]三日后,他们抵达邻水岛(即今三沙市驻地永兴岛,俗称林岛、猫峙),遇到海南陵水渔民,还提醒渔民他们在甘泉岛挖了井,可以补给淡水。由此可知,李准巡海至甘泉岛时,岛上尚无专门的水井,李准巡视南海时间为 1909 年,可以推测为甘泉井的年代上限。

20 世纪初,日本已经开始觊觎我国南海岛礁。1902 年西泽吉次曾前往我国东沙岛盗采磷肥(鸟粪)资源。1907 年日本推行"水产南进"政策,西泽吉次再次劫掠东沙岛。20 年代左右,日本还成立了"南兴实业公司",掠取我国西沙群岛的磷肥资源。第二次世界大战期间,日本军国主义推行南下政策,1939 年 3 月出兵侵占了西沙群岛,直至战败归还我国。本次调查在甘泉井的砖砌的井圈发现有日文、英文刻字,其中可辨识的有"安田""吉太丸""二号"。据此可以推测,甘泉井砖砌井圈年代应下限不晚于 1945 年。

---

[1]　广州市文物考古研究院：《广州增城墨依山遗址两座出土玉牙璋的商代墓葬》,《东南文化》2018 年第 8 期。

[2]　《李准巡海记》,《国闻周报》1935 年第 7 卷第 23 期。

本次调查还发现较多的建筑基址。它们围绕淡水井分布,并具有功能分区。根据建筑技术与材料,这些建筑基址可以分为两类:一类为珊瑚石建筑基址,主要是就地取材,用甘泉岛上的珊瑚石砌筑而成;第二类为水泥建筑基址,主要是一批水泥建筑的台基地面和柱子。其中第二类建筑基址附近发现了两处生活垃圾区,其中采集的标本带"台湾专卖局""正味四品 嘉纳合会""日本麦酒矿泉株式会社"等字样。日本侵占台湾后,为了维持经济利润,"台湾总督府"于 1901 年设立了专卖局,起初以鸦片樟脑和食盐专卖为主,1922 年扩充到酒类;嘉纳合会指"嘉纳合名会社",为嘉纳治兵卫于 1743 年在神户滩创立的酿酒公司,1897 年正式改名为"嘉纳合名会社",1947 年改名为株式会社;日本麦酒矿泉株式会社由东武铁道的创始人根津嘉一郎于 1923 年创办,1933 年 7 月被大日本麦酒株式会社合并。据此推测,这些建筑基址应该是日本侵占时期的遗存。

南海自古以来就是连接东亚、东南亚和印度洋海域的黄金水道,是海上丝绸之路南线的必经之地,历史上也是我国渔民生产生活之地。南海海岛上保存有丰富的海洋文化遗产。系统开展南海海岛调查,对研究海南史、南海史以及海上丝绸之路南线具有重要意义。同时,我们也应该看到,海岛文化遗存堆积浅,保存难度大,易受毁灭性破坏,随着我国三沙市开发力度的加强,海岛文化遗产的系统摸底与科学保护工作迫在眉睫。

执笔人:梁国庆、贾宾、金涛、邓启江;
摄　影:刘建国、金涛;
绘　图:梁国庆、贾宾。

Archaeology Investigation on Ganquan Island of Paracel Islands in 2015

By

National Center of Underwater Cultural Heritage

Hainan Provincial Administration of Cultural Heritage

Hainan Museum

Abstract：In April 2015, the National Center Of Underwater Cultural Heritage, the Hainan Cultural Heritage Administration and the Hainan Museum organized a archaeology team, conducted another island archaeological survey on Ganquan Island, and found 18 sites of various types, collected a number of cultural relics, some are from Shang and Zhou Dynasties to Han Dynasty, some are from Tang and Song Dynasties, and others are after Ming and Qing Dynasties, which provided new information for the study of Hainan history and South China Sea history.

Keywords：Ganquan Island, Island Archaeological, Shang and Zhou Dynasties, Modern relics

广西防城港沿海近年考古调查新发现

何守强*

摘　要：本文在对位于北部湾畔的广西壮族自治区防城港市近年所开展的沿海考古调查进行回顾的基础上，着重对洲尾遗址、竹山码头、六茂码头等几处重要遗迹和潭蓬运河试掘新发现进行介绍，从出土文物、遗迹性质等方面分析其关联度及其在本区域古代海上丝绸之路中的作用和地位。

关键词：防城港　北部湾　考古调查　海上丝绸之路

一、以往的调查情况

防城港市位于中国广西壮族自治区西南部，与越南海陆相连，是中国大陆海岸线南端的终点。其海域是以合浦为始发港的汉代海上丝绸之路的必经之地。因建市较晚、文博事业起步迟等诸多因素所限，防城港市田野考古调查工作相对滞后。这种状况直到近几年才得以改善。2015 年 8 月，国家文物局水下文化遗产保护中心、广西文物保护与考古研究所联合对防城港部分海域开展水下考古调查（图一）。本次调查，除对选定的 4 个区域进行物探扫测，并对 3 处沉船疑点开展水下核查之外，另在对怪石滩海域实施的重点潜水探摸中"采集唐至清代陶瓷器标本87 件，其中陶器38 件，瓷器49件，器物多数残缺，有些仅存残片，完整器甚少……根据初步整理情况，可将采集器物分为唐五代、宋元、明清三个时期"[1]。此次所采集的文物以明清器物占绝大多数，唐五代、宋元的较少（图二）。其中，唐五代器物以瓷碗、盆、罐等为主，胎体厚重，胎质疏松，器型不太规整，釉层易脱；宋元器物以瓷碗、碟及陶罐为主，器型较之唐五代规整精致，瓷器胎体轻薄、灰胎、施青白釉，陶器为灰胎、质坚硬；明清器物"陶瓷器约半，瓷器有盘、碗、盆等，陶器有瓮、罐、盆、钵、镭钵等多种器形。瓷器胎质稍致密……少数为素面或印花瓷，多数为印制或手绘的青花瓷……部分器形产地特征明显，为龙泉窑、景德镇窑、闽南民窑产品。陶器……胎质坚硬，部分为夹砂或砂质陶，火候甚高，施釉不及底，釉色有酱、酱黑、青黄、青绿等，部分器形时代特征和区域特点突出，尤其是小口、丰折肩、

---

*　何守强，防城港市博物馆。

[1]　国家文物局水下文化遗产保护中心、广西文物保护与考古研究所：《2015 广西防城港海域水下考古调查评估报告》（内部资料），2015 年，第 32 页。

小平底的瓮、罐一类，直身罐、钵为本地乃至北部湾一带的常见器形"[1]。调查队根据出水文物情况，并综合史籍记载、区位特点等因素，得出了"防城港海域是为古代北部湾海路的经由之地，是古代官商往来、军旅海防、物资转运的一个重要节点"[2]的初步结论。

图一 水下工作及发现情况

防城港海域首次水下考古调查结束之后，根据调查结果及为配合下一步相关工作开展，防城港市博物馆受托负责本市辖区内沿海岸线的水下考古陆地调查的任务。调查的主要目的是通过对全市重要海湾、海岛、河口、码头、窑址等实地调查、走访，搜集该地区古、近代人类海上活动遗迹，为水下考古调查提供参考信息及线索。此项工作于2016年6月启动，断续历时6个多月。其间，防城港市博物馆对全市19个地点进行了22次调查（复查），发现和采集了一批包括新石器时代、战国至秦汉、唐宋直至清末民国等多个历史时期的各类文物标本1694件（图三）。"其中，石器标本201件，占总数的11.87%；

［1］ 国家文物局水下文化遗产保护中心、广西文物保护与考古研究所：《2015广西防城港海域水下考古调查评估报告》（内部资料），2015年，第33页。

［2］ 国家文物局水下文化遗产保护中心、广西文物保护与考古研究所：《2015广西防城港海域水下考古调查评估报告》（内部资料），2015年，第48页。

图二 出土的部分陶瓷器

陶片标本 875 件,占总数的 51.65%;瓷片标本 605 件,占总数的 35.71%;其他标本约 13 件(铜币 1 枚,窑垫 12 个),占总数的 0.77%。"[1] 从本次调查结果来看,有 7 处调查点发现了较多新石器时代石器,表明防城港沿海是古人类活动密集区;跨越多个历史时期,汇聚多个窑口大量陶瓷器残件及其他遗物的发现,说明洲尾可能是一个重要商贸遗址点;沿海岸线采集的各时期陶瓷标本,说明了古代海上丝绸之路北部湾航线的历史延续性,进一步支撑了该区域 2015 年水下考古调查的结论。

[1] 何守强:《防城港水下考古陆地调查研究》,广西人民出版社,2017 年,第 1 页。

图三　调查采集的部分标本

二、发现的重要遗迹

通过沿海岸线陆地调查及根据调查结果防城港市博物馆于 2017~2019 年对洲尾、潭蓬运河开展的小范围试掘，发现了几处可能与古代航海、海外贸易密切相关的重要遗址点：

（一）洲尾遗址

洲尾遗址位于广西壮族自治区防城港市港口区王府街道办事处沙港社区（原公车镇沙港村）。就自然环境而言，它处在企沙半岛伸向海洋的内湾之中，周边有河流注入大海。遗址由山丘、平地、海滩等组成。该遗址北靠企沙半岛，南靠海湾，毗邻年吞吐量超亿吨的防城港，从遗址往东可达钦州市龙门港，往西沿海可经潭蓬运河至东兴，朔防城江而上可进入防城城区和十万大山内陆山区。自 20 世纪 90 年代起，洲尾遗址及周边地区在生产建设中陆续有文物出土，但因田野调查、出土文物研究等相关基础性工作滞后，此遗址未引起相应重视，尚未被列入文物点。近年来，防城港市博物馆在梳理以往出土文物信息的基础上，结合田野调查发现，于 2017~2019 年对该遗址开展了 3 次小范围的试掘和调查，取得了一系列发现。

2017 年的试掘开了 3 个小探方，出土物品数量较多，但多为零散碎片，完整器极少。从质地看,有陶、瓷、铜、石等类,以陶瓷为主(陶器占多,瓷器次之),陶器器形有钵、罐、器盖等,瓷器器形有碗、钵、罐等(图四)。瓷器以青瓷居多,窑口有龙泉窑、景德镇窑,以及北部湾地区、越南等地的青瓷窑。铜质物品包括铜钱、铜残片等,石质物品有打制石器1件及石料若干。除石器为史前时代外,其余涉及唐、宋、元、明多个时期。本次除探方试掘外,恰逢距离试掘区约20米的一个虾塘抽水维护,底部干枯,因而对约200多平方米的虾塘开展调查(此虾塘原为连接试掘区与海湾的海滩部分,后围堤挖掘用于养虾,从田野调查判断,其应是洲尾遗址的组成部分,人工建设虽已对其产生破坏,但也为调查提供了观察点),发现并采集了大量陶瓷器标本。其中,采集陶片80多

图四　2017年试掘出土及采集的部分物品

袋,瓷片 10 余袋(图五)。所采集标本在器形、窑口、时代等方面不仅涵盖探方出土且较之更为丰富。例如,瓷器除青瓷外,另有青花瓷、青白瓷等出现,就釉色而言,有青色、青白色、青黄色、黑色、酱色等。

图五　虾塘陶瓷标本采集局部现场

　　2018 年,为确定遗址的核心区域及分布面积,防城港市博物馆在 2017 年试掘区附近及距其约 200 米的一处北面平地开了几个小探方、探沟,并围绕试掘区之间及边缘打探孔开展区域调查。本次试掘和调查获得了大量出土物品,多数残缺,亦有完整器。经初步整理,陶器及残片约有 50 余箱/整理篮(图六),瓷器及残片有近 10 箱(图七)。出土物品中,还有金属器及残件(图八、九)、石质物品、大象臼齿、蚝壳等。另外,还发现了柱洞、地砖、灰坑等建筑和生活遗迹,并在 2017、2018 年试掘区域南面向海的虾塘底部发现有规则分布的木桩遗迹,其中有一根残存半截埋于淤泥中。发现的金属器中,有 1 件砝码、20 多枚铜钱(图一〇)、2 件环形铜器(其中 1 件为锅耳)、2 件具有火烧痕迹的铜炊具残片、4 根铁钉(有 2 根较大,应为船钉)、2 件铁块(片),等等。

　　为了解遗迹的延伸范围,特别是寻找 2018 年试掘、调查所发现的平地柱洞和虾塘木桩之间的关联,防城港市博物馆于 2019 年在虾塘边的弃耕田中(平地坡脚边,为平地与海滩衔接区)开了 2 个小探方和 1 条探沟。本次试掘同样出土了较为丰富的陶瓷器及残片(图一一),其中部分陶器为完整器,如出土的平底陶钵有 32 件完整,就窑口、时代等信息而言与此前两次试掘情况相似。同时,也有数件金属残件出土,有铁环残件 1 件、条形铜片 1 件、银质物 2 件(图一二)。此外,另有一条疑似道路(长约 8.1 米,宽约 0.7~1.1 米,从坡地向虾塘、海滩方向延伸,以石头铺排)的遗迹发现(图一三)。

图六　2018 年试掘出土部分陶器

图七　2018 年试掘出土部分瓷器

图八 2018 年试掘出土部分铜器

图九 2018 年试掘出土铁钉

图一〇 2018 年试掘出土的部分铜钱

图一一　2019 年试掘出部分陶瓷器

图一二　2019 年试掘出土银质器

图一三　2019 年试掘发现疑似道路遗迹

2017~2019 年洲尾遗址的试掘与调查区域有平地、海滩、山丘,区域选择具有一定代表性。通过相关工作的开展,初步确定了该遗址的分布范围约为 171 300 平方米,其中排列着的三座山丘之间的两个平地及其面海海滩为核心区域,约有 45 300 平方米。关于遗址的性质问题,"综合考察洲尾及周边地区的诸多出土出水文物、遗迹,笔者认为此处应是一个古代贸易场"[1],时代大致为唐末至明初。

(二)潭蓬运河

潭蓬运河位于广西壮族自治区防城港市江山半岛,是开凿于唐代的一条海运河。该运河是古代北部湾地区与安南之间海上交通的重要保障设施,史书对其开通后多有诸如"由是舟楫无滞,安南储备不乏""交、广之民,舟楫安行"等记载,是唐宋时期北部湾地区海上丝绸之路的重要遗存。因群众生产劳作,潭蓬运河及周边地区于 20 世纪 80 年代初先后出土了数批文物,后广西壮族自治区博物馆、广西壮族自治区文物工作队对其开展首次田野调查。运河也因此于 1981 年被列为广西壮族自治区重点文物保护单位。2017 年,为采集运河原始河道深、宽等基础数据,防城港市博物馆于运河东段石刻处选取一个点开展小范围清淤。本次清淤顺利寻找到了该段河道的原始河岸和运河底部,完成了采集运河基础数据的目标。同时,获得 1 件完整陶钵、数件瓷片和一批陶片等遗物(图一四),以及新发现"元和三年九月""天下太平……唐　咸通九年　湖南军开六道"等带文字和人物头像石刻 8 处,其中,"元和三年""咸通九年"等纪年文字及"湖南军"等信息多次重复出现(图一五)。

图一四　2017 年清淤出土部分陶瓷器

2019 年,为获得不同河段河道的数据对比资料和寻找运河沿用的相关物证,防城港市博物馆在运河东口选点进行第二次清淤。本次清淤除了获得与 2017 年相近的河道宽、深、底部海拔等基

---

[1]　何守强:《潭蓬运河研究》,漓江出版社,2019 年,第 119 页。

图一五　2017年清淤出土部分石刻

础信息外,另有1件完整陶钵、1枚"洪武通宝"铜钱和一批陶瓷片出土(图一六)。其中,陶器器形有钵、罐,以平底钵为主;瓷器有碗、罐、杯、碟等器形,包括青瓷、青花瓷、青白瓷,釉色有青色、青黄色、清白色、酱色等,时代跨越唐、宋、元、明、清等多个时期。其中,有一定量的外酱釉内青白釉瓷碗出现,疑为批量运输的意外遗留;另有一碟为外青白釉内青花,此类器物在越南朱豆窑大约15世纪的产品中有发现,应源自越南。

三、其他码头遗迹

(一)竹山码头

竹山码头位于中国广西壮族自治区防城港市东兴市,与越南芒街海河相连,隔水相望。沿着北仑河可至东兴市区。竹山码头始建于何时地方文献没有记载,但从周边现存的古街、教堂等遗迹推测,该码头至迟到清代已经建立。《防城县志》记载:"竹山港位于防城县西南的北仑河出海口……抗日战争时期……大批外国商品和海外华侨捐献的抗战物资,从越南芒街经东兴竹山港源源不断地转运我国内地。"[1]可见该码头在抗战时期较为繁荣,至1958年被建成渔港与边贸码头,20世纪60~70年代作为转运援越物资的隐蔽港口,1979年以后因边境局势变化曾一度停航,后随中越关系正常而恢复。20世纪90年代因在原竹山码头的东侧新建泊位,原码头消失。

2016年,为寻找竹山码头相关遗迹,防城港市博物馆对该码头遗址及周边开展了调查,在北仑河入海口即原竹山码头的河岸边采集了70件陶瓷残片(陶片8件,瓷片62件,图一七)。陶器有钵、罐等防城港沿海常见器形,瓷器有碗、杯等器形。瓷器中,以青花瓷为主,有少量景德镇产品,其余的多为广西本地窑口生产。其中,清末民国及当代的很大部分青花应为本地产品,即东兴

[1]　防城县志编纂委员会:《防城县志》,广西民族出版社,1993年,第292页。

图一六　2019 年清淤出土部分陶瓷器

图一七　竹山码头采集部分陶瓷器

北仑河沿岸窑烧制的;另有几件青瓷,其中2件青瓷碗内底有多个支钉痕。此外,2018年防城港市博物馆接收到群众于近年在竹山码头附近挖掘鱼塘作业中发现的1件元代龙泉窑青瓷碗残件。

(二) 六茂码头

六茂码头位于广西壮族自治区防城港市防城区大菉镇百里村六茂屯防城江岸边,其顺江而下可入海,溯江而上可达十万大山等内陆地区。该码头已弃用,码头设施遗迹也不明显。在高出江面约10米的河岸上有一块较为开阔的平地,有以江石铺设的疑似地基的建筑遗迹。2018～2019年,因生产劳作、工程建设,有群众在码头遗址及周边区域多次发现和采集了包括石器、骨器、陶瓷器在内的较为丰富的文物标本。其中,六茂屯一唐姓村民于2019年2月在河道施工中采集了一批以陶瓷残件为主的文物标本,时代涉及南朝、唐、宋、元、明、清、民国和现代等多个时期(图一八)。陶器有钵、罐、瓶等器形,瓷器有青瓷、青花瓷,器形有碗、罐、碟等,可辨的瓷器窑口有两广沿海地区的青瓷窑、景德镇窑、龙泉窑等,部分陶瓷器则可能来自越南窑口。根据群众提供的线索,

图一八　六茂码头出土部分陶瓷器

防城港市博物馆于2019年4月对六茂码头开展调查,采集到了唐代青瓷碗残件、陶片等一批标本,并于此后陆续征集到了新出土的六系黑釉罐、墓砖、系缆石等一批文物。

从目前六茂码头出土的石斧、骨针等物品来看,此处或有一个史前古人类遗址;而从出土的时代跨度大、窑口多的陶瓷器(残件)标本,并结合此码头所依防城江通海达陆的特点,以及尚有的一些建筑遗迹等信息判断,"此处可能是防城江水路航线中的一个供来往船只休整歇息、货物集散的中途码头。从现有遗存来看,此条水路至迟在唐代已经出现,一直沿用至二十世纪七八十年代"[1]。

[1] 何守强:《潭蓬运河研究》,漓江出版社,2019年,第142页。

四、分析探讨

（一）新发现遗迹、文物的价值

从洲尾遗址发现的遗迹、文物以及周边自然条件来看，其应为一处集港口、贸易于一体的古代贸易场。根据《岭外代答》等古籍文献记载，作为宋代广西三大博易场之一的钦州博易场即处在北部湾地区，但至今尚未有相关考古发现证明其确切位置。洲尾遗址的发现，虽未有直接证据指向于宋代的钦州博易场，但其区位特点、出土文物等许多信息符合《岭外代答》等古籍关于钦州博易场的记载，因而洲尾遗址亦不排除作为钦州博易场或其组成部分的可能。同时，除了作为该地区目前发现的首个沿海贸易场之外，洲尾遗址还是汉代以后，特别是合浦港衰落之后，北部湾地区重要的海上丝绸之路遗存，是彼时北部湾海上航线的重要物证，对于研究唐、宋、元、明各个历史时期的北部湾区域贸易、海外贸易或有较大考古及学术研究价值。潭蓬运河新发现的石刻进一步印证了古籍文献关于此条运河的记载，新出土的唐、宋、元、明、清等多个时代文物为考察运河的沿用年代提供了实物证据。竹山码头、六茂码头的发现，丰富了北部湾航线防城港段的航运设施遗址，是研究该地区古代航线、区域贸易及其变迁的重要遗迹与实物支撑。其中，竹山码头位于边境线上，其特殊的区位既可视作北部湾沿岸航线向东南亚国家和地区延伸的依据，又可当作边境贸易点来考察彼时的海外贸易情况；六茂码头作为沟通十万大山内陆和防城港沿海地区的防城江水路中途码头，对于认识本地区古代海上航线、区域贸易线路的辐射与延伸也具有一定价值。

（二）新发现遗迹、文物的特点与来源

1. 各遗址均与水路航运、商贸相关

洲尾遗址、潭蓬运河、竹山码头、六茂码头四处遗址均属码头（港口）或运河，为涉水航运设施。从遗址分布位置来看，洲尾遗址、潭蓬运河、竹山码头同处于防城港往越南方向，即自东而西的同一海岸线上，六茂码头所处位置为沿海向内陆水路的延伸，这些遗址间可直接或通过相邻水路互通。从时代来看，洲尾遗址、潭蓬运河、六茂码头三个遗址都有唐代至清代多个时期文物出土，竹山码头也有宋元及清代瓷器残件出现，其所属时代大致相近或所跨越时代有重合。从出土文物来看，四个遗址所出以陶瓷器为主的物品多是各个时期较为典型的贸易陶瓷器，其中包括浙江龙泉窑青瓷、江西景德镇窑青花瓷等中国典型外销瓷器，以及贸易流入的越南青瓷等。

2. 遗址间具有关联性

如上文所述，四个遗址同处一条海岸线上，时代相近，共同组成了彼时的防城港沿岸航线设施。因而，在各个历史时期它们必然有着联系和互动，这可从不同遗址中发现的多种同类或相近物品中找到依据。例如，在洲尾遗址、潭蓬运河、六茂码头均发现一种内底刮釉、方块状泥片垫烧

的唐代青瓷碗残件（图一九），此类青瓷碗在越南有完整器出土，而处于防城港市东侧的北海市晚姑娘窑、合浦英罗窑也有此类产品烧制，广东省湛江市的雷州余下窑、遂溪新埠窑等也有类似产品发现（多以泥团支烧）。从掌握的现有资料来看，防城港沿海几处遗址所出的此类唐代青瓷碗应是当时北部湾或雷州半岛窑场烧制，烧成后通过北部湾沿岸航线自东向西运达防城港及越南等地。同样，在洲尾遗址、潭蓬运河、六茂码头、竹山码头均发现一种较为特殊的陶钵，其平底、直腹、圆唇、厚胎、夹砂，做工粗糙，外侧靠口沿多饰水波纹，器身外壁多有竖条纹，钵体大小、深浅不一（图二〇）。从目前发现来看，此类平底钵在防城港至越南沿海岸线各处海湾、海滩常有发现，防城港以东的钦州、北海沿海逐渐减少或消失，而在越南北宁省当舍窑已发现有烧制。因此，这

图一九　各遗址出土的部分刮釉泥片垫烧青瓷碗残片

图二○　　2019 年洲尾遗址出土的部分越南平底钵

类平底钵当是产于越南，并通过海上运输自西向东到达防城港的。综上，共同出现于各个遗址的以上两类物品，在传播方向上分别是从中国到越南和从越南到中国，虽起止地互置，但传播、运输线路基本一致，即通过北部湾沿岸航线抵达沿途各点。

3. 出土文物有跨区域、跨国性

防城港沿海近年考古调查所发现和采集的文物标本数量、种类较多，由于部分标本难以确认具体时代、来源等问题，因而仅以采集到的部分陶瓷器为例分析。从可辨窑口的陶瓷器来看，出土的文物大致有以下几个来源：其一，两广地区。例如，洲尾遗址、潭蓬运河等出土的唐代青瓷碗、青瓷罐主要为北部湾及雷州半岛窑场产品，竹山码头、六茂码头、潭蓬运河等出土的部分明清青花瓷为广西本土产品。其二，东南沿海地区。例如，洲尾遗址出土有数十件宋代至明代的浙江龙泉窑碗、碟、盏、杯、洗等器物标本（图二一），还出土有福建遇林亭窑描金建盏等瓷器。此外，包括竹山码头在内的防城港沿海岸线多处遗址、海滩也有较多福建德化窑青花瓷残件的发现。其三，江西地区。防城港沿海各调查点如怪石滩、洲尾遗址、潭蓬运河等多有江西景德镇窑青花瓷残件发现。其四，海外的越南地区。在近年的考古调查中，防城港沿海多地有越南陶瓷器出土（图二二）。其中，陶器以平底钵为最，残件或完整器在沿海岸线各海湾、海滩较为常见，遗存丰富，仅洲尾遗址就采集有数十袋标本；瓷器在洲尾遗址、潭蓬运河、六茂码头等多个点有发现，尤以洲尾遗址居多。洲尾遗址出土的越南青瓷至少占全部出土瓷器的半数以上，种类、数量十分丰富，时代约为 13~15 世纪，其中有部分为仿龙泉窑系、耀州窑系产品。仅从以上部分陶瓷器标本来源看，可见防城港出土的相关物品跨越中国多个地区和越南，文物来源具有区域性和跨国性。

图二一　洲尾遗址出土的部分龙泉窑青瓷

（三）反映出来的相关问题

1. 北部湾沿岸航线在历史中的长期持续存在

北部湾沿岸航线形成较早，至汉代合浦成为海上丝绸之路始发港之后，此条航线开始闻名于世。然而，随着造船、航海技术的进步和合浦港的衰落，海丝始发港东移，特别是唐代"广州通海夷道"开辟之后，船只在中国和东南亚地区之间的往来实现直航而不必绕道北部湾沿岸进行。显然，这些变化势必对汉代北部湾沿岸航线形成冲击，摧其衰落。具体程度如何？是否会导致这条航线消失呢？

首先，近年防城港市沿海田野调查中发现的散布于整条海岸线的各历史时期文物标本，对2015年国家、自治区联合开展的防城港海域水下考古调查结果形成有力补充，共同说明了此条航线在汉代以后，仍有多个时代的延续。其次，潭蓬运河、洲尾遗址等出土的唐、宋、元、明等多个时代的文物，也证明了汉代之后北部湾沿岸航线的持续。仅以洲尾遗址为例，其出土的唐代北部湾、雷州半岛青瓷器和宋至明的龙泉窑青瓷等，说明从唐至明自东南沿海经广东到达防城港的海上航线依然存在；而该遗址出土的大量13~15世纪越南青瓷器则说明了当时自越南到防城港的航线继续沿用。汇集于洲尾遗址的上述两条航线，恰好将中国东南与越南连接，形成一条完整的航线。再次，怪石滩、潭蓬运河、竹山码头等多个调查点出土的明清时期景德镇窑、德化窑外销青花瓷，进一步说明此条航线延续至明清。基于此，笔者认为，北部湾沿岸航线自合浦港衰落之

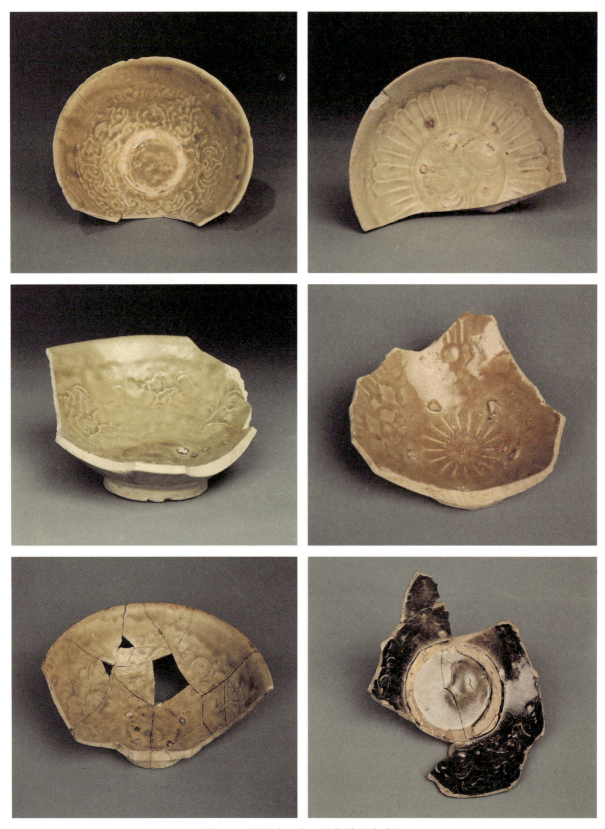

图二二　洲尾遗址出土的部分越南青瓷

后,至少在唐至明清时期依旧存在。

2. 古代防城港地区海外航线与本区域贸易存在紧密互动

受诸多因素影响,古代防城港地区商贸发展起步较晚。从近年考古调查所掌握的资料信息来看,大致始于晚唐的洲尾贸易场是目前防城港地区发现的较早的古代贸易遗址之一。该遗址邻海,由山丘、带状平地及海滩组成,从自然环境来看,缺乏城市聚居所需的较为宽广的平地和可供大量人口日常所需的淡水等基本资源条件。因此,可排除其由较多人口居住而形成集市的可能。那又是何种因素促使一个贸易场在近乎荒无人烟的沿海产生呢?从出土文物的性质、遗址邻海等特征,并结合北部湾海域自汉代以来的海上丝绸之路航线这一重要遗迹分析,洲尾贸易场的产生当是北部湾沿岸航线持续繁华的结果。

作为海外航线发展产物的洲尾贸易场,其出现后不仅对本地区的商贸发生较大影响,且伴随贸易发展及其带动的本区域市场消费能力的提升和周边区域消费需求的聚集,从而对各地、各类商品的需求量大大增加,这为航运提供了新的机遇。例如,上文提及的洲尾出土的浙江、福建、广东、江西及越南等地贸易瓷器的大量出现,说明了以洲尾贸易场为运输目的地的东、西航线的存在。又如,潭蓬运河新出土的唐至明清时期的中越陶瓷标本与洲尾遗址出土物品相近,说明了以洲尾贸易场为目的地或转运点的相关活动长期借助潭蓬运河水运,这种航运需求是此条运河跨越多个时代持续沿用的原因之一。

也就是说,洲尾贸易场因北部湾沿岸航线得以产生。它形成时合浦港已然衰落,北部湾沿岸航线也受到了“广州通海夷道”等航线的挑战和削弱,但其存在,尤其是对周边地区的辐射和吸引,反过来带动和维系了防城港地区与浙江、福建、广东等东段航线及与越南方向的西段航线的持续与繁华,促进了唐宋及以后一段时期北部湾沿岸航线的发展。

3. 洲尾贸易场、竹山码头的先后出现一定程度上反映出了古代防城港沿海贸易中心自东向西的转移

具体而言,在唐末至明初这段时间中,防城港沿海贸易中心在洲尾地区,这种“中心”地位在安南独立,防城港地区由“内郡”变为“边疆”之后,海外贸易迅猛发展的宋元时期尤为突出;到明代洲尾贸易场衰落、消失之后,竹山码头逐步兴起,并于清代成为了防城港沿海新的贸易中心。这种变迁除了海运航线的变化因素外,应与明清时期的海禁政策相关。即严厉的海禁政策实施后,为了海外贸易的安全与便利起见,防城港沿海地区的海外贸易中心开始向西转移,即贸易中心进一步向边界推进。

附记:文中 2015 年防城港海域水下考古调查的相关资料是国家文物局水下文化遗产保护中心、广西文物保护与考古研究所组成的联合工作小组的调查成果,其余资料是防城港市博物馆近年考古调查的新发现,特此说明!并对指导和参与相关工作的各位专家、同仁、同事表示诚挚的感谢!

Newly Discovered in Archaeology along the Coast of Fangchenggang

By

He Shouqiang

Abstract：Based on the review of the coastal archaeological survey carried out by Fangchenggang city in Guangxi Zhuang Autonomous Region on the Beibu Gulf in recent years, this paper focuses on the introduction of several important sites such as Zhouwei site, Zhushan wharf and Liumao wharf, as well as the new discovery of Tanpeng canal, and analyzes its correlation and its role and status in the ancient maritime silk road in this region from the aspects of unearthed cultural relics and the nature of relics.

Keywords：Fangchenggang, Beibu Gulf, Archaeological Survey, Maritime Silk Road

日照地区明清海防遗迹的
考古调查与研究

杨　睿　袁启飞　司久玉*

摘　要：古代海防遗迹作为反映古代沿海军事情况的主要物质遗存,是沿海历史时期考古研究对象中的一个大类。海防是指为防御海上来敌,据海而守的一方采取的各种防御措施。目前,明清海防研究方兴未艾,但一般来说以文献研究为主,专注于海防遗迹本身的研究不多。日照海防是山东海防体系的重要组成部分,也是承接南省、北省海防的战略要冲。明代日照地区的海防体系是"卫—所—司—墩"。本文以日照地区海防遗址考古调查材料为基础,结合历史文献记载,对日照明清海防开展考古学研究,以期以考古遗址视角全面探讨日照地区海防体系,希望通过挖掘其本身应有的价值,引起各界的关心与重视。

关键词：海防遗迹　日照　安东卫　石臼所　沿海烟墩

日照市位于山东省东南部黄海之滨,北连青岛、潍坊,南接江苏省连云港市,西毗临沂市。总体属鲁东丘陵,背山面海,山地、丘陵、平原相间分布。日照海岸岬湾相连,北起甜水河口,南到绣针河口,全长 168.5 公里[1]。日照,周为莒地,秦属琅琊郡,西汉置海曲县,三国魏时属城阳郡并于莒,北魏置梁乡县。隋时归莒县,属琅邪郡,唐、宋属密州。宋元祐二年(1087 年)置日照镇,属莒县,日照之名始于此。金大定二十四年(1184 年)始设日照县,属益都府莒州。元因之。明及清初属青州府,至雍正十二年(1734 年)改属沂州府[2]。日照市现下辖东港区、岚山区、莒县、五莲县以及日照经济技术开发区和山海天旅游度假区(即实际上为 4 区 2 县)。

有识之士将日照巧妙比喻为山东海防之前门,认为登州设备倭府,"祖宗盖为京师,非为山东也",是"人家之后水门"。山东的防海备倭,重点还是需要从安东、日照着手:"倭从釜山、对马岛乘东风而来,正对淮口,然淮有督储部府,尚宿重兵,在倭不遽登岸也,其登必从安东、日照,此数

---

* 　杨睿,国家文物局水下文化遗产保护中心;袁启飞,日照市文物考古研究所;司久玉,山东省水下考古研究中心。

[1] 　本数据引自"日照市人民政府网站"(网址:http://www.rizhao.gov.cn/sqlb.php? category_id=5)。1994 年出版的《日照市志》(日照市地方史志编纂委员会:《日照市志》,齐鲁书社,第 85~86 页)所载海岸线长度为 93.1 公里,二者相差较大。兹以现网站的数据为准。

[2] 　据《沂州府志·沿革》[(清)李希贤等纂修:《中国地方志集成·山东府县志辑》第 61 册《乾隆沂州府志·嘉庆莒州志》,凤凰出版社、上海书店、巴蜀书社,2004 年,第 18~20 页]下"日照县、安东卫"两条目整理。

百里无兵……此山东大厅堂而倭所必由之道也。不备前门而备后门乎？"[1]日照自古以来即为战略及通阜要地。日照形势："南为淮海之咽喉，北则登莱之门户，东海独当一面，西山遥锁千峰。"[2]日照海防是山东海防体系的重要组成部分，也是承接南省、北省海防的战略要冲。明代日照地区的海防体系是"卫—所—司—墩"，其中，安东卫是日照地区海防之主体。

　　2018年4~5月、7~9月，国家文物局水下文化遗产保护中心联合山东省水下考古研究中心、日照市文物考古研究所组成调查队，对日照古代海防遗址进行了系统调查。调查队共对32个遗址进行了调查，此外还提取了瓷器、砖瓦、铁器、钱币等各种材质文物共计1 045件。

一、安　东　卫

（一）安东卫考略

1. 安东卫设置与裁撤时间

　　安东卫的设置时间，史籍有明确记载，设立于洪武三十一年（1398年）。当年五月，明廷颁令："丙寅，置山东都指挥使司，属卫七：曰安东、曰灵山、曰鳌山、曰大嵩、曰威海、曰成山、曰靖海。"[3]另有《明史·地理志》为证："（胶州）又东南海口有灵山卫，又有安东卫，俱洪武三十一年五月置。"[4]这当是安东卫设立的准确时间[5]。

　　安东卫的裁撤时间为乾隆七年（1724年）。按乾隆《沂州府志》载："（沂州府）共领州一县六。乾隆七年裁安东卫并入日照，皆隶沂州府。""乾隆七年，裁安东卫，其屯地分隶日照编户八十三里，卫籍在外。"[6]光绪《日照县志》也沿用了这个说法[7]。

2. 安东卫设置地点

　　安东卫设置的地点，史籍也有明确记载，"安东卫，在日照县南九十里"[8]。"于县治南九十

[1]　（明）王士性：《广志绎·江北四省》，中华书局，1981年，第60页。
[2]　（清）李希贤等纂修：《沂州府志·形胜·日照县》，《中国地方志集成 山东府县志辑》第61册《乾隆沂州府志·嘉庆莒州志》，凤凰出版社、上海书店、巴蜀书社，2004年，第68页。
[3]　《明实录·太祖实录》，上海书店出版社，2015年，第3716页。
[4]　（清）张廷玉等撰：《明史·地理二》，中华书局，1974年，第950页。
[5]　后代史籍记载的安东卫设置时间，譬如：顾祖禹的《读史方舆纪要·山东六》（中华书局，2005年，第1658页）中记载："安东卫在日照县南九十里……弘治三年置。"嘉靖年间杜思等纂修的《青州府志·人事志四·城池》（上海古籍书店，1965年，第33页）则直接说："安东卫城，建置无考。"有学者认为，安东卫的设立时间另有其时，有洪武十七年说的，如丁涛的《安东卫考略》[《日照文史（第三辑）》，1988年，第5~10页]；有认为设置期限为"洪武二十六年为上限、洪武三十一年为下限"说的，如丁超的《明代安东卫城建置年代考》（《历史研究》2004年第2期）。以上考证，均以考证、推理为主，有一定道理。但史籍在此，兹只能以《太祖实录》《明史》中的说法为准。
[6]　（清）李希贤等纂修：《沂州府志·沿革》，《中国地方志集成·山东府县志辑》第61册《乾隆沂州府志·嘉庆莒州志》，凤凰出版社、上海书店、巴蜀书社，2004年，第35、38页。
[7]　（清）陈懋等纂修：《日照县志·疆域志》，（台北）成文出版社有限公司，1976年，第68页。
[8]　（明）杜思等纂修：《青州府志·人事志四·兵防》，上海古籍书店，1965年，第5页；同时，《读史方舆纪要》（第1658页）也采用了同样说法。

里置安东卫"[1]。康熙十二年的《安东卫志》里说的更为详尽:"南临淮楚,北接青齐,地属淮安府赣榆县境,城则青州府日照南境也。""登高而望,见东枕阿掖,西带长流,南临沧海,北锁关山。"[2]从海防层面上讲,"其地为海防首冲要地、南北孔道",是"南北之交衢,山左之门户",具体来说即"安东南北要冲,东临沧海,西近沂莒,南控江淮,一帆可达,北接青齐,烽烟立至,盖用武之国",在此建卫"非独防外,亦以卫内也"。明代山东宪副(按察副使的敬称)赵鹤龄有《安东形胜》诗一首,堪以说明安东卫情景,诗云:

城本安东筑向西,地分南北不相迷。
门严锁钥连淮海,铁作藩篱障鲁齐;
才薄岂堪兼武备,时清仅独有诗题。
叮咛守御诸军长,边境无忘肃鼓鼙。[3]

3. 安东卫兵防情况

安东卫兵防情况,按嘉靖《青州府志》载:"隶山东都指挥使司,设官指挥使(一员)、同知(二员)、佥事(四员)、经历司经历、知事(各一员)、镇抚司镇抚(二员)、左前后三所正副千户百户(各三五员)。(京操军,春班,八百四十四人;秋班六百三十一人;守城军余三百八十七人;屯田军余三百九十一人。)"[4]即在各级职官而下,总兵力为 2 253 人。按《筹海图编·山东兵制》载:"安东卫:京操军一千五百六十七人,城守军余三百五十八人,屯军三百九十一人,捕倭军二百六十九人",[5]即总兵力为 2 585 人[6]。

按明兵制:"大率五千六百人为卫,千一百二十人为千户所"[7]。按人数计,应有两个千户所驻扎在卫城。按《读史方舆纪要》的说法:"安东卫……初领五千户所,寻调左所于天津,右所于徐州,止领中前后三所。"[8]按《安东卫志》的说法:"始汤信国和立城于斯,劈石为城,分左、右、中、前、后五所。后所去卫城东北九十里,名为石臼寨,亦有专城,乃分汛要地也。至天顺年,调去中

[1]　(清)陈懋等纂修:《日照县志·疆域志》,(台北)成文出版社有限公司,1976 年,第 68 页。
[2]　(清)赵双璧等纂修:《安东卫志·形胜》,日照市岚山区史志办公室,2009 年。
[3]　据《安东卫志》中的《序一》《形胜》《武备》《艺文》各篇整理。
[4]　(明)杜思等纂修:《青州府志·人事志四·兵防》,上海古籍书店,1965 年,第 5~6 页。
[5]　(明)郑若曾:《筹海图编·卷七·山东兵制》,中华书局,2007 年,第 438 页。
[6]　两相对比,则《筹海图编》记载兵力比《青州府志》多了 332 人,观其差别,则在于《筹海图编》比《青州府志》在京操军、城守军方面记载的人数均为多,且又有"捕倭军"之额度。纵观《青州府志》,始终未提捕倭军之设。但在《太祖实录》《太宗实录》《宣宗实录》《英宗实录》中确有"捕倭军士"、"捕倭马步官军"、"捕倭总兵官"的说法。按一卫中两所的兵马之数(驻扎安东卫者仅两,后千户所为石臼所,不在卫驻扎),则 2 240 人为应当,以此来看《青州府志》记载的人数 2 253 人较合乎兵制;而《筹海图编》记载的人数明显超编。或捕倭军不为常设? 仍待探讨。
[7]　(清)张廷玉等撰:《明史·兵志二》,中华书局,1974 年,第 2193 页。
[8]　(清)顾祖禹:《读史方舆纪要·山东六》,中华书局,2005 年,第 1658 页。

所于天津卫、右所于徐州卫。隶卫者止有前、左二所并分汛后所，为三所。"[1]虽两书的记载有所不同，但在安东卫被抽调兵力后仅剩三所是一致的（《读史方舆纪要》载抽调左所、右所；《安东卫志》载抽调中所、右所）。鉴于安东卫后所为石臼所，有专城，则应是中所和前所（或左所和前所）驻扎在卫城。

4. 史载安东卫城形制

据嘉靖《山东通志》记载："安东卫城，石城，周围五里，高二丈一尺，阔二丈，四门，楼铺二十八座，池阔二丈五尺，深一丈。"[2]嘉靖《青州府志》记载："安东卫城（临东海），建置无考，垒石甃甓，周五里（高二丈一尺，阔二丈，壕深、广如之），为门者四。"[3]

康熙十二年《安东卫志》记载，安东卫"初，汤信国建城，皆用砖石，周围五百三十丈，高二丈一尺，垛口一千三百零，门楼四座"[4]。光绪《日照县志》的记载与此一致，不赘[5]。《读史方舆纪要·山东六》记载："安东卫……卫城周五里。"[6]结合以上记载，可初步推测安东卫设置时的形制：周围五里，城墙高二丈一尺，阔二丈，应是砖石筑成；护城壕沟宽、深与城墙宽、高相近，有四门且均有门楼。

安东卫城建成后，几经磨难和修葺。首先是："安东卫城……岁久渐圮。嘉靖三十四年经历何亨请修，规制仅存"[7]；随后"两经兵火"："崇祯十五年城陷。""顺治七年，榆园贼寇山东，正月十七至卫。伊时卫城久残，人无固志，贼骑千众一拥入城，杀伤数百人，卫城一空。"[8]对安东卫城造成毁灭性打击的是康熙七年的大地震："两经兵火，颓垣败砌已至于不可收拾，何当戊申地震，复为之摧残殆尽哉？"[9]"自戊申地变，城池一如平地，守御无具，恐非所以处边疆也。"[10]直至咸丰十一年（1861年），"都司桂斌同卫绅士重修"[11]。之后，安东卫古城在1945年被完全拆毁。

安东卫城内相关建筑除官署、仓、库、校场外，嘉靖年间，安东卫经历司何亨再次修城后"四城门内俱有门房三间，以藏戎器。四大街共设八铺，小巷四铺"[12]。此外，还有如《日照县志》内载的卫学（卫城西北隅，后改建于十字街西）、关帝庙（卫城东街）、镇武庙（卫城东北隅）、马神庙（卫城巡检署东）、观音堂（卫城巡检署东南）等[13]。

---

[1] （清）赵双璧等纂修：《安东卫志·建制》，日照市岚山区史志办公室，2009年。

[2] （明）陆釴：《山东通志·城池》，《天一阁藏明代方志选刊续编》，上海书店，1990年，第785页。

[3] 杜思等纂修的《青州府志·人事志四·城池》（第33页）则直接说："安东卫城，建置无考。"

[4] （清）赵双璧等纂修：《安东卫志·城池》，日照市岚山区史志办公室，2009年。

[5] （清）陈懋等纂修：《日照县志·营建志》，（台北）成文出版社有限公司，1976年，第92页。

[6] （清）顾祖禹：《读史方舆纪要·山东六》，中华书局，2005年，第1658页。

[7] （明）杜思等纂修：《青州府志·人事志四·城池》，上海古籍书店，1965年，第33页。

[8] （清）赵双璧等纂修：《安东卫志·兵火》，日照市岚山区史志办公室，2009年。

[9] （清）赵双璧等纂修：《安东卫志·兵火》，日照市岚山区史志办公室，2009年。

[10] （清）赵双璧等纂修：《安东卫志·兵火》，日照市岚山区史志办公室，2009年。

[11] （清）陈懋等纂修：《日照县志·营建志》，（台北）成文出版社有限公司，1976年，第92页。

[12] （清）赵双璧等纂修：《安东卫志·兵火》，日照市岚山区史志办公室，2009年。

[13] 以上由陈懋等纂修的《日照县志》卷首《安东卫城池图》（第32～33页）及《营建志》（第93～103页）整理。

5. 安东卫抵御倭寇、海贼的记载

主要记载有：

> 嘉靖壬子，倭舟犯东岸，卫官率军御之始退。
>
> 嘉靖三十四年五月，倭舟一只登夹仓口岸，约六十余人，各持利刃，望屋而食。卫官合日照民兵共击之，战于转头山。倭败南遁至响石村，又击之，终不能剿。后遁淮，调兵四集始歼之。
>
> 嘉靖三十六年倭舟复至，掌印指挥王道率青营千户徐光华奋力御之，相持数日始去。[1]
>
> 嘉靖三十六年，六月乙酉，兵备副使于德昌、参将刘显败倭于安东。[2]

从以上记载可见，安东卫设置后，在面对抗倭斗争时，多有胜绩，在海防方面发挥了重要作用。

（二）安东卫城遗址调查

安东卫城遗址，位于日照市岚山区安东卫街道，现城墙及城内设施已全部不存，遗址上为现代街区。目前，只存西侧护城河一段（图一）。

根据口碑调查结果：安东卫城整体呈长方形，坐落方向基本上为正南北，略偏东7°。其范围大约为：北侧距岚山中路360米（在护城河范围内），东侧为万斛路，西侧为明珠路，南侧为"南门外"村北的一条无名道路。城中观海路（南北向）与安东卫二路（东西向）交叉形成的十字街口，基本上为卫城的中心。卫城总体东西长约800米，南北宽约700米，总面积560 000平方米。

古安东卫城已基本城镇化，遗址被水泥路面和民居所覆盖。本次调查时，恰逢北墙西段处正在拆迁现代房屋，调查队即对此地进行了重点调查，共采集标本64件，主要包括明清时期的瓷片及砖瓦两类。

（1）明清瓷片

瓷片以青花为主。器形主要为碗的残片、圈足等（图二）。此外，还有酱釉和浅色酱釉瓷片。青花瓷的色泽较重，呈深青色，大部分青花的绘制有晕染效果。纹饰主要有花卉纹、草叶纹等。

（2）砖瓦

砖全部呈青灰色，质地细腻，致密坚硬，分为几种不同形制，厚薄、大小均不一，有的砖上还留有石灰的痕迹（图三）。这几种不同形制的砖，说明其或许不属于同一时代，或者是用在不同部位的。瓦多为残片，以橙黄色瓦片为主，有的瓦片可见明显布纹。

城砖，青灰色，表面有石灰残留。残长29厘米，宽18厘米，厚达10.6厘米，应是用在城墙上的（图四，1、3）。

小砖，残长8.9厘米，宽6.5厘米，厚仅2.3厘米（图四，2、4）。

---

[1] （清）赵双璧等纂修：《安东卫志·兵火》，日照市岚山区史志办公室，2009年。
[2] （清）张廷玉等撰：《明史·世宗二》，中华书局，1974年，第245页。

图一　护城河今貌

图二　安东卫城采集的青花瓷片标本

图三　安东卫城采集砖瓦

图四　安东卫城采集砖瓦标本

二、石 臼 所

（一）石臼所考略

安东卫设有石臼寨备御后千户所，简称"石臼所"，因战略地位重要，专设所城。设置时间按《明史》的记载："石臼岛寨千户所，在安东卫南。俱弘治后置。"[1]具体时间已不可考[2]。

---

[1]　（清）张廷玉等撰：《明史·地理二》，中华书局，1974年，第950页。这里的地处"安东卫南"与其他史料记载均冲突，且与今日的实际不符，应是"安东卫北"。

[2]　《读史方舆纪要》（第1658页）中认为建于嘉靖年间，虽与《明史》中"弘治后设"不矛盾，但没有其他志书支撑，不足以全信。原文为："石臼寨备御后千户所，在日照县东南。所城周三里有奇。又东南有塘头寨备御（转下页）

其位置按嘉靖《青州府志》的记载："石旧寨备御所石城，在县东南，周三里有奇。"[1]《安东卫志》则载："后所去卫城东北九十里，名为石臼寨，亦有专城，乃分汛要地也。"[2]

石臼所形制按嘉靖《山东通志》的记载："所城为石城，周围二里有奇，高一丈四尺许，南、北、西三门，楼铺十五座，池阔三丈二尺，深一丈。"[3]这里的记载较为详细，其余如嘉靖《青州府志》《读史方舆纪要》等均只记一笔"周三里有奇"[4]。进入清代，"千总缺裁后，遂废""同治六年，避寇，复修""光绪十一年，重修"[5]。按《日照县志·秩官》中的记载，"石臼所千总"这一官职最后一任为"郭震华"，康熙二十五年任，"以后缺裁"。石臼所之裁撤当在康熙二十五年后不久[6]。

石臼所承担了重要的防御功能，明代设后所千户、副千户、百户等职官进行管理，同时又承担了沿海部分墩台的管理。按《筹海图编》记载，石臼所的军事力量为"守城军余四十八人"[7]。《日照县志·艺文志》载方正批著《石臼所观海》诗，其中有"坐拥貔貅当地险，备倭分设水师营"句，另有佚名著《石臼所故城》

> 树堡临瀛浒，当年扦巨鲸。
>
> 诸生能敌忾，百户善论兵。
>
> 石址依然固，狼烽久不生。
>
> 渔村浑朴地，歌唱喜时清。

其中"诸生能敌忾，百户善论兵"句，县志注："明崇祯五年夏，有海寇来犯境，百户房建新、诸生厉愿等率众御之，奔追及信阳场，复败之，寇遂戢。"[8]这说明石臼所承担了重要的海防功能。

（二）考古调查

古石臼所城址位于日照市东港区石臼街道，向东 700 米左右即为日照港，再向东 600 米即为大海，向南 1.3 公里也为大海。现城墙及城内设施已全部不存，遗址上为现代街区。

（接上页）百户所，城周三里。俱嘉靖中置，属安东卫。"此外，需说明的是，"又东南有塘头寨备御百户所，土城周三里。俱嘉靖中置，属安东卫"一句，误。塘头寨备御百户所，按嘉靖《青州府志》的记载："塘头寨备御百户所（在乐安县东北），隶青州左卫，设官百户（一员），守寨军余（百名）。"即塘头寨在今广饶一带，且隶属关系也是隶属于青州左卫，而非安东卫；这一点在《明史》（第 948 页）中也有佐证："乐安，（青州）府北……又东北有塘头寨，有百户所驻焉。"因此，塘头寨不属安东卫，不属日照海防体系，不在本文探讨范围。

[1]　（明）杜思等纂修：《青州府志·人事志四·城池》，上海古籍书店，1965 年，第 33 页。

[2]　（清）赵双璧等纂修：《安东卫志·建置》，日照市岚山区史志办公室，2009 年。

[3]　（明）陆釴：《山东通志·城池》，《天一阁藏明代方志选刊续编》，上海书店，1990 年，第 785 页。

[4]　（明）杜思等纂修：《青州府志·人事志四·城池》，上海古籍书店，1965 年，第 33 页；（清）顾祖禹：《读史方舆纪要·山东六》，中华书局，2005 年，第 1658 页。

[5]　（清）陈懋等纂修：《日照县志·营建志》，（台北）成文出版社有限公司，1976 年，第 92 页。

[6]　（清）陈懋等纂修：《日照县志·秩官志》，（台北）成文出版社有限公司，1976 年，第 199 页。

[7]　（明）郑若曾：《筹海图编·山东兵制》，中华书局，2007 年，第 438 页。

[8]　以上两首均摘自陈懋等纂修的《日照县志·艺文志》，方诗见第 613~614 页，佚名诗及注见第 628 页。

根据口碑调查结果,石臼所整体呈长方形,正南北向,东西宽 417 米,南北长 437 米,面积约 182 229 平方米。石臼所城原设东、西、南、北四门,后加东北小门(水门)。城墙之上修城楼,并各有匾额。北曰"奠盘"(坚如盘石),南曰"安澜"(大海平静),东曰"望瀛"(展望大海),西曰"瞻奎"(瞻望奎山)。

石臼所城基本上被现代街区覆盖,唯有所城东南角有一处建筑用地,正在闲置。调查队即对该地进行了实地踏查与勘探,共采集标本 84 件,主要包括明清时期瓷片及砖瓦、陶器等。

(1)瓷器

明、清瓷器比例相近,可辨器形有碗、小杯等,还发现了一片五彩瓷(图五)。

图五　石臼所城采集瓷片

其中,有一件瓷片标本圈足尚完整,胎质紧密,呈灰色,胎釉结合牢固,釉色白中发青,圈足底不施釉。残高 2.9 厘米,底径 6.2 厘米,挖足深 0.7 厘米(图六,1、4)。

此外,还发现一件圈足壁与器腹连为一体的标本,内壁碗底有交叉的叶片纹。为一件碗的残片,挖足较浅,残高 1.4 厘米(图六,2、5)。

　　五彩瓷是一件碗圈足的残片,器内壁部分有彩绘纹,主题为松、鹤、花、鸟,彩绘为釉上彩,摸之有凹凸不平之感,色彩有棕、绿、粉、白、黄等五色。残高1.1厘米,圈足较浅,高0.5厘米,器壁厚0.3厘米(图六,3、6)。

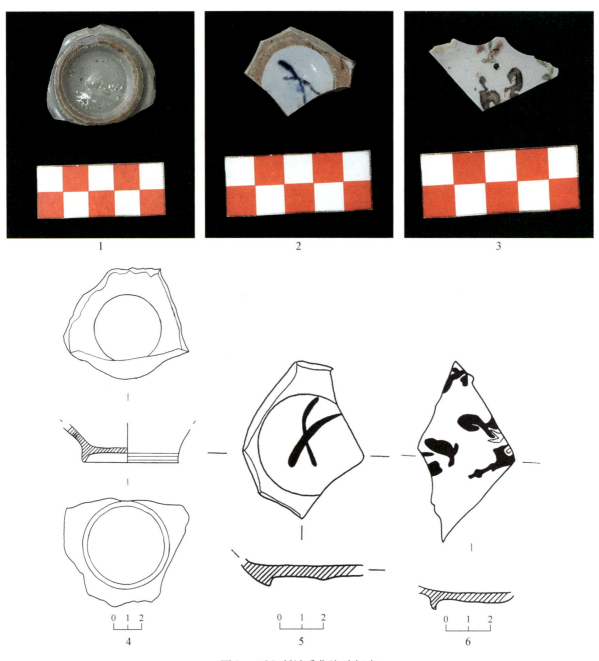

图六　石臼所城采集瓷片标本

（2）砖瓦、陶器

　　此外,在调查中还采集了一批砖瓦、陶器(图七)。砖为青砖,瓦为青瓦。此外,还有个别陶器。主要为缸、瓮一类器物的残片,有的残片上还有釉。

图七　石臼所城采集砖瓦、陶器

三、夹仓镇巡检司

（一）夹仓巡检司考略

明章潢《图书编》记载："国初惩倭之诈，缘海备御，几于万里。其大为卫，次为所，又次为巡检司。大小相维，经纬相错，星罗棋布，狼顾犬防，故所在制。"沿海卫、所在上文中已有交代，而巡检司也是海防体系里的一环。巡检司的职能是："主缉捕盗贼，盘诘奸伪。凡在外各府州县关津要害处俱设，俾率徭役弓兵警备不虞。"[1]巡检司不属于卫、所类的军队系统，而属于地方政府掌管（明代县志的职官中将其列在本县属官，另如《筹海图编·山东兵制》即将夹仓巡检司列入青州府辖而非卫所辖[2]）。巡检司的长官是巡检、副巡检，品级为从九品，通常只设少量弓兵，沿海岸线

[1]　（清）张廷玉等撰：《明史·职官四》，中华书局，1974年，第1852页。
[2]　（明）郑若曾：《筹海图编·山东兵制》，中华书局，2007年，第441页。

游弋巡视,如果发现情况,便点燃烟墩,传报给卫所守军。这种巡检机制使得入侵者在偏僻海岸登陆时也能被迅速扼制。同时,在特殊时期,巡检司也出海巡视盗匪:"旋令滨海卫所,每百户及巡检司皆置船二,巡海上盗贼。"[1]

《筹海图编》共记载了40个山东沿海巡检司,每个巡检司的兵力、所辖墩台等情况均有记录[2]。这些巡检司无疑是海防力量的重要组成部分。

沿海巡检司同样设置于具有战略意义的地点,如宣德九年(1434年),山东沿海两处巡检司的移置情况:"移置辛汪寨巡检司于长峰寨,温泉镇巡检司于古峰寨。时山东威海卫指挥金事陶敞言:'二巡检司虽为捕倭而设,然与百尺崖备御后千户所相近,且非要害海口。而长峰、古峰二寨,实险要之地,于备倭为宜。'遂移置焉。"[3]这说明沿海巡检司有备倭之功能。同时,"明年(洪武十七年),命江夏侯周德兴往福建滨海四郡……乃筑城一十六,增巡检司四十五,得卒万五千余人"[4]。这里将巡检司与卫、所城相并列,也道明了巡检司的海防功能。

夹仓镇巡检司是古代日照唯一的巡检司。值得指出的是,《筹海图编·山东兵制》"青州府"条下列了4处巡检司,分别是"夹仓镇(在日照县,弓兵一十八人)、信阳镇(同前,弓兵一十八人)、南龙湾(同前,弓兵二十一人)、高家港(在乐安县,弓兵二十四人)"[5]。这里将信阳镇巡检司、南龙湾巡检司均归于日照县,当有误。这两处巡检司应属古代诸城县。"诸城,(青州)府东南……南有信阳镇巡检司,又南有南龙湾海口巡检司"[6]。明确将这两处巡检司记为诸城县管辖。同时,《大明会典·关津二·山东》里记载天下巡检时,在诸城县下记"南龙湾海口巡检司、信阳镇巡检司",而在日照县下仅记"夹仓镇巡检司"[7]。嘉靖《青州府志·城池》"诸城"条下,也列入了"南龙湾镇海口巡检司石城"、"信阳镇巡检司石城"[8]。《读史方舆纪要·山东六》中"诸城县"条记载:"龙湾镇,在县东南百三十五里,明初置南龙湾海口巡司。又县南百二十里为信阳镇,有寨城,亦置巡司于此。"[9]这里也将这两处巡检司归于诸城。因此,《筹海图编》中的记载有误。且因此之误,在其后的"沿海墩堡"条中将南龙湾海口巡检司、信阳镇巡检司乃至高家港巡检司所属墩堡也列入安东卫条目,以致安东卫所辖沿海墩台达45处。

《明史·地理二》记载:"日照,(莒)州东北。东滨海,有盐场。东南有夹仓镇巡检司。"[10]《读史方舆纪要》记载:"夹仓镇,县南二十五里。有石城,置巡司于此。《志》云:县西七十里有刘

[1]　(清)张廷玉等撰:《明史·兵志三》,中华书局,1974年,第2244页。
[2]　(明)郑若曾:《筹海图编·山东兵制》,中华书局,2007年,第440~454页。
[3]　《明实录·宣宗实录》,上海书店出版社,2015年,第2426~2427页。
[4]　(清)张廷玉等撰:《明史·外国三》,中华书局,1974年,第8344页。
[5]　(明)郑若曾:《筹海图编·山东兵防官考》,中华书局,2007年,第440~441页。
[6]　(清)张廷玉等撰:《明史·地理二》,中华书局,1974年,第948页。
[7]　(明)李东阳等撰、申时行等重修:《大明会典·关津二》,广陵书社,2007年,第1962页。
[8]　(明)杜思等纂修:《青州府志·人事志四·城池》,上海古籍书店,1965年,第32页。
[9]　(清)顾祖禹:《读史方舆纪要·山东六》,中华书局,2005年,第1658页。
[10]　(清)张廷玉等撰:《明史·地理二》,中华书局,1974年,第949页。

三公庄,萧梁时刘勰所居,旧置巡司于此。洪武三年移于夹仓镇。"[1]可见,夹仓镇巡检司与前文提到的辛汪寨巡检司、温泉镇巡检司类似,都有搬迁的经历,是从日照县西的刘三公庄在洪武三年时搬迁而来,其目的应是占据险要,以备海防[2]。按此记载,夹仓镇巡检司的设立时间应在洪武三年。

关于夹仓镇巡检司的形制,是"石城"。另按《日照县志》记载:"夹仓镇巡检司城周六十丈,久圮。"[3]

夹仓镇巡检司城的圮毁应与裁撤安东卫,夹仓镇巡检司移至安东卫有关:"(乾隆八年丙辰月)吏部议准、署山东巡抚包括疏称:安东卫守备已裁。将日照县夹仓巡检,移驻安东卫城。从之。"[4]自此,夹仓镇巡检司城直至"咸丰十一年,镇人修以避寇"[5]才再度修整起来。

(二)考古调查

夹仓巡检司城遗址,位于日照东港区奎山街道夹仓社区,现仅存一道石墙(夹仓城东墙),遗址上为现代民居。

根据口碑调查结果:夹仓巡检司城呈不规则形,城墙均呈弧形,四门均为斜门,分为东南、东北、西南、西北等四门。东南门为"表海",即门外是海;东北门为"聚奎",即出此门可见二十里外的奎山(光绪《日照县志·疆域志·山川》载奎山亦称聚奎山、孤奎山[6]);西南门为"望沂",即遥望沂州;西北门为"宗岱",即遥宗泰山。四块城门石质匾额现存三块(图八)。

目前仅存的一道石墙为夹仓巡检司城东墙,其位置在夹仓社区夹仓二村东沿,再向东即为大片农田(图九)。从古城墙向东700米左右即为傅疃河,东北距奎山约4.2公里。现代村民还拆取

图八　现存的三块门楼匾额

图九　疑似城墙遗迹

[1]　(清)顾祖禹:《读史方舆纪要·山东六》,中华书局,2005年,第1658页。
[2]　(清)顾祖禹:《读史方舆纪要·山东六》,中华书局,2005年,第1658页。
[3]　(清)陈懋等纂修:《日照县志·营建志》,(台北)成文出版社有限公司,1976年,第92页。
[4]　《清实录·高宗纯皇帝实录》,中华书局,2012年,第491页。
[5]　(清)陈懋等纂修:《日照县志·营建志》,(台北)成文出版社有限公司,1976年,第92页。
[6]　(清)陈懋等纂修:《日照县志·疆域志》,(台北)成文出版社有限公司,1976年,第76页。

过城墙的石头,也进行过加固,因此,现存城墙是历代修葺的结果。据了解,东墙外原为夹仓巡检司城护城河,河宽10米左右,深6~7米。20世纪七八十年代,村民将护城河填埋,填土厚约7米。

古城墙基本为东北-西南走向,方向201°,现残长116米左右,经勘探显示宽约0.7米,北侧留存部分较低,平均高约1.6米,南侧留存部分较高,平均高约2.3米。大部分为石头垒砌而成,部分墙段由现代砖垒砌。

古城墙南段西侧发现了大量明清瓷片,同时还发现了铁器、钱币等,结合护城河在此经过,并据原护城河可向南直接通海,怀疑此处原为一处码头。

夹仓巡检司城遗址基本上被现代民居所覆盖,仅在古城墙附近有土面。调查队即在古城墙附近进行了重点调查,采集了明清瓷器、铁器、钱币、陶器等标本共26件(图一〇)。

图一〇 夹仓巡检司采集器物

（1）瓷器

可辨器形有碗、盒，以青花瓷器为主，纹样以花卉纹为主，另有 2 件青釉瓷器。

如青花瓷碗残片，碗底纹样为一半的五瓣花卉纹，另一半为空白。外侧碗腹施花卉纹。通高6 厘米，碗口直径 13.3 厘米，圈足直径 7.5 厘米，挖足深 1.2 厘米（图一一，1、2；图一二，1、2）。

另件青花瓷碗残片，外腹绘花卉纹，内侧碗底也装饰花卉纹，器底有花押款。残高 4 厘米，圈足直径 8.4 厘米，挖足深 1.2 厘米（图一一，3；图一二，3）。

青花瓷盒残片，为盒身的残片，胎体纯白、致密，器壁较薄，釉面光亮，青花色作天蓝，子母口内敛，上饰有繁复花纹，为连珠纹，疑似有字。残高 3.5 厘米，器壁厚 0.2~0.3 厘米（图一一，4；图一二，4）。

青瓷折沿碗残片，整体较扁平，折沿，弧腹内收，挖足较浅，釉面装饰裂纹，釉色青中闪绿，器底及碗底不施釉，露出胎色。通高 3.2 厘米，口径 12 厘米，折沿宽 1.5 厘米，底径 5.5 厘米，挖足深0.4 厘米（图一一，5；图一二，5）。

青瓷碗残片，仅存圈足及部分器壁，通体施釉，釉薄，呈豆青色。残高 3.2 厘米，圈足直径 6.9厘米（图一一，6；图一二，6）。

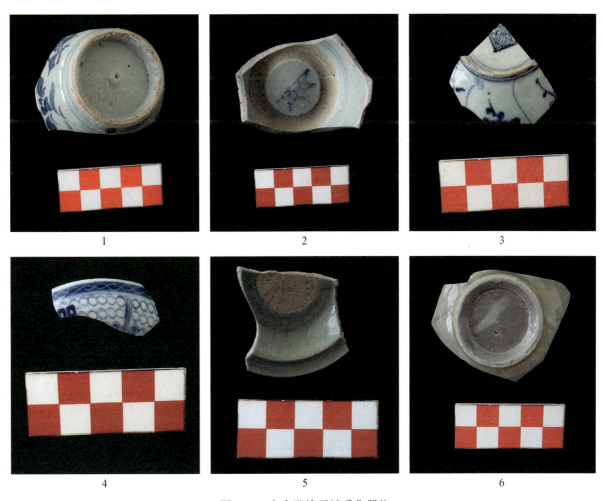

图一一　夹仓巡检司城采集器物

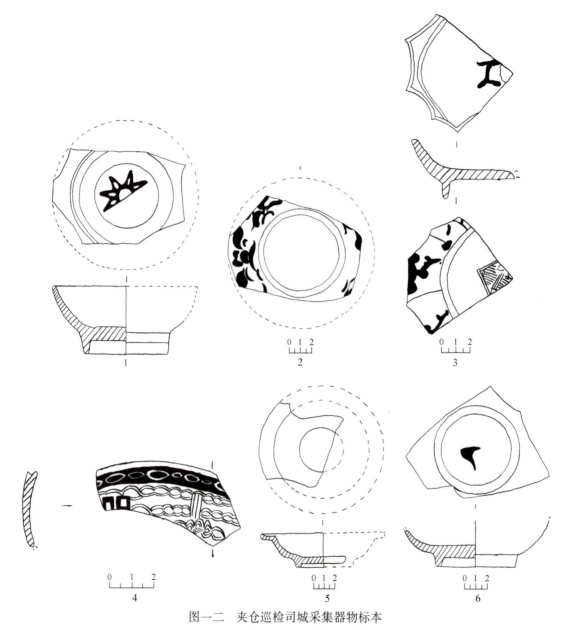

图一二　夹仓巡检司城采集器物标本

（2）铁器

中空，一侧为圆头，另一侧被压成扁平状，通体锈蚀。长29.5厘米，圆头直径2厘米，器身直径4.5～4.8厘米，另一端扁平处宽6厘米，厚1.8厘米（图一三，1、2）。

（3）钱币

铜质，通体锈蚀，表面文字痕迹已不可见。直径3.2厘米，厚0.15厘米（图一三，3）。周边村民曾拾到同形制钱币，为光绪通宝，即所谓"龙洋"。这件钱币应是同类物品。

（4）陶器

陶制纺轮，表面颜色为黑灰色。直径5.5厘米，厚1.2厘米。中央部位有穿孔，孔径0.7厘米（图一三，4、5）。

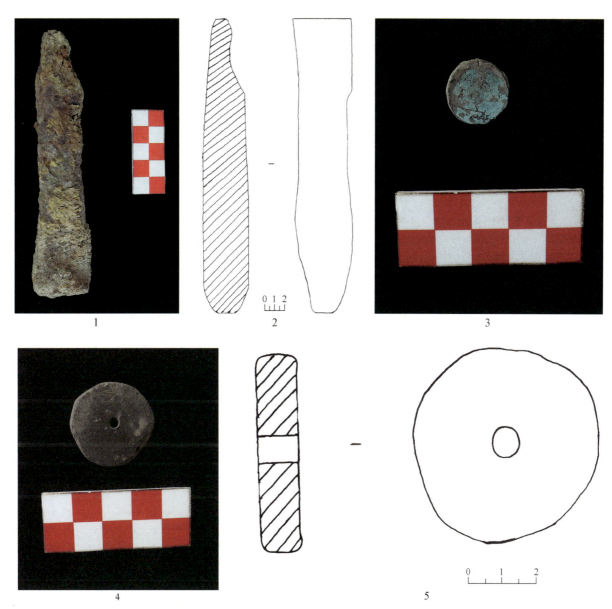

图一三　夹仓巡检司城采集器物标本

四、安家河口城

　　乾隆《沂州府志》载:"安家口城,雍正五年日照知县刘翰书奉文修筑。"[1]在此基础上,光绪《日照县志·营建志·城池》增补了"安家口城(即龙汪口)""有外委驻守"等信息[2]。结合"有

[1]　(清)李希贤等修纂:《沂州府志·舆地五·城池》,《中国地方志集成·山东府县志辑》第61册《乾隆沂州府志·嘉庆莒州志》,凤凰出版社、上海书店、巴蜀书社,2004年,第72页。

[2]　(清)陈懋等纂修:《日照县志·营建志》,(台北)成文出版社有限公司,1976年,第92页。

外委驻守"与安东营"分防龙汪海汛(外委把总一员。马兵二名,步兵一十四名)"来看,安家口城应受安东营管辖。安家口城发挥了重要的镇戍作用,《日照县志·考鉴志·海防》称赞其"雍正五年,知县刘翰书修安家口城防海,百有余年无兵患"[1]。

安家河口城,位于日照市山海天旅游度假区两城街道东河南村北面,现已完全淹没于安家河河道中。根据口碑调查结果,当地老人将安家河口城称作"小城",仅是故老相传,从未见过该城的面貌(图一四)。

图一四　安家河口城现貌

(照片中间水域即当地人提供的"小城"位置)

据了解,有村民在安家河口城附近挖养殖虾池时,曾见过排列整齐的石块,还存有五六米长,应为城墙。此外,还在石块外围发现过一排直径约 15 厘米的木柱,大约有六七根,并据说在落大潮时可在河面上看到露出的城墙石块。

调查队遂赶在落大潮时前去调查。通过实际调查,并未发现村民描述的迹象。村民提供的线索位置为:东距安家河出海口约 1.77 公里,距河南岸约 124 米,距河北岸约 307 米,西距安家河泊船码头约 100 米,西距北海路跨河大桥约 949 米。调查队在安家河南岸展开了重点调查,并采集了瓷片、砖瓦等文物标本共 14 件(图一五,1)。

(一) 瓷器

瓷器均属于明清时期,可辨器形为碗,装饰纹样为花卉纹。

瓷碗残片,尚存部分口沿和圈足,口沿外撇,釉色白中泛清,装饰花卉纹,青花色泽为深青色。

[1]　(清)陈懋等纂修:《日照县志·考鉴志》,(台北)成文出版社有限公司,1976 年,第 253 页。

通高 7.2 厘米,圈足高 1 厘米(图一五,2;图一六,1)。

(二)砖瓦

砖为青砖,瓦作灰黑色。

瓦残片,略显平直,弧度不明显,上部有凹弦纹两道。残长 16 厘米,厚 1 厘米(图一五,3;图一六,2)。

1

2

3

图一五　安家河口城采集器物

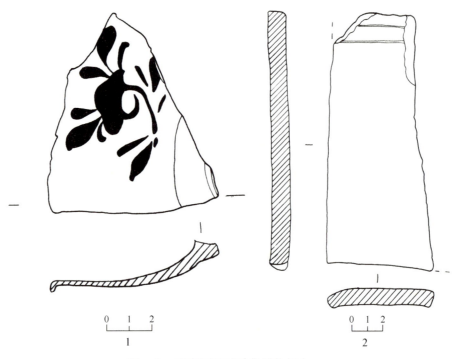

图一六　安家河口城采集器物标本

五、日照沿海烟墩

（一）日照烟墩考略

　　烟墩是海防体系最基础、最常见的设施，是海上有警后的第一道预警防线，所谓"内地安危、居民趋避、兵机预备、城池警守，均当责在一墩之司。一墩失报，则地方贻害万万矣！"[1]其重要性不言而喻，历来为兵家所重。沿海烟墩设置有一定规律，基本上是每五里一处，且一般设在海边或距海不远的高地上，以保证视野。《筹海图编》上记载的山东沿海墩堡有396处，分辖于各卫、所、巡检司[2]。

　　烟墩的运转有一套完整的规定：首先，在人员方面，"烽堠。洪武二十六年定。边方去处，合设烟墩，并看守墩夫"。《纪效新书》里要求每个烟墩要有军卒五人，《筹海图编》注明了墩卒的人数，一般平均每墩四名。此外，按《安东卫志》记载："每墩设墩卒四名，每名给工食银四两。更为墩卒之厚其晨夕也，墩下置赡养地八亩；又为墩卒之安其室家也，墩下建安息房数间。桑麻鸡犬，无异闾里，所以墩卒刻不容离。"这说明为保障烟墩作用的有效发挥，为墩卒营造了"赡养地"、"安息房"等设施。

―――――――――――――

[1]　（明）戚继光：《纪效新书·守哨篇》，中华书局，2001年，第293页。
[2]　据郑若曾的《筹海图编·卷七·山东兵制》（第442～454页）相关记载整理。

其次,在预警机制方面,洪武年间为"广积秆草,昼夜轮流看望。遇有警急,昼则举烟。夜则举火";"成化年间为"令边墩举放烽炮。若见虏一二人至百余人,举放一烽一炮。五百人,二烽二炮。千人以上,三烽三炮。五千人以上,四烽四炮。万人以上,五烽五炮"[1]。到嘉靖年间,戚继光《纪效新书》所载的要求更为细致严格:"遇有贼船出没,昼则车大白旗一面,夜则放炮起火。在墩军余,接警传报。""每墩不拘日夜,分三人带起火三枝,碗口铳一个,手铳二个,在于极外海边巡逻守哨。遇有贼登,昼则摇旗放铳为号,夜则放起火放铳为号,墩上即便接应。如天晴,则车十二幅大白旗,相邻之墩,车起大旗,一路只至本府所在之处止,一路至本卫所城池而止。如若遇天日阴霾有云雾,望旗不见,则将原搭草屋举火,连草屋通听烧燃一架。邻墩接放火则已,如不接放,又烧放一架。夜遇有警,看近海下墩哨军火箭号响,止烧放草屋一座。盖夜间火甚明,不必二座也。邻墩即便一体点放草屋。贼到之墩,一面差一人由便路径到本卫所并陆路官处报贼多寡、登犯时日情由,听该卫照本府原发报式转报。"[2]

第三,在形制、器具方面,永乐十一年规定:"筑烟墩高五丈有奇,四围城一丈五尺,开濠堑、钓桥、门道。上置水柜,煖月盛水,寒月盛冰。墩置官军守瞭,以绳梯上下。"到天顺二年,又"令墩上设悬楼、礌木、塌窖、赚坑"[3]。到嘉靖年间,戚继光《纪效新书》所载为:"每墩立五人睡住卧房一间,不拘草瓦。灶一口,水缸二个,锅一口,碗五个,碟十个,米一石,鳌十斤,种火一盆,种火牛马粪一担。""器械:碗口铳二个,小手铳三个,火箭九枝,大白布旗一面,草架三座。"[4]

记载日照地区沿海烟墩的史籍有:明代的嘉靖《山东通志》、嘉靖《青州府志》、《筹海图编》三书;清代则有康熙《安东卫志》、光绪《日照县志》二书。其中,光绪《日照县志》中对墩堡的分布位置进行了描述:"沿海墩二十有八:自龙汪口南,牛蹄墩,五里新添墩,又五里湖水墩,又五里石河墩,又五里金线墩,又五里湘子墩,又五里钓鱼墩,又五里北青泥墩,又五里南青泥墩,又五里董家墩,又五里万皮墩,又五里北石臼墩,又十里南石臼墩,又十里温桑墩,又五里相家墩,又五里焦家墩,又五里蔡家墩,又五里夹仓墩,又五里小灶墩,又五里涛雒墩,又五里黑漆墩,又五里杨家墩,又五里孙家墩,又六里张洛墩,又五里昧蹄墩,又八里泊峰墩,又十里石门礁,又三里皮狐墩,南至江南赣榆县界。"[5]

(二)考古调查

根据史籍,明代与清代的墩堡数量有变化,嘉靖《青州府志》载 32 墩,《筹海图编》载 34 处墩、堡,清代记载的墩堡均为 28 处,是因为明代将虎山、烽火山、关山等略偏内陆的烟墩也纳入了统计。至于墩分布的具体位置,一是上文点出的"沿海",二是据《安东卫志》记载"而烽墩则于千仞绝巅之上,俯视一切""信国汤和……乃于沿海诸山立烽墩二十八座",即部分墩堡分布在山上乃

[1] (明)李东阳等撰,申时行等重修:《大明会典·镇戍七》,广陵书社,2007 年,第 1869 页。
[2] (明)戚继光:《纪效新书·守哨篇》,中华书局,2001 年,第 293、297 页。
[3] (明)李东阳等撰,申时行等复修:《大明会典·镇戍七》,广陵书社,2007 年,第 1869 页。
[4] (明)戚继光:《纪效新书·守哨篇》,中华书局,2001 年,第 297 页。
[5] (清)陈懋等纂修:《日照县志·营建志》,(台北)成文出版社有限公司,1976 年,第 105 页。

至千仞绝巅之上。墩堡分隶卫、所、巡检司,在海防中发挥了重要的基础作用,正如《安东卫志》中所讲:"厥后嘉靖年倭寇二犯边疆,卫城得安堵者,皆墩卒瞭望、犄角防守之故耳。"[1]

通过考古调查及口碑调查,可以确定位置的烟墩有王家滩烟墩遗址(信阳镇巡检司辖)、东河南村烟墩遗址(牛蹄墩)、姜太公文化园遗址(新添墩)、吴家台烟墩遗址(湖水墩)、任家台烟墩遗址(石河墩)、李家台烟墩遗址(金线墩)、张家台烟墩遗址(湘子墩)、王家皂烟墩遗址(北青泥墩)、海天一路烟墩遗址(南青泥墩)、董家滩烟墩遗址(董家墩)、万平口烟墩遗址(万皮墩)、日照港烟墩遗址(北石臼墩)、汪家台烟墩遗址(南石臼墩)、刘家台烟墩遗址(温桑墩)、相家台烟墩遗址(相家墩)、蔡家滩东台烟墩遗址(焦家墩)、蔡家滩西台烟墩遗址(蔡家墩)、刘家湾烟墩遗址(小灶墩)、栈子烟墩遗址(杨家墩)、东南营烟墩遗址(张洛墩)、东湖村烟墩遗址(昧蹄墩)、阿掖山山顶围墙遗址(石门墩)、岚山山顶房址(皮狐墩)等 23 处,其中王家滩烟墩古属诸城,尚不在古代日照烟墩范围内。即古籍所载之日照烟墩,目前尚清楚位置的有 22 处。其中仅王家滩烟墩、李家台烟墩、万平口烟墩、阿掖山顶围墙、岚山山顶房址等 5 处尚有遗迹,而其他烟墩已湮没不存。

1. 王家滩烟墩遗址(信阳镇巡检司辖)

王家滩烟墩位于日照市山海天度假区两城街道王家滩村南村级公路西侧的一处院落,烟墩西北距王家滩村 973 米,西距安家岭村 804 米,东北距王家滩口 2.23 公里(图一七)。值得提出的是,王家滩在明清时不属日照地区管辖,而属于古诸城县的信阳镇巡检司管辖。明清时期日照地区的墩台,起始地为"自龙汪口南"[2],龙汪口即安家河口。但因其现属于日照市辖境,故将此烟墩列入。

王家滩烟墩在院落内的房屋北边,墩上草木旺盛。整体呈圆丘形,底径约 14.9 米,高 5.28 米。占地面积 149.14 平方米,周长 48.28 米(图一八)。

图一七　王家滩烟墩航拍图片　　　　　　　图一八　王家滩烟墩(西向东拍摄)
　　(中部红色房顶下方为烟墩)

[1] (清)赵双璧等纂修:《安东卫志·墩台》,日照市岚山区史志办公室,2009 年。

[2] (清)陈懋等纂修:《日照县志·营建志》,(台北)成文出版社有限公司,1976 年,第 105 页。

王家滩烟墩为黏土夯筑而成,夯层十分明显,基本上为10~15厘米一层(图一九)。每层的土质土色均有不同。王家滩烟墩为探讨烟墩筑造方式提供了很好的材料。

此外,我们还在烟墩附近进行了踏查,采集了瓷器、砖瓦等文物标本共19件,瓷器以明代为主(图二〇)。

图一九　王家滩烟墩西壁夯层情况

图二〇　王家滩烟墩采集标本

2. 李家台烟墩遗址(金线墩)

李家台烟墩遗址即史载金线墩,位于日照市山海天旅游度假区秦楼街道李家台村东侧,紧靠碧海路东沿,东距海83米(图二一)。烟墩西、北两侧有现代石质护栏,护栏北侧为一现代水泥碉堡。北距山东省日照市水产研究所200米,西距北海路400米。李家台地近海边,面前再无遮挡,登顶而望,面前海况尽收眼底,是选位极其精当的烟墩。

图二一　李家台烟墩航拍图(自东向西拍)

李家台烟墩于第三次文物普查时发现。烟墩现呈覆丘形,底部呈不规则椭圆形,应是垮塌的结果。西南角的一部分已被破坏,成为停车场的东北角。烟墩现南北长约53米,东西宽约24米。周长153米,占地面积1673平方米,最高处高9.06米(图二二)。

调查队分别在烟墩底部、中部及中央部位进行了勘探。李家台烟墩由沙、石堆筑而成,没有

图二二　李家台烟墩（自北向南拍）

用土，也未见包含物。建筑材料以沙为主，沙为粗砂粒，有一定黏性；石头则全部是不规则的石块，未经人工加工。调查队在烟墩及附近踏查后，未发现文化遗物。李家台烟墩遗址为探讨烟墩的建筑方式提供了有益材料。

3. 万平口烟墩遗址（万皮墩）

万平口烟墩遗址即史籍所载万皮墩，位于日照市山海天旅游度假区万平口景区内。东距海20米左右，西距碧海路261、万平口泻湖638米。烟墩遗址上植被茂盛，有大片松林（图二三）。

现存烟墩遗址整体呈覆丘状，底部呈不规则椭圆形，南北长48米左右，东西宽31米左右。周长约152米，面积约1755平方米。烟墩中心为最高处，高4.42米（图二四）。

图二三　万平口烟墩遗址（万皮墩）航拍图像
（正上方向下拍摄）

图二四　万平口烟墩遗址（万皮墩）
（由北向南拍摄）

调查队在距离墩顶约1.5米处的西侧坡地上进行了试掘，开正东西方向探沟一条。根据地势实际，挖开的探沟长2.4米，宽0.45米，最深处0.7米，最浅处0.3米。发现在表土下，有一层厚约0.3米的被扰动的地层，同时还出土了16件包含物，均为青瓦片，有的瓦片上有刻划线条，可能属明清时期（图二五）。这说明当时墩顶可能有搭建的房屋，并与防海瞭望有关。

4. 阿掖山山顶围墙遗址（石门墩）

阿掖山山顶围墙遗址位于日照市岚山区阿掖山主峰峰顶，现存围墙主要有东、南两道，将山顶围起，整体略呈长方形。东墙长182米，南墙长34米。城墙总长度为217.5米，被围起的山顶周长为450.35米，面积6938.9平方米（图二六）。总体而言，南墙保存情况较好，东墙已坍塌，但基址仍保留，走向亦清楚。

东墙与南墙拐角处设有门道，门道宽1.85米，门道向山下延伸，可由此上下。山顶西侧为天然山险，不需设墙防守；从东墙在最北端向西而折可以看出，北边的墙原来也应存在，只是在修阿掖山公路时被破坏。

图二五　探沟内出土的瓦片

图二六　阿掖山山顶围墙遗址俯视图（上为东墙、右为南墙）

　　石墙由不规则石块垒筑而成，未见使用石灰、砖瓦等建筑材料。石块大小不一，呈灰黄色，与本山石质相同，应是就近取材。建筑方式总体而言是自下而上层层垒筑。就保存情况较好的南墙看，基本高度在 1.5 米左右（图二七至二九）。

图二七　南侧围墙垒砌情况

图二八　南墙垂直俯瞰

图二九　南墙水平垒砌情况

除在垂直方向垒筑外，围墙水平方向也进行了加厚垒砌，内外可达三层，宽1.3~1.7米。

据口碑调查，当地人称阿掖山山顶围墙为"老墙"，据说是之前为躲避海贼而修建的。遗憾的是，经踏查，在围墙范围内及周边未能发现文化遗物，其年代不好遽定。但显然不会是当代人的所为，其年代应属于明清时期。

围墙遗址西距安东卫城2.6公里，东、南两面临海，东距海3.2公里，南距海3.6公里，海拔高度269米。此处自东而南，海况尽收眼底，是瞭望海上敌情的理想场所。据《日照县志·桥梁、墩、铺》记载："……昧蹄墩，又八里泊峰墩，又十里石门墩"，即从昧蹄墩到石门墩的距离是"十八里"，昧蹄墩的位置已确定为在东湖一村东北角，自此到昧蹄墩的直线距离为9.5公里，与县志所写的十八里相差不大，即说明此处从距离上看有可能即为石门墩所在地。同时，按《安东卫志·图考》，安东卫城东侧附近有两座墩台修筑在山上，而围墙遗址也修筑在山上，并与安东卫城距离接近，与该记载吻合（图三〇）。事实上，石门墩如果修筑在此实为明智之举，一则视野开阔，适合瞭望海上敌情；二则一旦海上有警，则无论举烽、放火、放炮、掣白旗等警示，对安东卫来说发现起来比较容易。当然，如此大规模的围墙，不可能仅是作为烟墩之用，很有可能是一个兼备了烟墩功能的兵寨，与安东卫成掎角之势，以利防守。

5. 岚山山顶房址（皮狐墩）

遗址位于日照市岚山区岚山山顶，是一处明清时期的房址。房址所在地为山顶的一处开阔

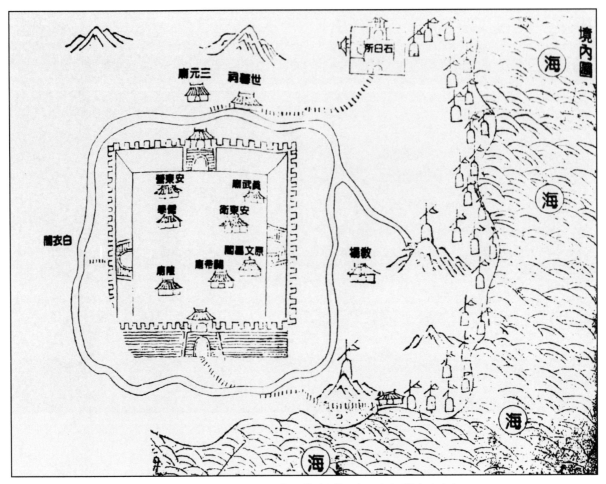

图三〇　《安东卫志·图考·境内图》(有两座烟墩在山上)

平地,海拔高度 116 米,南距海 1.7 公里,东距海 3.1 公里,西距安东卫城约 3 公里。东、南两面俯瞰大海,毫无遮拦,是瞭望海上敌情的理想场所。

房屋目前已不存,基址也在开山取石时被破坏。目前仅存的是散落在遗址周边的砖块,砖块均为窄条青砖。其散落范围东西长 6.8 米,南北宽 4.8 米,总体面积约 32 平方米。南侧基本被破坏,西部间隔半米左右共发现有 8 块残砖,其中一块上浮雕钱币纹。北部及东部都只发现一块残砖。根据所发现的砖块走势及所在地推断,此应为一处房址。

据口碑调查,岚山也称“皮狐山”,在之前也曾写作“黑狐山”。《日照县志·卷首·图考·安东卫城池》在卫城东侧标有此山(标为“皮虎山”,图三一)。图中标明,此山南侧已接近海,且在阿掖山、笔架山南侧,是这一南北走向山系中最南的一座。因此,结合岚山的位置,可以说岚山即为“皮狐山”。即如此,无疑“皮狐墩”就应在此山上,而在其山顶发现的这一处观海视野极好的房址,就应是“皮狐墩”所在地(图三二、三三)。实际上,这也可以帮助确定阿掖山顶围墙遗址的性质为“石门墩”,按光绪《日照县志·桥梁、墩、铺》的记载:“……石门墩,又三里皮狐墩”,即皮狐墩与石门墩距离为 3 里,而现房址与阿掖山顶围墙遗址的距离为 1.8 公里,与之十分接近。

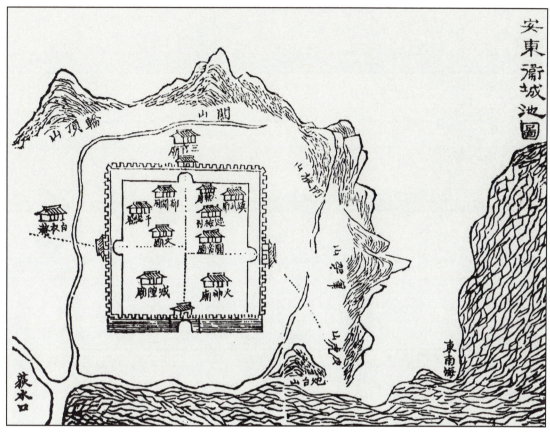

图三一　《日照县志・卷首・图考・安东卫城池》（图中皮狐山作"皮虎山"）

图三二　岚山山顶房址（南向北拍摄）

图三三　岚山山顶房址(浮雕金钱纹的砖块)

六、结　　语

　　古代海防遗迹作为反映古代沿海军事情况的主要物质遗存,是沿海历史时期考古研究对象中的一个大类。海防是指为防御海上来敌,据海而守的一方采取的各种防御措施。总体而言,整个中国沿海的海防体系建设是从明代初期开始的。当然,这不代表之前中国沿海没有发生过盗寇事件[1],也不代表明以前没有进行过海防建设[2]。但是,国家性、大规模、成系统的海防建设是从明洪武时期开始的,因此古代海防研究的主体为明清时期的海防研究。

　　目前,明清海防研究方兴未艾,从材料来说以文献研究为主,从内容来说以海防史、海防思想、海防制度建设等方面的研究为主,专注于海防遗迹本身的研究不多。同时,就区域而言,海防

[1]　譬如《元史》(中华书局,1976 年)中的一些记载,《元史·兵二》(第 2548 页):"武宗至大二年七月,枢密院臣言:去年,日本商船焚掠庆元,官军不能敌。"《元史·顺帝九》(第 964 页):"(至正)二十三年,八月丁酉朔,倭人寇蓬州,守将刘暹击败之。""自十八年以来,倭人连寇濒海郡县。"《元史·月鲁不花传》(第 3451 页):"(月鲁不花)俄改山南道廉访使,浮海北而往,道阻,还抵铁山,遇倭贼船甚众,乃挟同舟人力战拒之……遂遇害……同舟死事者八十余人",可见明代以前倭人作乱已有之,且为祸甚烈。

[2]　譬如《元史·成宗四》记载:"(大德八年)夏四月丙戌,置千户所,戍定海,以防岁至倭船。"(明)宋濂等撰:《元史·成宗四》,中华书局,1976 年,第 459 页。

研究主要以浙江、福建、广东等南方沿海地区为主,北方海防研究虽然近年来有不少佳作问世,但总体而言海防研究还是呈现出"南热北冷"的态势。

就山东省的古代海防研究来看,则是将登、莱地区研究作为重中之重,日照地区因战略位置不像登、莱地区那般险要,且历史上没有重要官署、重大战役,文献中关于日照海防的内容着墨不多,因此日照海防研究总体处于山东海防研究的薄弱环节,即山东省海防研究呈现了"北热南冷"的态势。选择日照地区的海防遗址开展工作,其目的是一方面获取本地区海防遗迹的第一手实物资料,另一方面也是希望通过挖掘其本身应有的价值,引起各界的关心与重视。

一、明代山东海防体系下的日照海防

山东省是沿海大省,海岸线长达 3 121.9 公里,海防历来受中央统治者的高度重视,在沿海设立了鳞次栉比的卫、所、巡检司、烟墩,组成了绵密的沿海海防战线。

从洪武十七年始,开始设立沿海卫所、筑造城墩。《明史》载:"十七年,命信国公汤和巡视海上,筑山东、江南北、浙东西沿海诸城。"[1]卫所制是明代的基本兵制:"自京师达于郡县,皆立卫所。外统之都司,内统于五军都督府,而上十二卫为天子亲军者不与焉。"[2]卫所设立的原则是:"度要害地,系一郡者设所,连郡者设卫。大率五千六百人为卫,千一百二十人为千户所,百一十有二人为百户所。所设总旗二,小旗十,大小联比以成军。"[3]

据《筹海图编》统计,到该书书成年(嘉靖四十一年,实际上自此后明代也未在增减卫所),山东沿海卫有十一处,分别是:安东卫、灵山卫、鳌山卫、大嵩卫、靖海卫、成山卫、宁海卫、威海卫、登州卫、莱州卫、青州左卫[4],卫下辖备御千户所一到两处,譬如安东卫下辖的石臼备御千户所即为一例。有的千户所下还辖有独立的备御百户所。同时还有实力较强、机构较全、不隶属卫,直接隶属于山东都司的守御千户所五处(所谓"其守御千户所,不隶卫,而自达于都司"[5],其突出的特点是军种与卫一致,有京操军、城守军、屯军、捕倭军),分别是雄崖守御千户所、海阳守御千户所、宁津守御千户所、奇山守御千户所、胶州守御千户所。山东沿海总计共有卫11、守御千户所5、备御千户所9。

"沿海之地……岛寇倭夷,在在出没,故海防亦重"[6]。"岛寇倭夷"四字道出了当时海防的防御对象,即为倭寇和海盗。这两者一是倭寇,一是张士诚、方国珍的残余势力。张、方余党方面,"明兴,高皇帝即位,方国珍、张士诚相继诛服。诸豪亡命,往往纠岛人入寇山东滨海州

[1] (清)张廷玉等撰:《明史·兵志三》,中华书局,1974 年,第 2243 页。
[2] (清)张廷玉等撰:《明史·兵志一》,中华书局,1974 年,第 2175 页。
[3] (清)张廷玉等撰:《明史·兵志二》,中华书局,1974 年,第 2193 页。
[4] (明)郑若曾:《筹海图编·山东兵防官考》,中华书局,2007 年,第 438~440 页。
[5] (清)张廷玉等撰:《明史·职官五》,中华书局,1974 年,第 1874 页。
[6] (清)张廷玉等撰:《明史·兵志三》,中华书局,1974 年,第 2243 页。

县"[1]。他们成为当时海寇的主要来源。不仅于此,这些余党还与倭寇相勾结,为寇沿海:"时国珍及张士诚余众多窜岛屿间,勾倭为寇。"[2]"张士诚、方国珍余党导倭寇出没海上,焚民居,掠货财,北自辽海、山东,南抵闽、浙、东粤,滨海之区,无岁不被其害。"[3]

倭寇方面,则在洪武时期多次侵袭中国沿海,荼毒百姓,流毒甚广,史料记载所在多有,兹只以山东举例:洪武二年,"倭人入寇山东海滨郡县,掠民男女而去"[4];洪武四年,"倭夷寇胶州,劫掠沿海人民"[5];洪武六年,"倭夷寇即墨、诸城、莱阳等县,沿海居民多被杀掠"[6];洪武七年,"倭夷寇胶州"[7];洪武二十二年,"山东都指挥佥事蔺真奏:近者倭船十二艘由城山洋艾子口登岸,劫掠宁海卫"[8];洪武三十一年,"倭夷寇山东宁海州,由白沙海口登岸,劫掠居人,杀镇抚卢智"[9]。

洪武间山东海疆之不靖,一至于斯。究其原因,按郑若曾《筹海图编》中的说法:"宋以前日本入贡,自新罗以趋山东,今若入寇,必由此路。"[10]为此,洪武帝采取的措施,一是派员两次前往日本进行交涉,希望日本政府管控倭寇,不意两次均未取得成效[11]。同时,因日本王参与了胡惟庸谋逆案[12],自此更是深受洪武帝忌惮,明廷终于"专以防海为务"。设立海防即洪武帝采取的第二种措施,从而成为中国大规模海防建设的肇始。

洪武帝建设海防的举措包括:第一,设兵戍守;第二,进行沿海会哨[13];第三,进行海

[1]　(清)张廷玉等撰:《明史·外国三》,中华书局,1974 年,第 8341 页。

[2]　(清)张廷玉等撰:《明史·兵志三》,中华书局,1974 年,第 2243 页。

[3]　(清)谷应泰:《明史纪事本末·沿海倭乱》,中华书局,1977 年,第 843 页。

[4]　《明实录·太祖实录》,上海书店出版社,2015 年,第 781 页。

[5]　《明实录·太祖实录》,上海书店出版社,2015 年,第 1248 页。

[6]　《明实录·太祖实录》,上海书店出版社,2015 年,第 1487 页。

[7]　《明实录·太祖实录》,上海书店出版社,2015 年,第 1594 页。

[8]　《明实录·太祖实录》,上海书店出版社,2015 年,第 2975 页。

[9]　《明实录·太祖实录》,上海书店出版社,2015 年,第 3699 页。

[10]　(明)郑若曾:《筹海图编·山东事宜》,中华书局,2007 年,第 457 页。

[11]　分别是:第一次,"洪武二年三月,帝遣行人杨载诏谕其国,且诘以入寇之故,谓:宜朝则来廷,不则修兵自固。倘必为寇盗,即命将徂征耳,王其图之。日本王良怀不奉命,复寇山东,转掠温、台、明州旁海民,遂寇福建沿海郡"。另一次是,"三年三月又遣莱州府同知赵秩责让之",虽这次出使取得了一定成果,"遣其僧祖来奉表称臣,贡马及方物,且送还明、台二郡被掠人口七十余",但倭寇气焰并未因此收敛,"是年掠温州。五年寇海盐、澉浦,又寇福建海上诸郡",并且扣押明朝派出的使节僧祖阐等人,"王则傲慢无礼,拘之二年"。总而言之,洪武间的两次出使并未收到良好效果。(清)张廷玉等撰:《明史·外国三》,中华书局,1974 年,第 8341~8342 页。

[12]　"先是,胡惟庸谋逆,欲借日本为助。乃厚结宁波卫指挥林贤,佯奏贤罪,谪居日本,令交通其君臣。寻奏复贤职,遣使召之,密致书其王,借兵助己。贤还,其王遣僧如瑶率兵卒四百余人,诈称入贡,且献巨烛,藏火药、刀剑其中。既至,而惟庸已败,计不行。帝亦未知其狡谋也。越数年,其事始露,乃族贤,而怒日本特甚,决意绝之,专以防海为务"。(清)张廷玉等撰:《明史·外国三》,中华书局,1974 年,第 8344 页。

[13]　第一种,设兵戍守,包括:"吴元年,用浙江行省平章李文忠言,嘉兴、海盐、海宁皆设兵戍守。洪武四年十二月,命靖海侯吴祯籍方国珍所部温、台、庆元三府军士及兰秀山无田粮之民,凡十一万余人,隶各卫为军。";第二种,沿海会哨,包括:"五年,命浙江、福建造海舟防倭。明年,从德庆侯廖永忠言,命广洋、江阴、横海、水军四卫增置多橹快船,无事则巡徼,遇寇以大船薄战,快船逐之。诏祯充总兵官,领四卫兵,京卫及沿海诸卫军悉听节制。每春以舟师出海,分路防倭,迄秋乃还。"(清)张廷玉等撰:《明史·兵志三》,中华书局,1974 年,第 2243 页。

禁[1];第四,即建立沿海卫所,筑城防御。

洪武帝设立沿海卫所实际是接受了汤和、方鸣谦等人的意见:"既而倭寇上海,帝患之,顾谓和曰:卿虽老,强为朕一行。和请与方鸣谦俱。鸣谦,国珍从子也,习海事,常访以御倭策。鸣谦曰:倭海上来,则海上御之耳。请量地远近,置卫所,陆聚步兵,水具战舰,则倭不得入,入亦不得傅岸。"[2]这句话实际上道明了有明一代的海防战略。其中,明代沿海会哨制度时断时续,在国力不昌、承平日久时已基本不再施行,而设兵戍守则与设立沿海卫所结合在一起,成为定制,影响深远。

沿海卫所原统于山东都司,后为海防计,便于统一指挥,将沿海十一卫所从山东都司剥离,于永乐六年(1408 年)在登州卫专门成立了山东总督备倭都司[3]。

其后,又为增强协同作战能力,在永乐、宣德年间分别设立了登州、文登、即墨三个专事军务的营,由把总为营官,由山东总督备倭都司管辖。自永宣时期起,形成了登州营统辖登州卫、莱州卫、青州左卫;文登营统辖宁海卫、威海卫、成山卫及靖海卫;即墨营统辖安东卫、大嵩卫、鳌山卫及灵山卫的局面,山东沿海大的防御体系至此成形[4]。其情形见于《筹海图编》:

> 登莱二郡凸出于海,如人吐舌,东南北三面受敌,故设三营联络,每营当一面之寄。登州营所以控北海之险也,登莱二卫并青州左卫俱隶焉。其策应地方,语所则有奇山、福山中前、王徐前诸所;语寨则有黄河口、刘家、汪、解、宋、芦、徐、马、停皂河、马埠诸寨;语巡司则有杨家店、高山、孙芥镇、马亭镇、东良海口、柴胡、海仓、鱼儿铺、高家港诸司。三营各立把总二员,以总辖之……
>
> ……文登县东北有文登营之设,所以控东海之险也,宁海、威海、成山、靖海四卫皆隶焉。

[1] 第三种,"朕以海道可通外邦,故尝禁其往来。近闻福建兴化卫指挥李兴、李春私遣人出海行贾,则滨海军卫岂无知彼所为者乎?苟不禁戒,则人皆惑利而陷于刑宪矣。尔其遣人谕之,有犯者论如律"。《明实录·太祖实录》,上海书店出版社,2015 年,第 1307 页。

[2] (清) 张廷玉等撰:《明史·汤和传》,中华书局,1974 年,第 3754 页。

[3] 有洪武年间设和永乐年间设两种说法:一,洪武年间设之说"备倭都司,登州营驻扎,总登莱沿海军马,洪武间设",见(明)陆钶:《山东通志·兵防》,《天一阁藏明代方志选刊续编》,上海书店,1990 年,第 711 页;二,永乐年间设之说"永乐六年,登州始置备倭都司,节制沿海诸军,以都指挥王荣领之,又以宣城伯卫青、永康侯徐安镇之。嗣后不设都指挥使,或署都指挥或以都指挥体统行事。"见(清)方汝翼等修纂,《光绪增修登州府志·军垒》,《中国地方志集成·山东府县志辑》第 48 册《光绪增修登州府志(一)》,凤凰出版社、上海书店、巴蜀书社,2004 年,第 126 页。按学界考证,兹采用后者。

[4] "至永乐间,又立即墨等三营,以分控二十四所,故其建营之地与所控卫所远近相均"。"如即墨营东北至文登营四百里,西南至安东卫四百里是也。此即墨营之所由设也"。见(清)林溥等纂修:同治《即墨县志·艺文志》中周如砥《驳迁即墨营于胶州议》,《中国地方志集成·山东府县志辑》第 47 册《同治即墨县志·顺治招远县志·道光招远县续志》,凤凰出版社、上海书店、巴蜀书社,2004 年,第 249~250 页。"文登营在城东十里……按明设三卫以备倭寇,三卫各处一隅,不相统属。宣德间建营,以地当三卫之中。南去靖海,东抵成山,北至威海,各相去百里内外。设把总为营官,多以指挥为之,盖以节制三卫,联络声援"。见(清)李祖年等修纂,《文登县志·关隘》,《中国地方志集成 山东府县志辑》第 54 册《光绪文登县志 同治重修宁海州志》,凤凰出版社、上海书店、巴蜀书社,2004 年,第 30 页。

其策应地方,语所则有宁峰、海阳、金山、百尺崖、寻山诸所;语寨则有清泉、赤山等寨;语巡司则有辛汪、温泉镇、赤山寨诸司。逸而北则应援乎登州,迤而南应援乎即墨。三营鼎建,相为犄角,形胜调度,雄且密矣……

　　……即墨营所系较二营似尤为要。自大嵩、鳌山、灵山、安东一带,南海之险,皆本营控御之责。其策应地方,语所则有雄崖、胶州、大山、浮山、夏河、石洞（石臼）诸所;语巡司则有乳山、行村、栲栳岛、逢猛、南龙湾、古镇、信阳、夹仓诸司。其海口若唐家湾、大任、陈家湾、鹅儿、栲栳、天井湾、颜武、周瞳、松林、全家湾、青岛、徐家庄诸处,俱为冲要,提防尤难……[1]

日照地区北承登莱、南启淮扬,"照邑蕞尔孤城,梯山控海,东邻渤澥,南接淮赣,西北环山阻陵,倘变起岛鲸,则风樯迅速;或啸聚萑苻,则草木皆兵,是不仅为青郡要地,且为东省藩篱;抑不仅为东省藩篱,而实为畿辅屏翰云"[2],实是兵家必争之战略要冲。这从日照地区的海防主体——安东卫是最晚裁撤的山东沿海卫所上可以说明这一问题:"皇清顺治十三年至康熙十六年,二十七年凡无益卫所次第就裁,存防运之卫四,防海之卫七,而安东卫以防海留。雍正十二年,裁沿海诸卫,止存安东。"[3]很明显,安东卫不属于"无益卫所",而是有很强的"防海"作用,以至于到雍正十二年其他山东沿海卫所裁汰一空时,尚"止存安东"。

二、清代日照的海防措施

清初海防秉承明制,但是清廷对明代的卫所制实际上并不认可,认为:"明初于一郡设所,连郡设卫,领以都司,而统于五军都督府,亦自成一代之制。顾自永乐以后,边外诸卫所已尽归徙废,名存实亡,而内地班军又以疲于番上,军伍衰耗。无他,上失其柄,而所以驭之者非其道也。我朝诞膺天命,武烈为昭,定鼎以来,备立营制,兼用八旗及绿旗兵。"[4]因此,自清前期始,即开始逐步裁撤卫所,安东卫亦不得免。

裁撤卫所历经顺治、康熙、雍正三朝,至清雍正时山东沿海地区的明代卫所,或已裁撤,或并入附近州县,或改卫设县,仅安东卫为硕果仅存者(此时石臼所也已于康熙年间被裁撤,仅存本卫,见前文石臼所处)。明代延续下来的卫所防御体系遂告瓦解。

(1)成立安东营

替代卫所制的是营制,清廷于顺治十七年在安东卫成立了安东都司营[5],标志着安东卫已逐渐丧失其军事属性,渐渐向行政区过渡。所谓"国朝定鼎,罢军操,更官制,乃以部选守备任卫

[1] （明）郑若曾:《筹海图编·山东事宜》,中华书局,2007年,第455~457页。
[2] （清）陈懋等纂修:《日照县志·卷首·旧序》中收入的康熙十一年杨士雄撰《续志序》,(台北)成文出版社有限公司,1976年,第41页。
[3] （清）李希贤等纂修:《沂州府志·沿革》,《中国地方志集成·山东府县志辑》第61册《乾隆沂州府志·嘉庆莒州志》,凤凰出版社、上海书店、巴蜀书社,2004年,第38页。
[4] （清）清高宗敕撰:《清朝文献通考·兵考四》,商务印书馆,1936年,第6425页。
[5] "国朝定鼎,移胶营分防,后又调青营代之。顺治十五年,总督张铉锡查海,亲至其地,始特请立安东营伍,专守本卫汛地,庶几其无虞乎。"见(清)赵双璧等纂修:《安东卫志·武备》,日照市岚山区史志办公室,2009年。

事。凡城池、民社、学校、钱粮,与州县同。仍设经历一员、教授一员、千总一员、百总一员、石臼所千总一员"[1]。即安东卫虽还保留着千总、百总等军队武职,但已逐渐"与州县同"了。

安东营在经历层层裁撤、变动后[2],下设"本营都司一员,千总一员,把总三员,外委千总一员,外委把总二员。马兵八十四名,步兵三百一十九名",其防守范围是:

> 安东营驻札本汛(分防岚头山、涨雒、涛雒、夹仓四海口。都司一员、千总一员、外委千总一员、外委把总二员。马兵四十六名步兵一百六十三名);
>
> 分防日照县汛(兼龙汪、石臼、宋家三海口。把总一员,马兵一十五名,步兵五十八名);
>
> 分防琅邪台、东亭子栏汛(兼董家、琅邪、龙湾三海口。把总一员,马兵四名步,兵三十名);
>
> 分防龙汪海汛(外委把总一员。马兵二名,步兵一十四名);
>
> 分防莒州汛(把总一员。马兵一十六名,步兵五十四名)。[3]

(2)沿用巡检司制度与沿海墩台。从上文可知,夹仓巡检司自洪武三年设立,直至乾隆八年移驻安东卫,仍在发挥作用。而沿海墩台方面,则"皇清定鼎,丕变维新,独墩台之制,未尽修复"[4],说明墩台仍保留明制,发挥其应有作用。

(3)修筑安家口城。这是日照中部、南部海域各有镇守的情况下,在日照北部进行的重要海防布控措施。(详见上文"安家口城")

日照地区古代海防遗迹研究潜力巨大、课题众多,值得持续关注,从而更深入地发掘日照海防遗迹的价值,包括其在海丝、军事史、古代建筑研究方面的价值。

---

[1] (清)赵双璧等纂修:《安东卫志·沿革》,日照市岚山区史志办公室,2009年。

[2] 安东营创立及变化过程如下:"皇清顺治十五年,沂州镇移驻胶州,改水营水师为陆营,拨防安东卫。十七年,另设安东都司营,属青州营参将管辖掣,原防兵增驻即墨。康熙元年改属沂州营,二十二年归属本镇。原设都司一员,守备一员,千总二员、把总四员、马步兵一千名。四年裁千总一员,汰马步兵二百名;六年拨把总一员,马步兵一百名增驻泰安州。二十八年裁守备一员,马步兵二百陆十四名,雍正元年又抽调马步兵二十名,归兖镇标,今定制。"见(清)岳浚等修纂:《山东通志·兵防志》,《文渊阁四库全书》第540册,(台北)商务印书馆,1987年,第212页。

[3] (清)岳浚等修纂:《山东通志·兵防志》,《文渊阁四库全书》第540册,(台北)商务印书馆,1987年,第212页。

[4] (清)赵双璧等纂修:《安东卫志·墩台》,日照市岚山区史志办公室,2009年。

Archaeological Survey and Research on Rizhao Ancient Coastal Defense

By

Yang Rui　Yuan Qifei　Si Jiuyu

Abstract：The ancient coastal defense relics, as the main material remains reflecting the military conditions of the ancient coastal areas, are a major category in coastal archaeological research. Coastal defense refers to various defensive measures taken by a party defending against the sea and defending against the sea. At present, the research on coastal defense in the Ming and Qing Dynasties is in the ascendant, but in general it is based on literature research, and there is not much research focusing on the archaeogical remains of coastal defense.Rizhao coastal defense is an important part of the Shandong Province coastal defense system, and it is also a strategic key to undertake the coastal defense of the southern and northern provinces. The coastal defense system in the Rizhao area of the Ming Dynasty was "wei-suo-si-dun". Based on the archaeological investigation materials of the coastal defense sites in Rizhao area, this paper combines historical records to carry out archaeological research, in order to comprehensively explore the coastal defense system in the Rizhao area from the perspective of archaeological sites, hoping to find out the value it should have.

Keywords：Coastal Defense Relics, Rizhao, An Dong Wei, Shi Jiu Suo, Coastal Smoke Pier

明代福宁州水寨

陈　浩*

摘　要：明代倭患自洪武初始，嘉靖年间达到高峰，沿海百姓深受其害。位于闽浙之交的福宁州首当其冲，成为倭警频发之地。设于福宁地区的烽火门水寨和官井洋水寨在护佑福宁海疆方面发挥着关键作用。随着明朝走向衰落，海防体系濒临解体，水寨亦难以发挥海上防御作用。本文拟通过大量文献记载所呈现的水寨的辉煌与变迁，并结合《新建官井洋水寨记》碑的发现，重新认识明代福宁州海防的战略地位和水寨作为海防第一道防线的前沿作用。

关键词：福宁州　倭患　烽火门水寨　官井洋水寨　《新建官井洋水寨记》

元代至元二十三年（1286 年）长溪升县为州，领福安、宁德两县，州曰"福宁"。元末明初，中国沿海倭警频发，为保安宁，明朝建国之初，即在沿海各地置建卫所、设立水寨，形成了完备的海防体系。烽火门水寨于洪武二十年（1387 年）设于福宁三沙海中，为明代闽海五水寨之一。嘉靖年间，为了抵御空前猖獗的倭寇，时任闽浙海防提督的朱纨在东冲口（古属福宁州）添设官井洋水寨，与烽火门水寨并肩抗倭，固守福宁。

明代福宁州辖区大体与现今宁德地区一致，地处福建东北沿海，闽浙之交，海岸线达 900 多公里，沿海岛屿有 300 余个，很容易成为倭寇盘踞的巢穴。烽火门及官井洋水寨的设立，形成了福宁海疆的第一道防线，发挥着重要作用。关于烽火门水寨，史料记载较多，而对于官井洋水寨除了《筹海图编》简略提及外，其他文献均未见记载。《新建官井洋水寨记》碑的发现，弥补了这一历史空白。

一、明代福宁州倭患

谈论明代海防水寨的建设，不得不先提及倭寇问题。元末明初，日本国内战事频发，一些战败的武士沦落为寇，与我国沿海奸商、海盗相勾结，频繁出入东南沿海，侵扰百姓。《筹海图编》记载："倭寇拥众而来，动以千万计，非能自至也，由福建内地奸人接济之也。济以米水，然后敢久

---

*　陈浩，福建博物院。

延;济以货物,然后敢贸易;济以向导,然后敢深入。"[1]亦载:"倭人至福建,乃福人买舟至海外贴造重底,往而载之,舟师皆犯重罪之人也。"[2]倭寇由内地奸民引领,在我国沿海大肆烧杀抢掠,无恶不作。位于闽浙之交的福宁,就成为从浙而来、由闽北去的倭寇所必劫之地。

福宁倭患始于明初,《霞浦县志》载:"洪武三年六月,倭寇山东、浙江、福建濒海州县,长溪南乡大受扰害。"[3]至明代中期,倭患爆发,沿海一带虐焰熏天,生灵涂炭。据《福宁州志》记载,倭寇入侵福宁,嘉靖年间多达三十余次,其中以嘉靖三十五年至四十三年最为密集,每年均有数次倭警发生。"(三十五)年十月二十日,倭万余扎营三沙。是冬,五六七八都禾稻俱未收。是月,倭万余攻秦屿堡……三十八年三月二十六日,倭攻州城……(四十年十月)十二日,宁德城陷,知县李尧卿死之,训导孙商伟骂贼而死。……(四十二年)八月,南贼十余船乘夜劫松山"[4]。倭寇入侵,大肆烧杀抢掠,手段残忍,形同禽兽。

横行乡里的倭乱是一场浩劫,浙、闽、粤三省在十余年的时间里,疲于应付倭寇的袭掠,官方、民间均精疲力竭。《霞浦县志》载:"自嘉靖乙卯以后十年间,东南被倭,中外骚然,财力俱拙。当是时,武备久驰,控驭无方,而内地奸民复勾引向导,遂至荼毒蔓延,生灵之涂炭极矣! 微继光荡平之,其有宁宇耶? 初,王直引倭入寇,大获利,连岛而来,数岁杀伤殆尽,有全岛无一人归者。"[5]

这一时期,以戚继光、余大猷、沈有容等为代表的一批抗倭名将,为剿灭东南沿海的倭寇做出了突出贡献。嘉靖四十一年,戚继光率军八千入闽剿倭,发生于宁德漳湾的横屿大捷是其经典战役,戚家军一举捣毁了盘踞在此多年的倭寇老巢。《霞浦县志》载:"四十一年,新倭巢五都横屿,又据云淡门……八月初一日,浙江参将戚继光帅婺士八千至州。初六日,渡金垂。初七日,入宁德。初八日早,抵漳湾,师行淖卤中,把总王如龙、朱玑、秦经国奋勇先登,歼倭众千余于横屿。"[6]万历年间,为彻底根除倭患,沈有容率水师主动出击,两次入台剿倭。马祖东莒岛的"大埔石刻"记载了万历四十五年(1617年),沈有容在东沙(马祖东莒岛)生擒69名倭寇的历史。石刻全文:"万历疆梧大荒落地腊后挟日,宣州沈君有容获剿倭六十九名于东沙之山,不伤一卒。闽人董应举题此"。

随着明军的持续打击及"海禁"的解除,横行于东南沿海的倭乱才逐渐平息。

二、烽火门水寨的设立及地理战略

明初,政治手段解决倭寇问题失败,朝廷决心整饬海防。《福宁府志》转载《明史》曰:"倭寇

———————————

[1] （明）胡宗宪:《筹海图编》卷四,中华书局,2007年,第277页。

[2] （明）胡宗宪:《筹海图编》卷四,中华书局,2007年,第278页。

[3] 徐有梧:《霞浦县志》卷三,霞浦县志编纂委员会,1986年,第24页。

[4] （明）殷之辂:《福宁州志》卷一六,书目文献出版社,1990年,第410~412页。

[5] 徐有梧:《霞浦县志》卷三,霞浦县志编纂委员会,1986年,第32页。

[6] 徐有梧:《霞浦县志》卷三,霞浦县志编纂委员会,1986年,第31页。

上海,帝患之,顾谓汤和曰:'卿虽老强为朕一行。'和请与方鸣谦俱,鸣谦国珍从子也,习海事,常访以御倭策。鸣谦曰:'倭海上来则海上御之耳,请量地远近置卫所,陆聚步兵,水具战舰,则倭不得入,入亦不得傅岸。近海民四丁籍一,以为军戍守之,可无烦客兵也。'帝以为然,和乃度地浙西东并海设卫所城五十有九,明年闽中并海城工竣,和还报命。"[1]方鸣谦所提出的"倭海上来则海上御之"策略意义深远,成为整个明代建设海防体系、备战御倭的重点,福建五水寨也因此应运而生。在海中岛屿设置水寨,巡逻洋面,形成第一道防线;在濒海沿岸地带设置卫所巡检司、屯兵驻守,形成第二道防线;海陆联动,全力在海上和濒海沿岸剿灭倭寇,不让其有深入内陆的机会。这样的防御体系理念,影响了明清两代的海防建设。

关于烽火门水寨设立的时间,主要存在两种说法。《福宁府志》转载《明史》曰:"洪武二十年,命江夏侯周德兴抽福建福、兴、漳、泉四府三丁之一为沿海戍兵,得万五千人,移置卫所于要害处,筑城十六……又于外洋设立烽火门、南日、浯屿水寨。"[2]明人黄中昭所撰《八闽通志》则载:"烽火门水寨在一都松山,永乐十八年创设于三沙海面,正统九年,侍郎焦宏以其地风涛汹涌,泊舟不便,命移于今所。"[3]参考《筹海图编》及曹学佺《海防志》关于福建水寨的记载,烽火门水寨设于洪武年间的可能性更大。

至于烽火门水寨建于哪个海岛,各书均未明确记载。《福宁州志》与《筹海图编》只记载烽火门水寨原设于福宁三沙海中[4],《霞浦县志》则记载了烽火门的地理位置信息:"烽火门水寨在筋竹山,今属福鼎。"[5]《霞浦县志·山川志》另载:"筋竹山在高罗东,洪涛澎湃,艅艎所泊,可暂而不可久。烽火门在筋竹山东,负山临海,旧为水寨,清时设水师,参将居此。"[6]该书亦载:"大、小嵛山在八都港前,邑东海之外屏,两岛相间入口,便是三沙澳矣。烽火门在小嵛山西,与大、小嵛山连屿海东,入口便是七都港界矣。大、小均二岛在烽火门之下,为邑东乡一带之蔽障。"[7]根据这些描述判断,明初烽火门水寨应设在今霞浦境内的烽火岛。三沙位于福宁湾北部沿海,突出于海中,是海中要冲,福宁之咽喉。烽火岛就位于三沙镇东面海中,与小嵛山岛、大嵛山岛、东西星岛、台山岛一字排开,形成一道天然屏障,船只由南北驶过必定穿越此线。嵛山岛以东的洋面濒临外海,风急浪高,行船艰难,而烽火岛与小嵛山之间的出壁门水道以及烽火岛与古镇港之间的烽火水道,由于两侧岛屿的遮挡,更适于船只避风航行。船只穿过这两个水道,即是福宁湾,可直达福宁州城,所以烽火岛的位置十分关键。

洪武至宣德的一百年间,海疆稳固。承平弊滋,时至正统,水寨官兵人情怠惰,不愿再受外海风涛颠簸之苦,烽火门水寨由海中岛屿内迁松山。万历《福宁州志》载:"(正统)九年,侍郎焦宏

[1] (清)朱珪修,李拔纂:《福宁府志》卷三,成文出版社,1967年,第45页。
[2] (清)朱珪修,李拔纂:《福宁府志》卷三,成文出版社,1967年,第45、46页。
[3] (明)黄中昭:《八闽通志》卷四三,福建人民出版社,2017年,第1243页。
[4] 福宁州三沙即是今霞浦县三沙镇地域。
[5] 徐有梧:《霞浦县志》卷七,霞浦县志编纂委员会,1986年,第167页。
[6] 徐有梧:《霞浦县志》卷四,霞浦县志编纂委员会,1986年,第52页。
[7] 徐有梧:《霞浦县志》卷四,霞浦县志编纂委员会,1986年,第84页。

徙烽火水寨于松山。"[1]亦载："烽火门水寨在一都松山，寨营周一百二十丈，旧在五六都三沙海面，正统九年以其地风波汹涌不便泊舟徙建于松山。"[2]

按明初闽海设烽火、南日、浯屿三水寨，景泰间续增小埕、铜山的说法，明前期三水寨的管辖范围与景泰续增二寨之后，应该是有很大不同的。但明前期关于水寨的文献记述甚少，要探讨其防御体系，缺乏依据。景泰年间，五水寨俱成，其文献记载也较多，可以细致地分析出各寨信地（水寨管辖区域）及防御体系的设置。

《筹海图编》载："烽火门水寨原设于福宁州三沙海中，永乐间倭寇犯境，议拨福宁卫大金所官军防守，秦屿、罗浮、官井洋皆辖焉。正统九年，侍郎焦宏以其地风涛汹涌，不便栖舟，徙今松山寨地方。其后官井洋虽添设水寨，而沙埕、罗江、古镇、罗浮、九澳等险孤悬无援，势不能复旧矣。须官井、罗浮、沙埕南北中三哨，罗江、古镇两哨联络策应，庶可恃为福州之藩户也。"[3]同书亦载："三四月，东南风汛，番船多自粤趋闽而入于海……在烽火门则有官井、流江、九澳等处，此贼船之所必泊者也。若先会兵守此，则又不敢泊矣。来不得停泊，去不得接济，船中水米有限，人力易疲，将有不攻而自遁者，况乘其疲而夹力攻之，岂有不胜者哉。"[4]

以烽火门为中心，在福宁沿海要地布防哨所，北哨沙埕、中哨罗浮、南哨官井，另有罗江、古镇两哨协防福安和三沙。五哨各守其地，相互应援，让倭船无处可泊、无处补给。这些哨所的辖区整合起来就是烽火门水寨的信地，从流江（今福鼎沙埕）至濂澳门（今罗源湾入口）皆是。

春冬二汛，风向最利于倭寇来袭，水寨防御压力陡增。此时，周边卫所会增派大量兵力，分派于各哨所，支援水寨巡守洋面。《八闽通志》载："烽火门水寨在州东一都松山……每岁分福州左、中、福宁三卫官军更番以备倭寇。福州左卫官一十一员，旗军一千三百八十九名。福州中卫官一十一员，旗军一千三百八十九名。福宁卫官一十一员，旗军九百九十名。大金千户所官四员，旗军三百名。"[5]

与此相应，汛期水寨的防御范围也有所变化，《福宁州志》载："倭奴之来也不乘南风则乘北风，然南风则入吴越为最便，北风则入闽为最便。旧制设烽火于五六都三沙海面……万历二十年改守备为参将节制水陆，改中军游为崳山游，二十八年增设台山一游。春秋二汛，参将总镇崳山，分遣陆兵守各要害，水兵则烽火寨把总案屯松山，分前哨于官澳，后哨于斗米澳，左哨于镇下门，右哨于三沙旧烽火，台山崳山两游各守本处，噫可谓周于虑矣。"[6]各水寨形成交叉防御，将哨守范围扩大至相邻水寨的腹地，在海上形成更严密的防御网。届时，烽火门的北界延伸至温州蒲门，与浙江镇下门水寨会哨，而与南面的小埕水寨则会哨于东冲外海西洋岛。"烽火寨永乐年设游，把总一员，系水寨北界浙江蒲门南界连江濂澳，曰礵山、曰大金、曰浮罗、曰箸头寨皆其汛地，

---

[1] （明）殷之辂：《福宁州志》卷一六，书目文献出版社，1990年，第408页。

[2] （明）殷之辂：《福宁州志》卷五，书目文献出版社，1990年，第73页。

[3] （明）胡宗宪：《筹海图编》卷四，中华书局，2007年，第276页。另，文中提到的官井洋水寨设立于嘉靖年间，后面细述。

[4] （明）胡宗宪：《筹海图编》卷四，中华书局，2007年，第276页。

[5] （明）黄仲昭：《八闽通志》卷四三，福建人民出版社，2017年，第1243页。

[6] （明）殷之辂：《福宁州志》卷五，书目文献出版社，1990年，第82页。

为最要地。嘉靖中定会哨地方,如寇由浙而南,则烽火分兵北扎并下与浙船会哨,南则与连江县定海所小埕水寨兵会哨于西洋山"[1]。水寨之间相互交叉防御,防止衔接处出现漏洞,让倭寇无可乘之机。另外,水寨汛地还向外扩至礵山(四礵列岛)。此岛距松山近20海里,在外海布防哨兵,可以尽早发现敌情,以便应对。

万历年间,面对屡禁不绝的倭寇侵扰,福建远海岛屿陆续设立了十余处游营。此举虽然主要仍是防御,但是将防线推至远海岛屿,已经具备了一定的主动攻击的意图。万历二十年和二十八年,福宁沿海分设嵛山游及台山游[2],之后崇祯年间加设礵山游。嵛、台二游设于外海岛屿,游兵平时租住民房,汛期驾船出海,分守汛地。"嵛山游、台山游俱无卫舍,赁居城中民房,出汛在船,收汛仍复赁处"[3]。

《平潭县志》引《海防志》载:"闽有海防以御倭也……寨之初设有三,烽火、南日、浯屿,续增小埕、铜山为五寨……游之初设亦有三,海坛、元钟、浯铜,续增湄洲、嵛山为五游……复设台山、礵山、湄洲、五虎、鸿江、澎湖等游,甚至罗东备大小甘山亦设远哨,实欲其缓急攸资,互为应援,瀚海无波则画方以守,戈船下濑则合方以攻,毋泥区区汛地间也。"[4]外海岛屿是倭寇停泊补给、窥查沿岸军备的最佳落脚处。之前,这些海岛基本都被倭寇占据,清剿倭巢后,在这些岛屿设置游兵,巡逻守备周边洋面,让渡海而来的倭船无处停泊补给。

"哨贼于远洋,击敌于将至",从近海被动防御,到远海主动出击,显示了游的重要作用。但是,游和寨的职责有所不同,游以偏远海岛为基地,负责巡守外海汛地,发现敌情即可迅速整合力量,主动出击。而水寨作为海上防御系统的中心,在各个要冲布防哨所,巡逻应援,以此控制近海洋面。游的设立较水寨要密集得多,也更灵活,将兵力分散于各个岛屿要冲,相互之间的支援更迅速方便,后方又有水寨作为支撑,这样防御的针对性更强,同时还具备了一定的主动攻击性。平时各守其地,各有侧重,一旦发现倭船,游与游、寨与游,迅速支援,相互合作,歼敌于海中。

三、增设官井洋水寨

《筹海图编》中提及的"官井洋水寨",为嘉靖二十八年所设。嘉靖二十六年,朱纨任闽浙海防提督及浙江巡抚,面对废弛的海防,他在东冲半岛添设官井洋水寨,以此扼守东冲口,并与烽火门水寨相互协守,防卫福宁洋面。

今霞浦县北壁乡东冲村大澳海滩边矗立的《新建官井洋水寨记》碑(图一),真实记载了这一历史。碑文开端讲述了设立官井洋水寨的缘由:"命大中丞秋崖朱公纨总抚闽浙,益制治□□公至历巡海□安辑绥和□以□□尤□盗贼出没之,卫然去州数里焉,官井洋之东冲澳面临濂澳、背依东峰□□诸港之咽喉,必于此创立一寨则定,以捍其外海而御其要津。"

[1] (清)朱珪修,李拔纂:《福宁府志》卷七,成文出版社,1967年,第101页。
[2] 台山岛:位于嵛山岛东面外海,是福宁最遥远的岛屿,距大陆有25海里,是为宁之东极。
[3] (明)殷之辂:《福宁州志》卷五,书目文献出版社,1990年,第73页。
[4] 黄履思:《平潭县志》卷三,成文出版社,1967年,第24页。

东冲半岛的地理位置相当重要，可以说控制住东冲半岛，就守护了大半个福宁。半岛东部沿海分布有高罗、大金、延亭、罗浮、斗米澳、间峡等重要澳口，还有浮鹰、西洋等岛屿要冲；半岛西面则是官井洋及东吾洋，其间分布有三都澳、赛琪等重要港口；而半岛南面就是东冲口要塞，正对罗源濂门澳及连江黄岐半岛。东冲村《新建官井洋水寨记》碑所处位置，处于东冲半岛的最南端，在这里设立水寨、屯兵驻守，既可辖制半岛东部的一众澳口、岛屿、要冲，又可扼守东冲口，保护官井洋、东吾洋沿岸地带。

碑文明确了官井洋水寨与烽火门水寨的辖区划分，北至松山烽火门、南至罗源濂澳、西至福安赛琪、东至四礵列岛皆为官井洋汛地。官井洋水寨的设立弥补了烽火门对东冲半岛及官井洋地区控制不足的问题。碑文中还记载水寨拨军由福宁卫一百名、大京所一百名、定海所两百名组成，舰船有官船四只、官募兵船六只。另外还记述了水寨统兵设防的原则以及海上遇敌的处置方法。

图一　东冲村海滩边《新建官井洋水寨记》碑

四、水寨的衰败及倭乱的平息

烽火门水寨和官井洋水寨作为福宁海上的第一道防线，在相当长的一段时间内起到了抗倭御敌的作用。但是，国家的兴衰直接影响着海疆防御策略，左右着水寨的存亡。走过仁宣之治，明朝与最好的时代别过,郑和七下西洋的伟大光辉也一丝丝的消散,大明王朝开始走向衰落。正统"土木堡之变"动摇了整个国家的根基,明军几十万精锐死伤过半,众多武勋也战死沙场,从中央到地方都受到了极大的冲击,此时的海疆藩篱,也不可避免的逐渐瓦解。这一时期,昏君理政、奸臣当道,内外危机不断袭来。福建沿海水寨正是从这时开始陆续内迁的,先是烽火,之后是浯屿、南日。水寨内迁,不是简单地从海中岛屿搬至内港,而是反映出整个海防体系的堕落以及国家的衰败。

时至嘉靖,部队的粮饷、军需得不到及时供给,大量屯地也被豪强霸占,军队的生存都面临威胁,其后果就是士兵大量逃亡,卫所制度濒临崩溃。《备倭图记》载:"计福建沿海十一卫,有船五百余只,合用旗军五万余人,以此制倭,何忧不克。即今额船朽烂已尽,额军逃亡十七,额派钱粮支剩数多,皆折银留布政司别用。祖宗旧制,略不修复,仅扣老弱之银,支持海上之费,容养奸贼,以至于今,虐焰熏天,虽欲惜费而不可得矣……"[1]亦载:"国朝卫统五所,各军一千人,共五千人。其五寨一澳,烽火则福州左中福宁,共拨军四千六十八人,今逃亡者三千人。"[2]军饷挪作他用,战船尽毁,士兵逃亡四分之三,这样如何能维持水寨的正常运转?巡守洋面、会哨应援成为不可能完成的任务。更有甚者,一些水师官兵竟然假扮倭寇,袭掠乡村,掠夺财物,屠杀百姓。面对如此状况,福建巡抚谭纶奏请"恢复五水寨旧制,名汛地、严会哨",戚继光提出"海洋三策,海上截杀为之上策"的理论,经过他们的大力整顿,水寨面貌有所恢复。但是,大明王朝渐至暮年,统治风雨飘摇,水寨终究难逃日渐衰落的命运。

明初就开始实行的"海禁",将以海为田的闽人逼上绝路,各个阶层的矛盾不断激化,一些穷苦百姓为了生存被迫成为海盗。商人为了利益,从事海上走私,不得不与倭寇为伍。嘉靖年间,朝廷倾尽人力、财力于东南沿海,却始终不能根除海疆顽疾。而嘉靖年间的所谓"倭寇",其实日本人只占三成,七成均为明人。至此,明朝统治者开始意识到,为遏制倭寇而实行的"海禁"政策,也许正是倭寇屡禁不绝的主因。外部屡禁不绝的倭寇,内部捉襟见肘的财政,加之海上走私贸易愈来愈盛,迫使明朝做出"隆庆开海"的决定。

隆庆元年(1567年),福建巡抚涂泽民请开海禁,准贩东西二洋。明中后期正值16~17世纪的大航海时代,与之而来的就是贸易全球化的兴起。桎梏解除,民间海外贸易合法化,并逐渐繁盛。万历二十年,福建巡抚许孚远奏疏曰:"市通则寇转而为商,市禁则商转而为寇",这正是倭乱最终平息的重要原因。

附录:《新建官井洋水寨记》碑文

《新建官井洋水寨记》

皇上统御丞□□□□□□□□于□□□□□□□□□□□□历二十有八载□□□□

时明之念□□遂

[1] (明)卜大同:《备倭记》卷下,《四库全书存目丛书》第31册,齐鲁书社,1995年,第89页。
[2] (明)卜大同:《备倭记》卷下,《四库全书存目丛书》第31册,齐鲁书社,1995年,第82页。

命大中丞秋崖朱公纮总抚闽浙益制治□□公至历巡海□安辑绥和□以□□
尤□盗贼出没之卫然去州数里焉官井洋之东冲澳面临濂澳背依东峰□□
诸港之咽喉必于此创立一寨则定以捍其外海而御其要津遂会大巡杨□□
张君栋州同杨公一揆贤能□正相厥土壤统海垠买民田开荒埔剪荆棘□□
一门上□□楼寨中建演武厅一座左立将台右建把总厅二座三间前为公□
设卫总厅三间千百户廨四间两边树列军营四十间左右山巅立墩瞭望□
六员其拨军则福宁卫一百名大京所一百名定海所两百名其哨船则募□
成定□二寨界限烽火门以南福安黄崎镇蔡澳属官井洋所辖为西哨黄沙□
君案□□力且□慎□□前有司旌奖即领斯权又以流江附浙之疆为□□
事而总卫之益□□□观兵于城□舟于海比□□设方略□□甲□亲□
率军士是弊微言以美其□余曰夫穷□□海逆贼□□□或有之□□□
其要路□以□师□□兵□□□设一有警则鸣鼓燃狼□□□□□□□
其卫□□□卫□□□□□□□□穷则呼吸之□而□□□□□□□□□
之力实赖乎总□□□□□□□海□□固万年又□□乎
圣天子湛恩□□□□□□贞□□缀预事者于珉□以永志不朽云□
嘉靖己酉仲冬吉旦
赐进士山西道监察御史奉
勒提督雁门三关兼理巡抚右□都郎忠义□□□陈达撰

贞珉
珉背具载□□□□□□□□□□
预事官玖员
把总官一员
卫总指挥二员
千户二员 刘相
百户四员 孙钦 黄相 龚
官船四只
官募兵船六只
土官一员陈世卿
捕盗六名 苏空朝 陈景 俞伯聚 俞孔哲 林宗贵 林德
习武举业三山武人仁谷李泽敷恩书册并额
□□督工老人何礼□□□□□
□银两买□□□民田三□□□一所
□□□□□□□□□□□□□□□
嘉靖二十九春三月□□□□□□□□□□□陈达题

The Water Fort of Funing Prefecture in the Ming Dynasty

By

Chen Hao

Abstract: In the Ming Dynasty, the Japanese pirates plague from the early Hongwu period, and reached a peak during the Jiajing period. The coastal people suffered greatly. Located at the intersection of Fujian and Zhejiang, Funing Prefecture bears the brunt, becoming a frequent place for Japanese attack. Located in Funing, the Fenghuomen and Guanjingyang water fort played a key role in protecting the coastal area of Funing. With the decline of the Ming Dynasty, coastal defense system was crumbling, the water fort was hard to defend. In this paper, through the resplendence and changes of the water fort presented by a large number of documents, and combined with the discovery of the monument of Newly-built Guanjingyang water fort, the point intends to re-understand the strategic position of the coastal defense of Funing prefecture in Ming Dynasty and the leading role as the first line of defense.

Keywords: Funing Prefecture, Japanese Pirates Attack, Fenghuomen Water Fort, Guanjingyang Water Fort, the Monument of Newly-built Guanjingyang Water Fort

明清漳州海域港市发展视野下的
外销瓷窑口与内涵变迁[*]

刘　淼^{**}

摘　要： 明代中期以后,随着官方势力在海洋的退缩,中国东南沿海特别是漳潮泉地区民间私商活跃,闽南海商逐渐崛起并成为东亚海洋贸易的主体。闽南地区围绕漳州湾及周边区域,包括泉州之安海,漳州之月港、海沧,诏安之梅岭以至粤东之南澳,都是私商活动的中心。在这一区域内,可分为广东南澳到漳州月港的漳州海域西部地区,以及厦门海沧到安海的漳州海域东部地区。漳州海域港口的兴盛和变迁,带动了港口周边外销瓷业的繁荣,并随着港口变迁制瓷中心也自西向东迁移。西方人到来后,也积极参与到传统的亚洲贸易网络中,进一步促进了东南沿海地区明清外销瓷业的兴盛。

关键词： 漳州海域　港口　外销瓷　窑址　海洋贸易

明代中期以后,随着官方势力在海洋的退缩,中国东南沿海特别是漳潮泉地区民间私商活跃,闽南海商逐渐崛起并成为东亚海洋贸易的主体。隆庆开海以后,漳州月港作为合法贸易的重要港口,达到其海外贸易的鼎盛时期。明清交替之际,郑氏集团兴起并在特殊历史背景下控制了东亚海上贸易,促进了安海至厦门以及台湾地区海外贸易的发展。康熙中晚期以后,厦门成为对外贸易的重要港口,推动了南海贸易新的发展。漳州海域港口的兴盛和变迁,带动了周边经济产业的发展,明清时期的福建制瓷业也出现向闽南集中和转移的趋势,其在漳州平和、南靖、华安以及泉州安溪、德化、永春等地兴起,并随着港口变迁制瓷中心也自西向东迁移。西方人到来后,也积极参与到传统的亚洲贸易网络中,进一步促进了东南沿海地区明清外销瓷业的兴盛。随着历史的发展、海洋贸易势力的消长及激烈争夺,漳州海域作为明清时期一个重要的贸易中心,在我国古代海洋文化发展史上发挥了积极作用。

一、明代中期漳州湾贸易的兴起与瓷器的外销

明代以后在传统的东亚贸易网络中,除了中国东南沿海商人之外,琉球王朝、暹罗王朝、占婆

* 本文得到国家留学基金委公派访问学者项目(编号 201806315033)和厦门大学中央高校基本科研业务经费项目(项目号 20720140027)资助。

** 刘淼,厦门大学历史系考古专业。

岛以及马六甲等地的商人也是南海贸易的重要参与者,甚至在明代前期严厉的海禁政策下,它们一度取代中国海商成为东南亚地区最活跃的贸易份子。但考古证据显示,中国东南沿海的海外贸易即使在海禁政策得到严格执行的明代早期也并未能完全禁绝[1]。随着对东南沿海窑业考古调查及发掘工作的深入,在福建安溪(图一)、漳浦以及广东大埔等沿海地区均发现明代早中期仿龙泉青瓷窑址。龙泉青瓷是元至明代中期最主要的瓷器外销品种,明代早中期仿龙泉青瓷窑址在中国东南沿海的出现应该是这一时期沿海私商活动的最直接证据。

图一　安溪湖上窑址出土青瓷

13 世纪以后,东南亚地区经历了泛伊斯兰化时代。15～16 世纪伊斯兰文化在东南亚海岛广泛传播,先后出现马六甲王国、苏禄苏丹王国、渤泥王国等重要的伊斯兰教国家[2]。这些国家同时也是东南亚地区重要的海上贸易集散地。明代中期以后,随着官方海上贸易的萎缩,受这一伊斯兰贸易圈主导的海外市场的吸引,在中国东南江浙、福建及广东沿海进行的私商活动愈演愈烈。漳州海域包括厦门的浯屿、漳州的月港和梅岭等处都是早期私商活动的重要据点。伴随着私商的活跃逐渐开始了明代景德镇民窑青花瓷器的外销。考古资料中,在菲律宾巴拉望海域发

---

[1]　刘淼:《明代前期海禁政策下的瓷器输出》,《考古》2012 年第 4 期。

[2]　梁志明等:《东南亚古代史》第三编《东南亚中央集权王国的兴起与更迭(10 世纪前后至 16 世纪初)》,北京大学出版社,2013 年。

现的利娜沉船(Lena Shoal wreck)[1]和文莱海域发现的文莱沉船(Brunei wreck)[2]中均出水大量明弘治前后景德镇民窑青花瓷器,器形上多见大盘、军持、笔盒、执壶、瓶、盖盒等,装饰上布满缠枝花卉,为典型的伊斯兰风格器物。类似风格的景德镇民窑青花瓷在香港竹篙湾遗址[3]以及安海港等闽南地区港口遗址中也有不少发现。实际上,和这组沉船及港口出土瓷器风格相似的器物遍及东南亚地区,在叙利亚、伊朗的阿德比尔神庙和土耳其的托普卡普宫收藏[4]以及东非遗址中也有发现[5]。

此时随着新航路的开辟,西方的海洋势力也到达东亚海域,加入到传统的亚洲贸易网络中。16世纪初,葡萄牙人使用武力先后在印度果阿、东南亚马六甲等地建立贸易据点,并到达中国东南沿海。但在早期他们并未能与中国官方建立起直接的贸易联系,而是在浙江的双屿、漳州的月港和浯屿,以及广东南澳、上川及浪白澳等港口建立贸易站,同中国东南海商进行了长达近半个世纪的走私贸易[6]。属于这一时期的瓷器资料在福建平潭海域老牛礁沉船[7]、西沙海域盘石屿1号沉船[8]以及广东上川岛花碗坪遗址中都有发现[9]。东南亚海域发现的"宣德号"葡萄牙商船则是澳门开埠之前葡萄牙商船在东亚海域走私贸易活动的直接证据[10]。在走私贸易过程中,葡萄牙人和中国东南海商特别是福建商人的合作日益加强,"每年三、四月东南风汛时葡萄牙商船自海外趋闽,抛舶于旧浯屿然后前往月港发货,或引诱'漳泉之贾人前往贸易焉'"[11]。葡萄牙以漳州月港、浯屿为贸易据点,开辟了一条从景德镇到月港的瓷器走私通道。

在这一背景下,中国东南沿海的私商活动逐渐累积,以致景泰年间"月港、海沧诸处居民多货番,且善盗"。在闽粤交界的漳州和潮州,更是形成了以漳州、潮州人为主的海盗团体,他们实际掌握了南海贸易[12]。处于这一区域的月港逐渐兴起,据16世纪葡萄牙人的记载,通商于满刺加

[1] Franck Goddio, Stacey Pierson, Monique Crick, *Sunken Treasures: Fifteenth Century Chinese Ceramics from the Lena Cargo*, Periplus Publishing London Limited, 2000.

[2] Karim bin Pengiran Haji Osman, Pengiran, *The Brunei shipwreck: a catalogue of some selected artefacts and Brunei's ancient trade products*, Brunei Darussalam: Brunei Museums, Ministry of Culture, Youth and Sports, 2015.

[3] Peter Y. K. Lam, 1989–1992, Ceramic Finds of the Ming Period from Penny's Bay — An Addendum. *JHKAS*, Vol. 13: pp.79–90.

[4] John Carswell, *Blue & White: Chinese Porcelain around the World*, p.131, London: British Museum Press, 2000.

[5] 刘岩、秦大树等:《肯尼亚滨海省格迪古城遗址出土中国瓷器》,《文物》2012年第11期。

[6] 文德泉:《中葡贸易中的瓷器》,《东西方文化交流国际学术研讨会论文选》,澳门基金会,1994年;金国平:《南澳三考》,《西力东渐——中葡早期接触追昔》,澳门基金会,2000年。

[7] 栗建安:《闽海钩沉——福建水下考古发现与研究二十年》,《水下考古研究》(第一卷),科学出版社,2012年。

[8] 赵嘉斌:《2009~2010年西沙群岛水下考古调查主要收获》,《海洋遗产与考古》,科学出版社,2012年。

[9] 黄薇、黄清华:《广东台山上川岛花碗坪遗址出土瓷器及相关问题》,《文物》2007年第5期。

[10] Roxanna Maude Brown, *The Ming Gap And Shipwreck Ceramics In Southeast China: Towards a Chronology of Thai Trade Ware*, The Siam Society under Royal Patronage, 2009, pp.155–158.

[11] 廖大珂:《朱纨事件与东亚海上贸易体系的形成》,《文史哲》2009年第2期。

[12] 徐晓望、徐思远:《论明清闽粤海洋文化与台湾海洋经济的形成》,《福州大学学报(哲学社会科学版)》2013年第1期。

的中国船,均从漳州开航[1]。嘉靖初年废置闽浙市舶司后,漳州的海沧、月港、浯屿等处更成为对外贸易的主要基地。而在嘉靖倭乱之时,朱纨派兵围剿了双屿、浯屿和梅岭等走私据点,月港独存,并逐渐发展兴盛,自此"闽人通番皆自漳州月港出洋"[2]。月港的兴盛,也带动了周边港市的发展,漳州湾东北部安海港的发展也始于此。以安海港为代表的泉州海外贸易也随之在嘉靖年间兴起。安海港周围就出土了包含大量景德镇明代空白期至嘉靖时期的民窑青花瓷标本。

　　这一时期,除了对景德镇瓷器的运销外,在我国东南沿海港口周边也开始了对景德镇瓷器进行模仿的瓷器的生产。明代中晚期月港附近以平和、南靖为生产中心的制瓷业逐渐兴起,即漳州窑兴起了。有人指出漳州窑的始烧年代应为嘉靖时期,或与葡萄牙在嘉靖时期以漳州月港、浯屿为贸易据点进行对华走私贸易有关[3]。最新的窑址调查资料显示,在漳州漳浦、安溪、永春等地均发现华南地区时代较早的以青花排点纹及简笔花鸟纹装饰为代表的嘉靖时期外销青花瓷器的生产(图二)。类似风格的华南青花瓷器在菲律宾马尼拉北部圣·伊西德罗(San Isidro)沉船上

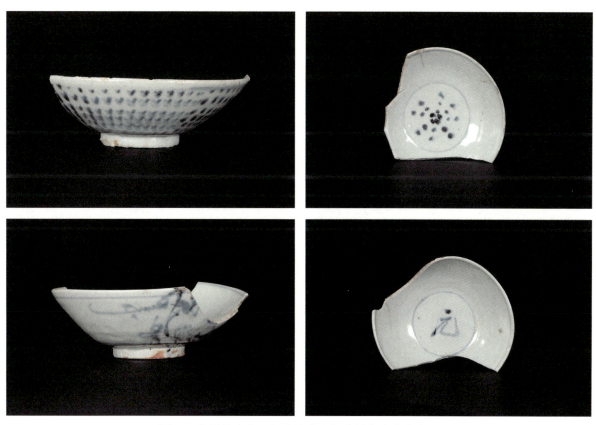

图二　安溪镇中十八间窑址出土闽南早期青花瓷产品

[1]　转引自陈博翼:《从月港到安海:泛海寇秩序与西荷冲突背景下的港口转移》,《全球史评论(第12辑)》,中国社科文献出版社,2017年。
[2]　佚名:《嘉靖东南平倭通录》,《明清史料汇编》八集第4册,文海出版社,1967年,第132页。
[3]　肖发标:《中葡早期贸易与漳州窑的兴起》,《福建文博》1999年(增刊)。

有发现[1]。这种绘画粗率且线条纤细风格的华南青花瓷器在菲律宾[2]、印尼[3]等地都有发现，还出土于安海港口周围。华南早期青花瓷器应该是仿景德镇明中期青花瓷器产品，类似装饰风格的景德镇产品在安海港等中国东南港口也有发现。这些考古资料或许可作为华南地区青花瓷的生产可早至嘉靖时期的实证，也与文献记载嘉靖时期漳州湾地区月港、安海等港口海洋贸易的发展相一致。

二、明代晚期漳州湾月港的兴起及 漳州窑产品的大量外销

嘉靖四十五年（1567年）海澄月港从龙溪县及漳浦县划地而出，并率先开放海禁，"准贩东、西二洋"，漳州月港作为合法的对外贸易港口逐渐兴盛。此时西班牙以古巴为基地，占领墨西哥和中、南美洲后又跨越太平洋到达菲律宾，并于1571年占领马尼拉，以此为基地开展起了跨越太平洋的帆船贸易。月港作为马尼拉帆船贸易的主要供货港，在此后的半个多世纪成为我国海外贸易的重要输出口岸。月港以及向西辐射到广东南澳地区的漳州海域西部地区海外贸易兴盛。

在西班牙占领菲律宾之前，已有闽南商人在菲律宾从事贸易。西班牙人到来之后，其货物主要依赖中国商人供应，他们曾积极鼓励中国商船到马尼拉进行贸易。1574年拉末沙礼士写信给西王说："由于我们的热情接待，中国人每年不断地增加他们的贸易，带来许多货物供应我们，如糖、大小麦粉、坚果、葡萄干、梨和橘子、丝、上等瓷器和铁，以及我们在此缺乏的其他小物品。"[4]跨太平洋的马尼拉帆船贸易逐渐形成并稳定下来，促进了月港周边漳州窑的兴起。此时的葡萄牙也以澳门为基地，开展起了大规模的全球贸易。澳门成为了远东最大的商品集散地。葡萄牙人的贸易网络北到日本，南括东南亚，向西跨越印度洋到达中东和欧洲。其中在东亚的贸易网络中，还将马尼拉帆船贸易融入进来。当时远东地区的商品中丝绸主要运往印度、中东和欧洲市场，瓷器则主要在占婆、暹罗、文莱和印度尼西亚等东南亚港口进行交易，更精细的则运到印度和波斯，还有一部分运到了东非，但最上好的则运往里斯本市场[5]，体现了分层贸易的策略和亚洲转口贸易的情况。

在早期全球贸易大背景下，东亚海域是一个重要区域，参与当时东亚海上贸易的海洋势力之间是互相竞争和牵制的。随后到来的荷兰人与原有的葡、西及华南民间海商之间展开了激烈竞

---

[1]　卡迪桑、奥里兰尼达：《菲律宾沉船发现的明代青花瓷》，《江西元明青花瓷》，香港中文大学出版社，2002年，第218页。

[2]　Kamer Aga-oglu, *Ming Porcelain From Sites In The Philippines*, Archives of the Chinese Art Society of America, Vol. 17, 1963, pp.7–19.

[3]　Sumarah Adhyatman, *Zhangzhou（Swatow）Ceramics: Sixteenth To Seventeenth Centuries Found In Indonesia*, The Ceramic Society of Indonesia, 1999, p.42.

[4]　转引自李金明：《明代海外贸易史》，中国社会科学出版社，1990年，第189页。

[5]　文德泉：《中葡贸易中的瓷器》，《东西方文化交流国际学术研讨会论文选》，澳门基金会，1994年，第211~212页。

争。1609 年荷兰东印度公司在日本平户开设商馆,之后对马尼拉进行封锁,还对澳门进行攻击,致力于在中国东南沿海打开中国贸易。正是基于月港为中心的漳州海域在当时海外贸易中的主导作用,荷兰人在东亚海域的争夺中曾试图对月港展开封锁:"备几艘便于作战的坚船快艇封锁漳州湾,虽然此湾南北仍有其他港湾可供中国人航出,但一旦发自漳州的这条重要航路被堵,另有港湾也无济于事。"[1]再次,扫荡作为"海澄门户"的中左所(厦门)、直接打击经营月港—马尼拉航线的中国巨商。在占领台湾岛的大员以后,荷兰人除了期待中国沿海的商人载运丝绸等商品到大员外,也经常雇佣中国商船到漳州河河口(厦门湾)一带,设法购买商品。

于是在福建商人特别是漳州地区为主体的闽南海商,以及西班牙、葡萄牙、荷兰等海上势力的竞争与经营下,在北到日本,南至东南亚并囊括泰国、越南、柬埔寨等在内的环中国海地区建立起了新的贸易秩序。在这一新的贸易秩序中,以月港为中心的漳州海域西部地区占据着重要的一环。新的贸易网络运销的瓷器,除了传统的景德镇窑产品外,还包括大量的漳州窑产品。漳州窑是在明代晚期随着月港的发展而兴盛,在闽南粤东以漳州平和、南靖等为中心的地区出现的模仿景德镇制瓷工艺发展起来的以生产外销为主的窑口。其产品以青花瓷器为主,兼烧五彩瓷器、素三彩以及青瓷等单色釉瓷器,主要器形包括大盘、碗、碟、盒子、壶、瓶等。其装饰题材丰富,包括笔触较粗、画面较疏朗的不开光的装饰风格以及仿景德镇克拉克瓷的开光装饰手法[2]。相对于景德镇产品来说,漳州窑产品要粗率得多。

我国广东海域发现的"南澳Ⅰ号"沉船出水瓷器以漳州窑青花瓷为大宗(图三),还有少量景德镇的精致瓷器产品。所以人们推测南澳沉船的始发地极有可能是漳州月港,航行时代为隆庆至万历早期[3]。菲律宾海域发现的明代沉船"皇家舰长暗沙 2 号"(Wreck 2 of the Royal Captain Shoal)[4]和南加利福尼亚海岸的西班牙帆船[5]出水的瓷器组合和时代风格与"南澳Ⅰ号"沉船相似,既包括一批精致的具有嘉靖、万历时期风格的景德镇民窑精细瓷器,也有漳州窑装饰风格的青花瓷器。略晚时期在菲律宾好运岛海域打捞的 1600 年沉没的西班牙战舰"圣迭戈号"(San Diego)中发现的瓷器则以大量开光装饰的景德镇青花瓷器和漳州窑产品为主[6],在旧金山以北的德雷克斯海湾(Drake's Bay)附近的印第安人贝冢中也有相似器物发现[7]。丰富的考古资料

[1] 转引自陈博翼:《从月港到安海:泛海寇秩序与西荷冲突背景下的港口转移》,《全球史评论(第 12 辑)》,中国社科文献出版社,2017 年。

[2] 福建省博物馆:《漳州窑——福建漳州地区明清窑址调查发掘报告之一》,福建省人民出版社,1997 年。

[3] 广东省文物考古研究所,国家水下文化遗产保护中心等:《广东汕头市"南澳Ⅰ号"明代沉船》,《考古》2011 年第 7 期;广东省文物考古研究所:《南澳Ⅰ号明代沉船 2007 年调查与试掘》,《文物》2011 年第 5 期;郭学雷:《"南澳Ⅰ号"沉船的年代、航路及性质》,《考古与文物》2016 年第 6 期。

[4] Franck Goddio, *Discovery and archaeological excavation of a 16th century trading vessel in the Philippines*, World Wide First, 1988.

[5] Edward P. Von Der Porten, Manila galleon porcelains on the American west coast, *Taoci*, No.2, 2001.

[6] Cynthia Ongpin Valdes, Allison Ⅰ. Diem, *Saga of the San Diego (AD 1600)*, National Museum, Inc. Philippines, 1993;森村健一:《菲律宾圣迭哥号沉船中的陶瓷》,《福建文博》1997 年第 2 期。

[7] Clarance Shangraw and Edward P. Von der Porten, *The Drake and Cermeno Expeditions' Chinese Porcelains at Drake's Bay, California 1579 and 1595*, Santo Rosa Junior college, Drake Navigator Guild, California,1981.

揭示了跨太平洋的西班牙马尼拉帆船贸易的繁盛。西沙海域发现的"北礁 3 号"沉船遗址中出水大批青花瓷器,既有景德镇窑产品,也有福建漳州窑产品[1]。越南中南部平顺省沿海海域打捞的"平顺号"沉船主要的船货则是漳州窑产品[2]。大西洋航线上荷兰东印度公司商船"白狮号"沉船(Witte Leeuw)(1613 年)等[3]发现的瓷器中以景德镇青花瓷器为主,也发现少量的漳州窑产品。

图三　广东南澳沉船出水漳州窑瓷器

月港的兴盛,促进了辗转运来的景德镇瓷器的外销,更直接促成了漳州窑的出现和繁盛。景德镇瓷器外销主要通过宁波、福州、广州等港口向外辗转扩散。漳州湾输出的景德镇瓷器应是从福州转口而来的。正如《安平志》所载:"瓷器自饶州来,福建乡人自福州贩而之安海,或福州转入月港,由月港而入安平。近来月港窑仿饶州而为之,稍相似而不及雅。"[4]漳州窑为代表的粗瓷主要是走马尼拉航线到菲律宾,以及泰国、越南航线到达东南亚地区,还有北上日本[5]。精细的景德镇瓷器主要流向中东及欧洲市场。特别是在欧洲,景德镇瓷器作为奢侈品在其上层社会广泛流行。虽然漳州窑瓷器也曾随着早期全球贸易网络进入欧美地区,但大量发现是在亚洲。在明代晚期景德镇制瓷业因原料危机及政治动荡而造成减产的时期,沿海的漳州窑成为替代景德镇瓷器的生产基地[6]。

三、明末新的海洋秩序的出现及景德镇瓷器的大量外销

明末海外贸易形式出现新的变化,形成新的海洋秩序。随着郑氏集团的兴起,特别是郑芝龙

[1]　中国国家博物馆水下考古研究中心等:《西沙水下考古 1998~1999》,科学出版社,2006 年,第 150~185 页。

[2]　中国广西壮族自治区博物馆、中国广西文物考古研究所、越南国家历史博物馆:《海上丝绸之路遗珍——越南出水陶瓷》,科学出版社,2009 年,第 169~181 页。

[3]　C L van der Pijl-Ketel, Rijksmuseum (Netherlands), *The Ceramic Load of the 'Witte Leeuw'* (*1613*), Amsterdam: Rijksmuseum, 1982.

[4]　转引自冯先铭:《中国陶瓷文献集释》,台北艺术家出版社,2000 年。

[5]　栗建安:《从考古发现看福建古代青花瓷的生产与流通》,《中国古陶瓷研究(第 13 辑)》,紫禁城出版社,2007 年。

[6]　甘淑美:《荷兰的漳州窑贸易》,《福建文博》2012 年第 1 期。

1628 年受抚以后,漳州海域的贸易逐渐被郑氏所控制。荷兰东印度公司在对东亚海域贸易权的争夺过程中逐渐取代西、葡势力,占据主导。此时的海上竞争主要是在荷兰和郑氏集团之间进行的,最终结果是达成暂时的贸易平衡。

郑芝龙归降明朝,并在打击漳州湾的海上贸易势力后,夺取了对漳州湾贸易的控制权。荷兰人在 1630 年代末总结道:"一官独霸海上贸易,对驶往大员的船只横加敲诈勒索……我们断定,那个国家的贸易完全由一官控制。"1630 年代初,荷兰人多次到金门和泉州进行贸易或发动袭击,并在 1632 年 12 月"开始实施对中国沿海的行动计划",企图"占领从南澳到漳州湾西角的地区"。还在与郑氏的谈判中提出:"我们还要有八到十个人同时能在海澄、漳州、安海、泉州以及其他邻近地区,毫无阻碍地自由通行买卖。"他们希望"派快船和帆船占领从南澳到安海的整个中国沿海"[1]。这些文献资料揭示了从南澳到安海之间的漳州海域在当时海外贸易中的重要性。马尼拉帆船贸易依旧兴盛,也被郑氏集团继续重视,"一官还运往马尼拉相当数量的货物"。只不过很多船只不再是从月港出发,而是从郑氏的基地安海出发。漳州海域东区厦门—安海区域的作用在逐渐凸显。荷兰巴达维亚的记录中也显示了 1640 至 1660 年代安海作为主要贸易港开展对外交易的实态[2]。

在海上势力角逐的过程中,台湾岛的地位日益提升。荷兰人占领台湾岛大员后,筑城贸易,并在与郑芝龙集团角逐过程中达成妥协:"一官向我们许诺,情况将会有所改进,海道将发放给 5 条中国帆船许可证,允许他们去大员与我们自由贸易。"[3]此后,更多的商人开始带着商品到台湾岛,控制漳州湾并以安海为基地的郑芝龙集团和之后以厦门为基地的郑成功集团都是卖中国货给荷兰人的最大提供者。根据 1632~1655 年间荷人《热兰遮城日志》中的华船出口港记录,华船大多来自福建沿海,港口包含安海、厦门、福州、金门、海澄、烈屿等地,其中所占比例比较高者分别为厦门与安海,二者合计接近总数之半[4]。荷兰人以台湾岛为基地开展起了大规模的环球贸易。

随着月港的逐渐衰落和万历末期景德镇制瓷业的恢复,漳州窑的生产逐渐衰落。日本学者根据遗址资料和沉船资料的综合研究认为,漳州窑瓷器大量出现和存在的时间是在 16 世纪末至 17 世纪初(1585~1615 年间,明万历十三年到四十三年),到 17 世纪初至 17 世纪中叶(即中国的明晚期至清初期)逐渐被景德镇窑系制品所取代[5]。万历晚期景德镇民窑不仅摆脱了原料危机,而且还逐步获得了任意开采和使用优质高岭土的权力,特别是随着御器场的停烧,大量优秀

[1] 转引自陈博翼:《从月港到安海:泛海寇秩序与西荷冲突背景下的港口转移》,《全球史评论(第 12 辑)》,中国社科文献出版社,2017 年。
[2] 转引自陈博翼:《从月港到安海:泛海寇秩序与西荷冲突背景下的港口转移》,《全球史评论(第 12 辑)》,中国社科文献出版社,2017 年。
[3] 转引自陈博翼:《从月港到安海:泛海寇秩序与西荷冲突背景下的港口转移》,《全球史评论(第 12 辑)》,中国社科文献出版社,2017 年。
[4] 卢泰康:《闽商与台湾发现的闽南陶瓷贸易》,《考古学视野中的闽商》,中华书局,2010 年。
[5] [日]森村健一:《漳州窑系制品(汕头瓷)的年代与意义》,《明末清初福建沿海贸易陶瓷的研究——漳州窑出土青花、赤绘瓷与日本出土中国外 swatow 论文集》,福建省博物馆、福建省考古博物馆学会、西田纪念基金,1994 年。

工匠流向民间,景德镇民窑制瓷业获得飞速发展[1],再次取代漳州窑产品成为外销瓷器的主体。哈彻沉船(Hatcher Junk)(1643 年左右)[2]上发现的漳州窑瓷器无论在产品质量还是装饰的复杂性上和漳州窑盛烧期的产品都无法相提并论,或许就代表了这种衰落。《安海志·物类》载安海港输出的瓷器主要"自饶州来","白瓷出德化",也有的来自漳州月港窑[3]。除了景德镇窑产品和漳州窑产品,德化白瓷也开始运销海外。

　　17 世纪 30 年代荷兰东印度公司在台湾岛的贸易稳定之后开始了对中国瓷器真正大规模的运销。荷兰东印度公司运销的瓷器以精美的景德镇瓷器为主,同时还将"粗制瓷器"运销东南亚各岛之间从事"岛间贸易",或是在亚洲境内各港埠间进行"港脚贸易"[4]。福州、厦门、安海都是这一时期向台湾岛运送精、粗陶瓷的主要港口。景德镇生产的开光装饰的克拉克瓷器仍是欧洲人非常喜爱的瓷器品种。福建平潭海域"九梁一号"沉船[5]及东南亚地区发现的"万历号"沉船[6](图四)、"哈彻沉船"中除了开光装饰的瓷器外,还发现另一类装饰中国传统题材如诗词文字、人物故事、山水画、小说戏曲的版画插图等内容的瓷器,即所谓"转变期瓷器"。同时,还出现一些专门适应欧洲人日常饮食习惯的器具。

图四　"万历号"沉船出水景德镇青花瓷器

　　17 世纪中期以后中国陶瓷的外销受中国沿海战乱的影响,输出数量大为减少。1657 年被认为是以欧洲为市场的精美的明代景德镇瓷器航运的终结年代。这一时期因为郑成功的驱荷战

[1] 彭涛:《对明末清初景德镇陶瓷发展史的再认识——试论"转变期"或"过渡期"提法的局限性》,《东南文化》2011 年第 4 期。

[2] Colin Sheaf & Richard Kilburn, *The Hatcher Porcelain Cargoes*, Oxford: Phaidon·Christie's, 1988.

[3] 陈自强:《明代的安海港》,《安海港史研究》,福建教育出版社,1989 年。

[4] 卢泰康:《从台湾与海外出土的贸易瓷看明末清初中国陶瓷的外销》,《逐波泛海——十六至十七世纪中国陶瓷外销与物质文明扩散国际学术研讨会论文集》,香港城市大学中国文化中心,2012 年,第 246 页。

[5] 福建沿海水下考古调查队:《福建平潭九梁一号沉船遗址水下考古调查简报》,《福建文博》2010 年第 1 期。

[6] 刘越:《曾经沉睡海底的瓷珍——"万历号"和它的"克拉克瓷"》,《紫禁城》2007 年第 4 期。

争、明清政权更迭及清初海禁和迁界政策的实施,荷兰东印度公司的贸易转向了日本,意味着其在亚洲的第一个贸易时期的结束。

四、清初郑氏集团控制下瓷器的外销

明清交替之际,以安海人郑芝龙为首的郑氏海商集团的出现,标志着安海港贩海贸私活动发展到极盛时期,月港逐渐衰落。特别是到郑成功时代以后,以厦门—安海所在的漳州海域东区逐渐发展起来,取代以月港—南澳为中心的漳州海域西区成为我国东南地区海外贸易的重要基地。

1646 年到 1658 年,郑成功继承郑芝龙势力,控制了中国东南沿海,并在厦门建立基地,每年固定派出帆船到台湾岛、长崎与东南亚等地的港口进行贸易。1662 年,随着郑成功将荷兰东印度公司驱逐出台湾岛,荷兰东印度公司所控制的以台湾岛为中心的转口贸易被郑氏集团所代替。中国东南沿海的帆船贸易基本上都为郑成功海商集团控制。郑成功之子郑经继续反清复明的运动,改东都为东宁(今台南市),开展海外贸易,"上通日本,下贩暹罗、交趾、东京各处以富国"[1]。郑经后又在福建各地设立贸易据点,同时与广东潮汕的海商集团建立贸易关系,并欢迎荷兰以外的世界各国到台湾岛进行贸易。对日贸易是郑氏集团海外贸易的重要组成部分,厦门港和台湾岛都是明郑统治时期的重要转口贸易港。

在福建东山海域发现的"冬古"沉船被认为是一艘明郑晚期的战船[2]。这艘沉船出水的瓷器中包括少量几件景德镇康熙青花产品,还有几件日本瓷器,更多的则是华南地区窑口产品。其中青花秋叶纹盘和青花文字纹碗最具代表性。和沉船中风格一致的青花秋叶纹盘,在漳州地区的诏安朱厝窑址、秀篆窑址,云霄县火田窑址,漳浦县坪水窑址,平和县洞口窑址、碗窑山窑址,以及华安县高安下虾形窑址都有发现[3],在靠近漳州华安的安溪县龙涓乡福昌、珠塔、庄灶等地也大量生产(图五)。除此外还发现团菊纹青花碗、赤壁赋乘船人物纹碗、简笔山水纹碗及小杯等。除了青花产品外,还见有白釉、酱釉、米黄釉开片瓷器等。类似白瓷和米黄釉瓷器在漳州华安县及南靖县的窑址中都有生产。还有一类白釉杯、碗为典型的德化白瓷产品。

"冬古"沉船出水瓷器组合代表了 17 世纪晚期华南地区瓷器的生产和使用情况。和其相似的器物组合广泛分布在中国东南沿海、日本、东南亚、泰国、越南等地的窑址、墓葬、聚落遗址或沉船中,甚至远至西属美洲殖民地,基本上囊括了这一时期贸易网络的覆盖范围。秋叶纹盘和青花文字纹碗在台湾岛发现的数量非常多,特别是在台南和高雄,还见于日本沿海沉船,以及越南、泰国等地的遗址中。类似的秋叶纹盘、文字纹青花碗、德化白瓷及闽南窑口生产的青白釉产品一直到较晚的越南"头顿号"沉船中还有发现。但"头顿号"沉船出水瓷器中已经主要为康熙时期景德

[1] (清)江日昇:《台湾外纪》,世界书局,1959 年,第 64 页。
[2] 陈立群:《东山岛冬古沉船遗址初探》,《福建文博》2001 年第 1 期。
[3] 福建省博物馆:《漳州窑》,福建人民出版社,1997 年;叶文程:《华安窑》,福建美术出版社,2005 年。

图五　安溪地区明末清初青花瓷器产品

镇瓷器产品,人们推测其绝对年代为康熙二十九年(1690 年)之后[1],沉船上华南瓷器的存在或许代表着早一阶段器物组合的一个延续。

日本陶瓷也广泛分布在这一时期的贸易网络中。日本肥前窑生产的云龙纹青花碗(图七：4),除了在"冬古"沉船中发现外,还见于中国台南、越南中部的会安遗址、泰国大城府遗址等地。在中国外销瓷器逐步退出西方市场的同时,日本九州地区的肥前窑业兴起,取代了部分中国贸易瓷在海外的原有市场。台湾岛作为当时重要的贸易转口中心,肥前窑瓷器的发现比较普遍[2]。日本当时处于闭关锁国时代,对外贸易仅限于与荷兰和中国在长崎进行。除了经由荷兰东印度公司贩运外,华商集团在肥前瓷器的生产和外销上,也扮演了积极而重要的角色。根据荷兰、日本、英国、西班牙的史料记载,中国的戎克船自 1661 年之后从日本大量运载瓷器至巴达维亚、万丹、广南、暹罗、菲律宾等地[3]。

马尼拉贸易继续为郑氏集团重视。根据菲律宾的西班牙海关记录,从 1664 至 1684 年,不断

[1]　中国广西壮族自治区博物馆、中国广西文物考古研究所、越南国家历史博物馆：《海上丝绸之路遗珍——越南出水陶瓷》,科学出版社,2009 年,第ⅩⅧ页。

[2]　卢泰康：《17 世纪台湾的外来陶瓷——透过陶瓷探讨台湾历史》,花木兰文化出版社,2013 年,第 236~239 页。

[3]　卢泰康：《17 世纪台湾的外来陶瓷——透过陶瓷探讨台湾历史》,花木兰文化出版社,2013 年,表 5-1、表 5-2、表 5-3,第 244~246 页。

有台湾岛船只转口包括日本肥田窑在内的各式瓷器抵达菲律宾的马尼拉港,并随着马尼拉帆船销售到了西班牙在美洲的殖民地。考古学者在马尼拉的西班牙王城考古遗址、菲律宾宿务考古遗址、美洲的墨西哥城考古遗址、安提瓜等地的考古遗址中既发现了日本有田窑址生产的瓷器,也发现了中国东南沿海生产的秋叶纹盘、文字纹碗以及德化白瓷等产品[1]。这些器物和"冬古"沉船出水瓷器组合一致,体现了共同的时代风貌。

德化白瓷也继续通过厦门港向海外输出。葡萄牙、西班牙和荷兰东印度公司都曾参与德化白瓷的运销。然而运载德化白瓷最活跃的是英国,其在郑氏统治的晚期既已开始了这一贸易。17世纪末至18世纪初期,英、法商船每年都到厦门及广州购买茶、生丝、丝绸及瓷器。厦门港成为英国的主要通商港口。英国东印度公司的档案记载及船货清单显示,从厦门港驶回欧洲的英国商船上往往运载大量德化白瓷[2]。

厦门港无疑是这一时期的重要港口。荷、英、西等文献档案中也多有从厦门港运载粗瓷至万丹等东南亚地区的记载,这里的粗瓷可能是从长崎转运而来的日本肥前粗瓷产品,也可能是福建、广东等东南沿海地区所产的粗瓷产品。

五、清代以后厦门港的发展及南海贸易中瓷器的外销

清康熙二十三年随着郑氏集团退出政治舞台,清廷宣布废除海禁,在厦门、广州等四大港口开设海关。雍正五年(1727年),厦门被辟为福建省通洋正口和全国对台航运的总口,也被清政府定为往南洋官方贸易的发舶中心[3]。每年出国贸易者以福建省最多,其次是广州。即使到了嘉庆、道光时期,厦门港有所衰退,但每年从厦门开赴暹罗的大船至少有40只,还有很多大型船只前往婆罗洲等东南亚地区[4]。与此同时,还有很多外国船只来到厦门。如朝廷特许西班牙船来厦门贸易,因为其能带来大量的白银。"按吕宋夷船每次载番银十四五万来厦贸易,所购布匹之外,如瓷器、石条、方砖亦不甚贵重,非特有利于厦门,闽省通得其益"[5]。

入清以后,随着厦门港的兴起,闽南制瓷业格局发生变化,由漳州地区向东发展,并最终形成以德化为中心,包括永春、安溪、漳州的华安、南靖以及粤东饶平、惠来、大埔、潮州等地众多窑口在内的庞大的清代外销瓷产区,并在清代中、晚期走向兴盛(图六)。特别是从康熙晚期至道光年间应是整个福建青花瓷器生产的全盛时期[6]。清代厦门港成为闽南陶瓷外销的中转站和集散

[1] Takenori Nagomi, On Hizen Porcelain And The Manila-acapulco Galleon Trade, *Indo-pacifica Prehistory Association Bulletin* 26, 2006.
[2] [英]甘淑美:《17世纪末~18世纪初欧洲及新世界的德化白瓷贸易(第一部分)》,《福建文博》2012年第4期。
[3] 庄国土:《论17~19世纪闽南海商主导海外华商网络的原因》,《东南学术》2001年第3期。
[4] 转引自姚贤镐:《中国近代对外贸易史资料》(第一册),中华书局,1962年。
[5] (清)周凯:《厦门志》,《台湾文献史料丛刊(第二辑)》,台湾大通书局,1984年,第184页。
[6] 陈建中:《德化民窑青花》,文物出版社,1999年。

图六　清代德化、安溪地区青花瓷器产品

（1~4. 德化,5~8. 安溪）

地。从厦门港出洋的货物有"漳之丝绸纱绢、永春窑之瓷器及各处所出雨伞、木屐、布匹、纸扎等物"[1]。文献中也多有外国商船来厦购买瓷器的记载："乾隆四十六年六月,吕宋夷商万梨落及郎吗叮先后来厦,番梢六十余名,货物燕窝、苏木;各带番银一十四万余元,在厦购买布匹、瓷器、桂皮、石条各物。""(乾隆)四十八年九月,夷商郎万雷来厦,番梢五十余名,货物苏木、槟榔、呀兰米、海参、鹿脯;在厦购买布匹、瓷器、雨伞、桂皮、纸墨、石条、石磨、药材、白羯仔。"[2]

在清代,随着海外贸易的全面开放,浙江、江苏的商人逐渐取代福建商人控制了对日贸易。闽粤商人则将东南亚口岸作为其贸易的主要目标,故南海贸易繁盛。西沙群岛地处我国古代南海航线的必经之地。"由厦门过琼之大洲头、七洋洲(大洲头而外,浩浩荡荡,罔有山形标识,偏东则犯万里长沙、千里石塘。而七洲洋在琼岛万州之东南,凡往南洋必经之所)至广南,水程七十二更;由七洲洋之西绕北而至交趾,水程七十二更(《海国闻见录》)"[3]。自20世纪70年代以来,经过多次的水下考古调查和打捞发掘工作,在西沙群岛海域陆续发现一批沉船遗址和水下遗物点。这些水下遗址出土了大量陶瓷器标本,时代跨度从南朝至明清,其中清代中晚期的青花瓷器遍布西沙群岛的北礁、南沙洲、南岛,和五岛、珊瑚岛、金银岛、全富岛、石屿、银屿等各个岛礁及其附近的水下遗物点[4]。考古发现的这些清代青花产品风格较为一致,绝大多数胎釉质量并不好,釉色多偏灰、偏青,青花呈色不稳定,纹样多见云龙、飞凤、"寿"字纹带饰、灵芝形牵牛花纹、折枝花卉纹、亭台楼阁、行船、山水、诗句等。对比窑址资料可知,其中除了少数属于江西景德镇的民窑产品外,更多为我国清代华南地区德化窑、东溪窑、安溪窑以及粤东地区窑口产品。这些产品在印度尼西亚、印度、斯里兰卡、越南、柬埔寨、泰国、菲律宾、新加坡等东南亚、南亚地区的沉船和遗址中有普遍发现[5]。

[1]　(清)周凯:《厦门志》,《台湾文献史料丛刊(第二辑)》,台湾大通书局,1984年,第177页。
[2]　(清)周凯:《厦门志》,《台湾文献史料丛刊(第二辑)》,台湾大通书局,1984年,第182页。
[3]　(清)周凯:《厦门志》,《台湾文献史料丛刊(第二辑)》,台湾大通书局,1984年,第249页。
[4]　刘淼:《从西沙沉船瓷器看清代的南海贸易》,《中国古陶瓷研究辑丛:外销瓷与颜色釉瓷研究》,故宫出版社,2012年。
[5]　叶文程、罗立华:《德化窑青花瓷器几个问题的探讨》,《德化陶瓷研究论文集》,德化陶瓷研究论文集编委会,2002年。

The Cultural Change of Kilns and Contents of Export Ceramics on the Perspective of Development of Zhangzhou Seaports During Ming and Qing Dynasties

By
Liu Miao

Abstract: Since the middle period of the Ming dynasty, the retreating of the sea ban policy of imperial court encouraged the developing of the maritime trade controlled by the private merchants in the southeast coast of China, especially in the maritime areas of Zhangzhou including two sub-regions as the west part from Nan'ao to Yuegang port, and the east part from Xiamen to Anhai port. The prosperity and cultural change of these seaports in Zhangzhou Bay had influenced and promoted the production of Chinese export porcelain in the regions next to the seaports for oversea trade. The arrival of European merchants as a segment of maritime globalization and their active trade with the local people further promoted the prosperous developing of export porcelain industry of this region during the late of Ming and Qing dynasties.

Keywords: The Maritime Areas of Zhangzhou, Port, Chinese Export Porcelain, Kiln, Maritime Trade

王审知整修的甘棠港在今长乐东北考

周运中*

摘　要：本文认为王审知整修的甘棠港在今长乐东北部,现在还有黄岐地名保留下来。宋代文献说王闽时这里是航行危险区域,所以把福建市舶司从福州移到泉州。王闽和占城、三佛齐有密切交往,这也可以证明甘棠港在闽江口南岸。王审知整修甘棠港时可能遇到了地震,看到的红色背鳍巨鱼可能是皇带鱼。因为闽江口的泥沙淤积和泉州兴起,导致甘棠港在宋代衰落。

关键词：甘棠港　黄岐　王审知　长乐　闽江

海上丝绸之路研究的最重要内容之一是地名和航线考证。一般来说,海港地名比海岛地名容易确定。但是在一些特殊情况下,也有难以确定的海港地名,唐宋之际福州著名的甘棠港所在就有很多争论。

甘棠港因为五代十国时期闽国的建立者王审知的整修而著名,欧阳修《新五代史》卷六十八《闽世家》说王审知:

> 招来海中蛮夷商贾。海上黄崎,波涛为阻,一夕风雨雷电震击,开以为港。闽人以为审知德政所致,号为甘棠港。[1]

此处说王审知开甘棠港,但南宋王象之的地理名著《舆地纪胜》卷一二八福州景物之下,甘棠港条说:

> 在闽县,旧名黄崎港。先有巨石,为舟楫之患。唐天祐中,闽王命工凿之,忽然震碎,敕改甘棠港。[2]

此处说黄岐港巨石原为海船之患,则甘棠港似乎原来就有港,不过是经过王审知整治,更加

---

*　周运中,南京大学海洋文化中心特约研究员。

[1]　(宋)欧阳修:《新五代史》,中华书局,1974 年,第 846 页。
[2]　(宋)王象之:《舆地纪胜》,粤雅堂丛书。

畅通而已。《舆地纪胜》虽然说甘棠港在闽县(治今福州),但是现在关于甘棠港地址的争论却很多,主要集中在今福州连江黄岐镇、福州琅岐镇、长乐文岭镇、宁德福安下白石镇四地,下文首先分析前人的争论。

一、前人关于甘棠港位置的争论

韩振华先生在1951年所作的文章中认为,甘棠港在今连江的黄岐镇。他认为今日连江黄岐港口还有巨石,符合古人记载的港口形势[1]。可惜此文是他的遗文,可能没有完成,所以史料辨析不多,论证薄弱。

王铁藩在1984年提出,甘棠港在今福安的白马港[2],他的主要证据是南宋梁克家的淳熙《三山志》卷六《海道》载:

> 十一潮至水澳,西,官井洋港……至廉首村,一出政和县界,经麻岭至缪洋三十里,至廉村,会龙泉溪,南流为江,过甘棠港,旧有巨石,屹立波间,舟多溺覆。唐天祐元年,琅琊王审知具太牢礼祷于神,将刊之。是夕雷雨暴作,石皆碎解。迟明,安流如砥。昭宗诏褒之,赐号甘棠,神曰灵显侯。三年,赐德政碑。《五代史》谓闽人私号,误。黄崎岭。潮东至白沙,西至廉首,各距四十里。[3]

1984年林光衡反驳王铁藩之说,他认为《三山志》把刘山甫《金溪闲谈》的乾宁五年(898年)改为天祐元年(904年),时间不合。梁克家《三山志》在淳熙九年(1182年)成书,晚于王审知近三百年,可信度自然降低。他又分析福安县的地理形势,认为福安的内陆交通闭塞,经济发展迟缓,自然不能与邻近福州的连江相比。他指出唐代武德六年(623年)设长溪县,王闽龙启元年(933年)设罗源、宁德二县,南宋淳祐五年(1245年)才设置福安县。显然福安县的设置比邻近的霞浦、罗源、宁德三县晚,而且晚到南宋末年。如果福安县早在唐代就有重要海港,自然不可能晚到南宋末年才设县[4]。

王铁藩之文为了证明甘棠港不在连江,列举了四个证据,一是《连江县志》不提;二是连江的黄岐半岛突出在海中,没有屏障,不是良港;三是《三山志》说到今福安的黄岐镇是商业要地,元丰三年(1080年)就置镇,但是今连江的黄岐则不出名;四是连江的黄岐找不到文物遗迹。

廖大珂先生在1988年提出甘棠港在今福安。他也说到连江的黄岐半岛不是良港,原来人口稀少,三沙湾有良好的港口条件。他提出两点新证据:一是三沙湾在王闽北上中原的要道上;二

---

[1] 韩振华:《五代福建对外贸易港口甘棠港考》,《航海交通贸易研究》,香港大学亚洲研究中心,2002年,第398~405页。

[2] 王铁藩:《唐末开辟的甘棠港址考》,《福建论坛(文史哲版)》1984年第5期。

[3] (宋)罗愿:《三山志》,方志出版社,2004年,第48页。

[4] 林光衡:《甘棠港辨析——与王铁藩同志商榷》,《福建论坛(文史哲版)》1985年第3期。

是唐宋之际,中原战乱,很多北方人来到福建,正是福建经济迅速发展的时期,所以此时开辟在今福安的甘棠港适应了闽东社会经济发展的需求。他还认为王象之《舆地纪胜》对历史沿革不太在意,王象之是金华人,未到福建考察,所以《舆地纪胜》可信度不高[1]。

林汀水先生反驳林光衡之说。他认为孙吴已经在今闽东北设置罗江县和温麻船屯,西晋又升船屯为温麻县,说明闽东北开发不迟,所以不能说福安的经济发展迟缓[2]。

最近有人提出长乐东北部沿海,古代就有黄岐地名,如弘治《长乐县志》卷二载:

> 卓岭港,在县治东北三十五里,旧有港从黄崎东入于海,为沙所壅,淹田数十顷。宋元祐间,开港植草、培沙为堤,南由黄埕,经牛山下小郊入于漳港塘。卓岭亦有港,泄水而西,厥后俱废。元大德元年,县达鲁花赤,浚卓岭港,经后屯、甘敦入陈塘港,然地势稍高,仅泄水三分之一,余田今犹淹没。

最近在文岭镇石壁村猫山东面崖壁上,发现清代摩崖石刻,载:"乾隆二十六年七月二十二日结,本县主贺,定界勘语。审勘得董安生与池开忠,互控网位一案,缘廿四都有黄岐、门口二澳,以青屿、铺洲分界,以北黄岐澳,有董、高二姓网位,界浦门口曾系青屿及池姓网位。"说明其北是黄岐澳,即甘棠港所在。今石壁村,元代是黄岐境,其北有岐山坊,原来名叫黄岐寨。崇祯《长乐县志》卷二云:"黄崎寨在二十四都。"《梅花志》云:"碁山,在梅城之南,山上有寨,设烽火台一。"[3]

二、甘棠港不在福安

王铁藩之文,开头就说不仅连江、福安有黄岐,福鼎、宁德也有黄岐,不仅福安有甘棠,霞浦也有甘棠。其实何止这些地方,现在广东佛山等地也有黄岐镇。但凡有黄色崎头,都可以叫黄岐。甘棠也是地名通名,世界上有很多地名都是通名。地名通名在日常生活中会给人带来很多麻烦,也会给学者的地名考证中增加难度,历史上有很多人因为通名而误考地名。

既然有人质疑王象之《舆地纪胜》说甘棠港在福州闽县未必可信,我们也可以怀疑梁克家可能把在今福安县的黄岐误以为是甘棠港所在的黄岐。他们都是南宋人,距离晚唐已经有几百年,所以都有可能出错。如果梁克家把黄岐镇的位置混淆了,他所说的甘棠港位置自然也就不可信了。

如果南宋人就混淆不清,明清人的说法自然就更没有说服力。所以现代人研究甘棠港时,如果大量引用明清甚至晚近的说法,自然就没有说服力。如果明清人的看法可以作为今日的证据,今人的看法难道也可以成为未来学者研究甘棠港位置的证据吗? 我们研究历史,选择史料,必须

---

[1] 廖大珂:《闽国"甘棠港"考》,《福建学刊》1988年第5期。廖大珂:《甘棠港的位置及其兴衰初探》,《南洋问题研究》1993年第3期。廖大珂:《再谈"甘棠港"的历史问题》,《中国社会经济史研究》1998年第3期。
[2] 林汀水:《也谈甘棠港与黄岐镇的位置》,《中国社会经济史研究》1995年第3期。
[3] 转引自高宇彤、林廉:《从长乐黄岐澳考闽国甘棠港》,《开闽文化研究》2014年第2期。

要严格区分史料的等级。一般来说，越晚的说法越不可信。越晚则歧见越多，必须首重早期史料。

我们研究历史时，还要注意历史发展的不平衡性，有人说孙吴和西晋时的闽东北发展迅速，所以福安的发展不晚。可是我们看到南宋末年才设置福安县，唐代闽东北的发展，相比六朝初期来说又放缓了。唐初仅在今霞浦境内设置长溪县，王闽时才设宁德、罗源二县。而且新设的这两个县，不在今福安，如果福安在唐代发展迅速，为何不在福安设新县而在宁德、罗源？

我们考证地名，必须仔细剖析一个小地区内部的差别。前人论证甘棠港在今三沙湾内时，总是笼统地谈论三沙湾的条件优越，没有区分三沙湾周围的环境差异。三沙湾是一个很大的海湾，我们很容易从地图上看到，霞浦、宁德、罗源、福安虽然都靠近三沙湾，其实还有差别。霞浦县在最外面，自然最早发展起来。宁德、罗源虽然在海湾内，但是比福安更靠近海湾出口，所以设县比霞浦晚，但是比福安早。霞浦、宁德、罗源、福安设县的顺序由这四个县城到大海的距离决定，所以不能因为三沙湾是良港就说甘棠港在福安。福安县的下白石镇，在三沙湾的西北角，又没有极为重要的特殊物产，所以海商自然不可能把此处作为重要海港。

孙吴时期的闽东北确实有很大发展，《宋书》卷三十六《州郡志二》江州晋安郡条：“罗江男相，吴立，属临海。晋武帝立晋安郡，度属。”[1]则罗江县在临海、晋安二郡之交，在今浙江苍南到福建福鼎一带，再南则是温麻县。张崇根先生提出罗江县故城很可能是今福安市的罗江村，在交溪和廉溪的交汇处，下游就是白马江。[2]《宋书》卷三十五永嘉郡条：“横阳令，晋武帝太康四年，以横屿船屯为始阳，仍复更名。”[3]卷三十六晋安郡条：“原丰令，晋武帝太康三年，省建安典船校尉立……温麻令，晋武帝太康四年，以温麻船屯立。”[4]横阳县在今浙江平阳市，原丰县在今福建闽江口，温麻县在今霞浦县，横阳、温麻、原丰这三地都是孙吴的造船基地，西晋初年立县。《吴书》记载发配犯人到建安造船，《元和郡县图志》福州条说：“吴于此立曲舟都尉，主谪徙之人作船于此。”[5]曲舟是典船之形讹，曲舟都尉即《宋书》所说的建安典船校尉。船屯比县级稍低，西晋升为县，而典船校尉的级别比船屯高，孙吴在今江苏常州一带所设的毗陵典农校尉，就比郡级稍低，西晋升为毗陵郡。所以孙吴时期虽然在闽东北设船屯，但是造船业的总部仍然在今福州。福州自古以来就是福建省的政治中心，正如广州自古以来就是广东省的政治中心，这是由福州、广州的地理形势决定的。可能在今福安的罗江县在南齐时已经不见于史书，或许已经被裁撤。至少隋唐时期的福安可以确定没有设县，说明福安又衰落了。

廖大珂先生提出的两个新证据恰好也不能成立，因为三沙湾虽然在福州去中原的路上，但是《新五代史》卷六十八《闽世家》载：“招来海中蛮夷商贾。”甘棠港的海商主要来自海外蛮夷，而不是中原汉人。第二，唐宋之际的闽东北虽然发展迅速，但是设置的新县是宁德、罗源，不在福安。

[1]　沈约：《宋书》，中华书局，1974 年，第 1093 页。
[2]　张崇根：《三国孙吴经营台湾考》，《台湾民族历史与文化》，中央民族学院出版社，1987 年。
[3]　沈约：《宋书》，中华书局，1974 年，第 1037 页。
[4]　沈约：《宋书》，中华书局，1974 年，第 1093 页。
[5]　李吉甫：《元和郡县图志》，中华书局，1983 年，第 715 页。

所以前人把甘棠港定在福安的最主要证据就是南宋《三山志》的记载,而这个记载经不起推敲,很可能是梁克家误以为在今福安的同名黄岐就是甘棠港故地所在的黄岐,所以在叙述福安的黄岐时抄录了甘棠港的史料而已。

三、甘棠港在闽江口

现在连江县南部海域,多有礁石,也有沉船发现。但是连江黄岐半岛相比长乐,毕竟远离福州城,而且多山,人口较少,经济较差,所以甘棠港更有可能在长乐。今长乐东北部因为海岸线变迁,致使很多原来突出在海中的礁石和海岬现在地处内陆。

王象之《舆地纪胜》多有历史地理考证,不能说此书不重考证。谭其骧先生早已比较《舆地纪胜》与南宋另一部晚出十余年的地理名著《方舆胜览》,他说《方舆胜览》比《舆地纪胜》少了沿革、碑记二门,《方舆胜览》仅有七十卷,而《舆地纪胜》有二百卷,清代著名学者钱大昕在《十驾斋养新录》中说:"此书体裁,胜于祝氏《方舆胜览》。"其实两书都有不少很好的地理资料。[1] 王象之本人是浙江人,但不能因此说他的书中关于福建的记载不可信。王象之的书参考了各地的地方志,不是王象之自己编造的。

所以王象之说甘棠港在闽县,不会没有根据。长乐紧邻闽县,历史上从闽县分出,距离不远,所以王象之说的甘棠港可能指的是长乐的黄岐。可能是王象之看到的资料说甘棠港在闽县之东,其实已经出了闽县之界,在今长乐,而王象之编书时省略为在闽县。中国古代地方志时常记载到毗邻地域,而地理总志的编者时常误记在本县条下。

后唐同光四年(926年),翁承赞所撰的《唐故威武军节度使中书令闽王墓志》说:

> 古有岛外岩崖,蹴成惊浪,往来舟楫,动致败亡。王遥祝阴灵,立有玄感,一夕风雷暴作,霆电呈功,碎巨石于洪波,化安流于碧海,敕号甘棠港。至今来往蕃商,略无疑恐。[2]

高宇彤之文引《长乐凤池张氏族谱》又载:

> 先是郡之黄岐港,有巨石,最为舟楫害,蕃舶不通。(王审知)公命(张睦)凿之。一夕,忽大风雨,雷电击开为港。人皆以为闽王(王审知)与(张睦)公德政所致,号曰甘棠港。自是,蕃舶之往来,岁无覆溺之患,乐于贸易。闽之财用,日以富饶,公私充实,皆足国裕民之力也……公佐闽王,以忠翊戴王室,禀唐正朔,岁遣朝贡,舳舻相望,不绝海道二十有九……开宝中吴越王钱氏请于朝,谥闽王为忠懿王,立庙,以建州刺史都押衙孟威与睦公配享庙庭。[3]

---

[1] 谭其骧:《论〈方舆胜览〉的流传与评价问题》,《长水集续编》,人民出版社,2009年,第338~362页。

[2] 陈尚君:《全唐文补遗》,中华书局,2005年,第1449页。

[3] 转引自高宇彤、林廉:《从长乐黄岐澳考闽国甘棠港》,《开闽文化研究》2014年第2期。

　　以上两则史料都说甘棠港的海船是蕃舶，可能主要指南洋海船，而不是东方海船，因为中国人传统称呼东方外族为夷。虽然唐代人已经混淆使用蕃夷，但是正史的四夷传中仍然明确区分蛮夷戎狄，说明在官府正式的文字中或许仍然有一定区别。

　　晚唐到王闽王时期，一直有三佛齐人来闽贸易。《唐会要》卷一百《归降官位》载："（昭宗李晔）天祐元年六月，授福建道（三）佛齐国入朝进奉使、都番长蒲诃粟宁远将军。"[1]三佛齐国都在今苏门答腊岛的东南部，蒲诃粟显然是阿拉伯人，蒲是阿拉伯人姓名开头常见的 abu 音译，指父亲。

　　天祐三年于兢为王审知写的《恩赐琅琊郡王德政碑》载：

　　　　佛齐诸国，虽同临照，靡袭冠裳，舟车罕通，琛赆罔献。□者亦逾沧海，来集鸿胪。此乃公示以中孚，致其内附，虽云异俗，亦慕华风。宛土龙媒，宁独称于往史。条支雀卵，谅可继于前闻。[2]

　　佛齐是三佛齐的简称，这里为了符合四字一句而简称为佛齐。宛土龙媒，指中亚大宛的汗血马为龙马之子。条支雀卵，指西亚条支国的大雀（鸵鸟）。这两条典故都来自汉代的西域，因为三佛齐也在中国西南。

　　淳熙《三山志》卷三十三《寺观一》"闽县龙德外汤院"条说：

　　　　伪闽天德二年（944 年），占城遣其国相金氏婆啰来，道里不时，遍体疮疥，访而沐之，数日即瘳，乃捐五千缗，创亭其上，仍售田，鸠僧以司之。陈庄记庆历二年（1042 年）修，有蕃书二碑在，方塔五级。[3]

　　占城在今越南的中南部，占城国相曾经到福建，还留下了用外国文字写的碑。说明来闽的外商可能确实以南海商人为主，也即所谓蕃蛮。

　　《恩赐琅琊郡王德政碑》又载：

　　　　闽越之境，江海通津，帆樯荡漾以随波，篙楫崩腾而激水，途经巨浸，山号黄崎，怪石惊涛，覆舟害物。公乃具馨香黍稷，荐祀神祇，有感必通。其应如响。祭罢一夕，震雷暴雨，若有冥助。达旦则移其艰险，别注平流。虽画鹢争驰，而长鲸弭浪，远近闻而异之，优诏奖饰。乃以公之德化所及，赐名其水为甘棠港，神曰显灵侯。与夫召神人以鞭石，驱力士以凿山，不同年而语矣。于戏！[4]

────────────

[1]　（宋）王溥：《唐会要》，中华书局，1960 年，第 1799 页。

[2]　http://fz.fjsq.gov.cn/2020－03－30/content_838.html.

[3]　（宋）罗愿：《三山志（明万历癸丑刊本）》，第 378 页。

[4]　http://fz.fjsq.gov.cn/2020－03－30/content_838.html.

此处说到江海，说明甘棠港在闽江口，即今长乐的东北。至于琅岐岛西北也有可能，但是如果是南海来的商船，可能还是走琅岐岛之南更近，不必绕道琅岐岛西北。

淳熙《三山志》卷六《海道》载：

> 七潮泊慈澳，敕号慈孝洋……八潮转南交，山崎海中。港内沙浅，大潮二丈六尺，小潮丈有九尺，最为险厄。舟人多于慈澳候便，及晨潮，方挟橹而济。便风，则自外洋纵绊。伪闽时，蛮舶至福州城下。国朝以南交之险，遂置司温陵，时有飘风入港者。岭口盐埕，于历屿头、永丰、石马、砂坑、郑胡、同山，岁纳二百四十二万斤，旧三百万斤。陆运二十里，避南交之险，输长乐仓。[1]

此处说王闽时蛮舶到达的是福州，而宋代把港口改在泉州，主要是为了躲避南交头的危险。而南交头就在长乐东北角的梅花镇，其北的闽江口北岸是连江的北交头。这一记载也能证明黄岐就在南交头。

今长乐东北的梅花镇，原来是突出在海中的一个海岬。其东北有岐山坊，原名黄岐寨。岐山坊的南面还有青岐、赤岐等地名，这些地名与黄岐相对，集中在一起，说明黄岐港也即甘棠港就在这里。

黄岐东北有一座很小的山，称为鸟嘴，原来应是海中的小屿。再往南，是石壁山，再往南是猫山，原来也是海中小岛。所以这一带原来岛礁很多，船只容易出事。《福建历史地图集》上的长乐东北海岸变迁图清楚标示出黄岐等地名，可以看出黄岐原来在海岬之东的海峡，是海船来往的要冲。这个海峡中有一些礁石，所以海船容易出事。王审知整修甘棠港，就是清除这些礁石，使海船容易航行。

四、甘棠港的巨震与皇带鱼

孙光宪《北梦琐言》卷二说：

> 葆光子尝闻，闽王王审知，患海畔石碛为舟楫之梗。一夜梦吴安王（即伍子胥也）许以开导，乃命判官刘山甫躬往祈祭，三奠才毕，风雷勃兴。山甫凭高观焉，见海中有异物，可长千百丈，奋跃攻击，凡三日，晴霁。见石港通畅，便于泛涉。于时录奏，赐名甘棠港。

卷七说：

> 福建道以海口黄碛岸横石巉峭，常为舟楫之患。闽王琅琊王审知，思欲制置，惮于力役。

---

[1]　（宋）罗愿：《三山志》，第46页。

乾宁中，因梦金甲神，自称吴安王，许助开凿。及觉，话于宾僚，因命判官刘山甫，躬往设祭，具述所梦之事，三奠未终，海内灵怪具见。山甫乃憩于僧院，凭高观之，风雷暴兴，见一物非鱼非龙，鳞黄鬣赤。凡三日，风雷止霁，已别开一港，甚便行旅。当时录奏，赐号甘棠港。闽从事刘山甫，乃中朝旧族也，著《金溪闲谈》十二卷，具载其事。愚尝略得披览，而其本偶亡绝，无人收得。海隅迢递，莫可搜访。今之所集云闻于刘山甫，即其事也，十不记其三四，惜哉！[1]

此处说甘棠港在闽江海口，说明在今长乐。如果在今福安，则是在海湾深处；如果在连江，则是在外海。

这个故事因为来自主持开凿甘棠港的刘山甫所著《金溪闲谈》，所以异常详细。我们首先要注意到，帮助开港的神是伍子胥，来自吴地。而长乐县城所在地就叫吴航镇，传说和吴地有关，这也是甘棠港在今长乐的一个佐证。

更有趣的是，很多书都说甘棠港开凿时遇到巨震。这个故事还提到海上出现了一种鱼，类似龙形，鳞片黄色，但是鬣毛红色。鱼没有鬣毛，鬣毛应是背鳍。这种鱼长千百丈，无疑是夸张，但是应该特别长。

我认为关于这个动物的记载非常关键，是破解甘棠港巨震的唯一线索。这种鱼就是皇带鱼（*Regalecus glesne*）。皇带鱼是最长的硬骨鱼，体长 3 到 6 米，所以被很多人误以为是鲸鱼。皇带鱼的背鳍为红色，从头部延伸到尾部，头部的红色鬓冠高耸，就是甘棠港开凿时遇到的怪鱼。

皇带鱼是深海鱼，经常因为地震而上浮到海面，又名地震鱼。2011 年 4 月 6 日，台湾省苗栗渔民在竹南崎顶近海捕获一条 3.5 米长的皇带鱼。9 月底，成功镇渔民在三仙台海域捕获一条长 4.63 米、重约 80 公斤的皇带鱼，而 9 月 22 日花莲恰好发生 5.2 级地震。2012 年 6 月 15 日，有人在花莲县立雾溪海口海滩发现 1 条长约 6 米的皇带鱼。2013 年 10 月 28 日，有人在台东海滩钓上 1 条长 5 米的皇带鱼。2016 年 4 月 20 日，渔民在花莲县新城乡康乐村捕获一条长 3 米的皇带鱼，此前这里也发生了地震。台东太麻里渔民曾捕获 2 条长 4 米多、重 45 公斤的皇带鱼。

开凿甘棠港时遇到了巨大的震动，从皇带鱼的出现来看，应该是恰好遇到了地震。这场地震恰好扰动了地层，帮助了甘棠港的开凿。当时很多人误以为是雷电击碎，现在看来是误解。还有人猜测开凿甘棠港时使用了火药，现在看来不准确。如果使用火药，则古人不可能不留下一丝线索，不可能轻易伪造成自然作用。

中国古代书籍多次记载了皇带鱼，但是前人都未曾注意。明代描写郑和下西洋的小说《三宝太监西洋记通俗演义》第九十六回说：

> 鳅王苦不甚长，约有三五里之长，五七丈之高，背上有一路髻枪骨，颜色血点鲜红，远望

---

[1]　（五代）孙光宪撰，贾二强点校：《北梦琐言》，中华书局，2002 年，第 36～37、169～170 页。

着红旗靡靡,相逐而来。[1]

显然,鳅王就是皇带鱼,这里也说背上有红旗,这是海船上常见的传说,这本明代小说的很多内容都有可信之处。

南宋洪迈《夷坚志·乙志》卷十六载:

赵丞相居朱崖时,桂林帅遣使臣往致酒米之馈。自雷州浮海而南,越三日,方张帆早行。风力甚劲,顾见洪涛间,红旗靡靡,相逐而下,极目不断,远望不可审。疑为海寇,或外国兵甲,呼问舟人。舟人摇手令勿语,愁怖之色可掬。急入舟,被发持刀,出蓬背立,割其舌,出血滴水中,戒使臣者。使闭目坐船内,凡经两时顷。闻舟人相呼曰,更生更生,乃言曰,朝来所见,盖巨鳅也。平生未尝睹。所谓红旗者,鳞鬣耳,世所传吞舟鱼,何足道。使是鳅与吾舟相值,在十数里之间,身一展转,则已沦溺于鲸波中矣。吁可畏哉!是时舟南去,而鳅北上,相望两时,彼此各行数百里,计其身当千里有余。庄子鲲鹏之说,非寓言也。时外舅张渊道为帅云(张子思说得之于使臣,舅不知也)。[2]

朱崖是海南岛,从雷州向南是琼州海峡,航海者只知道海上的红旗是大鱼的鳞鬣,其实是皇带鱼的背鳍。传说有数千里长,这是夸张,也是误解,航海者看到的应该不止一条皇带鱼而已。

明代黄衷《海语》卷下《物怪》的“海神”条载:

风柔浪恬,岛屿晴媚,倏然红旗整整,拥浪而驰,迅若激电,火长即焚香长跪,率众而拜曰:“此海神游也!整整红旗者,夜叉队也,遇者吉矣!”[3]

这里提到的显然也是海鳅,不过此书不是小说,所以说是吉兆,因为皇带鱼对海船确实没有威胁。又看到海面有气直上,高百余里,傍若暴风雨。此鱼脑有井,嘘吸则气出如此,这是鲸鱼喷水。

古人时常混淆皇带鱼和鲸鱼,将它们统称为海鳅或海鳝。《太平御览》卷九百三十八,引孙吴沈莹《临海水土记》曰:“海鳝长丈余。”又引梁元帝萧绎《金楼子》曰:“鲸鲵,一名海鳝,穴居海底。鲸入穴则水溢,溢为潮来。鲸既出入有节,故潮水有期也。”又引唐代刘恂《岭表录异》曰:“海鳝鱼,即海上最伟者也,其小者亦千余尺。”[4]皇带鱼在深海,千余尺是夸张。

明代屠本畯《闽中海错疏》载:“鳝,似蛇无鳞,黄质黑章,体有涎沫,生水岸泥窟中,能雨水中上升,夜则昂首北向,一名泥猴……鳝,似鳝而短,首尖而锐,色黄无鳞,以涎自染难渥。”[5]海鳝

[1] (明)罗懋登:《三宝太监西洋记通俗演义》,《明清善本小说丛刊初编》,天一出版社,1985年。
[2] (宋)洪迈:《夷坚志》,《丛书集成初编》第2710册,第120页。
[3] (明)黄衷:《海语》,《影印文渊阁四库全书》第594册,(台北)商务印书馆,1987年,第133页。
[4] (宋)李昉等:《太平御览》,中华书局,1966年,第4168页。
[5] (明)屠本畯:《闽中海错疏》,《文渊阁四库全书》第590册,(台北)商务印书馆,1987年,第506、507页。

类似鳝鱼,则海鳎是皇带鱼。《初学记》卷三十引沈莹《临海水土异物志》曰:"鲤鱼长百步,俗传有七里鳝鱼。"[1]此处的鲤鱼是鳝鱼之形误,鳝鱼即鳝鱼。

明代陆容《菽园杂记》载:

> 刘时雍为福建右参政时,尝驾海舶至镇海卫,遥见一高山,树木森然,命帆至其下。舟人云:"此非山,海鳅也。舟相去百余里则无患,稍近,鳅或转动,则波浪怒作,舟不可保。"刘未信,注目久之,渐觉沉下。少顷,则灭没不见矣,始信舟人之不诬。盖初见如树木者,其背鬛也。[2]

镇海卫(在今漳浦县东南)海面的海鳅,像山一样,显然是鲸鱼,而不是皇带鱼或鲟鱼。

皇带鱼经常被航海者误传为巨大的海蛇或白龙王,晚唐人杜光庭《录异记》卷五载:

> 南海中有山,高数十里,周四百里。每年夏月,有巨蛇,缴山三四匝,饮海水,如此为常。一旦饮海水之次,有大鱼自海中来吞此蛇,天地晦暝,久之不复见。[3]

南海巨蛇应是皇带鱼,所谓饮海水,很可能是因为皇带鱼出现时有地震,引发海水翻滚,出现误传。

利玛窦(Matteo Ricci)编写的《葡汉词典》中,balea 的汉译就是海鳅二字[4],balea 是葡萄牙语的鲸鱼,说明利玛窦和一些明代中国人认为海鳅就是鲸鱼。

唐代还有人在东海的船上看到很多皇带鱼,杨吴溧水县令沈汾的《续仙传》卷上说:

> 谢自然,蜀华阳女真也……寻离蜀,历京洛,抵江淮,凡有名山洞府灵迹之所,无不辛勤历览。后闻天台山道士司马承祯,居玉霄峰,有道孤高,遂诣焉,师事承祯三年……自然乃叹曰:"明师未录,无乃命也。每登玉霄峰,即见沧海蓬莱,亦应非远,人问恐无可师者。"于是告别承祯,言去游蓬莱。罄舍资装,布衣绝粒,挈一席以投于海,泛于波上。适新罗船见之,就载。及登船数日,但见海水碧色,日落则远浪相矗,阴火连天,船在火焰中行。逾年,船为风飘,入一色水如墨,又一色水如粉,又一色水如朱,又一色水黄,若硫黄气。忽风转,船乃投易澳中,有山,日照如金色,亦有草树、香雾,走兽与禽皆黄色。船人俱上山,见石无大小,悉是硫黄。贾客遽弃别货,尽载其石。凡经四色水,每过一水,皆三虔敬,终五昼夜。风帆所适,莫知远近。复行月余,又为横风所飘,海人惶戚,舟人恐惧。遥见水上,涌出大山,上列红旗千余面。海师言是鲸鱼扬鬛。又晴天,忽见气直上,高百余里,傍若暴风雨。此鱼脑有井,嘘

---

[1] （唐）徐坚:《初学记》,《文渊阁四库全书》第 890 册,(台北)商务印书馆,1987 年,第 490 页。

[2] （明）陆容:《菽园杂记》,中华书局,1985 年,第 151 页。

[3] （唐）杜光庭:《录异记》,中华书局,2013 年,第 69 页。

[4] 魏若望(John W. Witek):《葡汉词典》,葡萄牙东方图书馆、东方葡萄牙学会、利玛窦中西文化研究所,2001 年,第 50 页。

吸则气出如此。复见海人、怪兽、鬼神,千态万状……俄顷风起,闻海师促人登船,言风已便。及扬帆,又为横风飘三日,却到台州岸。……后却归蜀,至永贞元年中,白日上升而去。节度使韦皋奏之。[1]

这则史料虽然时代晚到唐代,但是非常宝贵,记载了女道士谢自然从台州乘船去硫磺山的全过程。

谢自然上的是新罗船,因为在唐代确实有很多海船往来于新罗和台州之间。除了上文所说的证据,嘉定《赤城志》卷二《坊市》"黄岩县"条载:"新罗坊,在县东一里。旧志云,五代时以新罗国人居此,故名。"卷十九《山》"临海县"条载:"新罗屿,在县东南三十里。昔有新罗贾人舣舟于此,故名。"[2]

谢自然经过的黑色、粉色、红色、黄色四种颜色海面,也有依据。因为黑潮流经台湾岛两侧,所以从福建出发到台湾,要经过黑水沟。黑潮的支流,颜色稍淡,称为红水沟。

清代康熙三十六年(1697年),福州府海防同知幕僚郁永河到台湾采集硫磺,撰有《采硫日记》,又名《裨海纪游》,卷上说从厦门出发:

> 二十二日,平旦,渡黑水沟。台湾海道,惟黑水沟最险。自北流南,不知源出何所。海水正碧,沟水独黑如墨,势又稍洼,故谓之沟。广约百里,湍流迅驶,时觉腥秽袭人。又有红黑间道蛇及两头蛇绕船游泳,舟师以楮锭投之,屏息惴惴,惧或顺流而南,不知所之耳。红水沟不甚险,人颇泄视之。然二沟俱在大洋中,风涛鼓荡,而与绿水终古不淆,理亦难明……二十四日,晨起,视海水自深碧转为淡黑,回望澎湖诸岛犹隐隐可见,顷之,渐没入烟云之外,前望台湾诸山已在隐现间。更进,水变为淡蓝,转而为白,而台郡山峦毕陈目前矣。[3]

郁永河也看到了黑水、红水、蓝水、白水,虽然与谢自然走的不一定是同样的航路,但是经过多种颜色的海面确有依据。登岛之前的白水,相当于谢自然看到的黄水,混杂了泥沙。逾年或是误字,下文说是五昼夜。今九州岛西南也有硫磺岛,但是最有可能是台湾岛北部。谢自然在海上看到红旗千余面,海师说是鲸鱼扬鬣,其实不是鲸鱼,而是皇带鱼。

五、甘棠港兴衰的原因

甘棠港在晚唐发展起来,此时正是福建海外贸易飞速发展时期。1958年福州出土的唐元和八年(813年)《球场山亭记》碑铭说:"迩海夷日窟,风俗时不恒。"薛能《送福建李大夫》诗云:"秋

[1] (五代)沈玢:《续仙传》,《文渊阁四库全书》第1059册,(台北)商务印书馆,1987年,第593~595页。
[2] (宋)陈耆卿:《嘉定赤城志》,《影印文渊阁四库全书》第486册,(台北)商务印书馆,1987年,第583、750页。
[3] (清)郁永河:《采硫日记》,粤雅堂丛书本。

来海有幽都雁，船到城添外国人。行过小藩应大笑，只知夸近不知贫。"[1]此时薛能是徐州刺史，他说徐州虽然比福建靠近都城，但是比福建贫穷。唐末周朴《福州神光寺塔》诗云："海水旋流倭国野，天文方戴福州城。"[2]东海西部的沿岸流向南，东海东部的黑潮向北，所以说是旋流，又说到航海天文，说明福建人航海技术高超。崔致远约在中和年间（881~885年）说福建："万国之梯航竞集。"[3]

吴越、闽、南汉三国，依山阻海，没有广阔平原，必须全力发展海外贸易。宋神宗说："东南利国之大，舶商亦居一焉。昔钱、刘窃据浙、广，内足自富，外足抗中国者，亦由笼海商得法也。"[4]1981年福州王审知墓出土了来自西亚的玻璃器，1965年在福州王延钧妻刘华墓发现波斯孔雀蓝釉陶瓶[5]。

宋人《五国故事》说王闽泉州刺史王延彬："凡三十年，仍岁丰稔，每发蛮舶，无失坠者，人因谓之招宝侍郎。"[6]南唐灭闽，泉州、漳州割据一方，清源军节度使留从效占据二州，北宋通过海路到泉州，封留从效为鄂国公。留从效卒，陈洪进占据二州。陈洪进献二州归北宋，史称漳泉献土。清源军远离江淮，有山川阻隔，只有积极发展海外贸易，才有独立的经济基础，《方舆胜览》卷十二泉州名宦"留从效"条说："从效以海滨之州，介于江、广、吴越三国之间，虽称藩南唐，而实雄据一隅。彼虽环视，无敢议者。"[7]《清源留氏宗谱·鄂国公传》说："陶瓷铜铁，远泛于番国，取金贝而返，民甚称便。"[8]保大四年（946年），留从效在唐代子城基础上扩建罗城，东南门是通淮门，即从海路通往江淮之义。据说此时遍植刺桐，故名刺桐城，但是唐末曹松《送陈樵校书归泉州》诗云："帝京须早入，莫被刺桐迷。"[9]说明唐末时泉州刺桐已多。1982年在泉州开元寺大雄宝殿前的宋代石塔中，发现保大四年经幢，铭文有州司马专客务兼御史大夫陈光嗣、军事左押衙充海路都指挥使陈匡俊、榷利院使刘拯，这些职务均与海外交通有关[10]。

王审知整修甘棠港是唐末到五代十国时期东南沿海积极发展海外贸易的典型例证。甘棠港在闽江口南岸，主要是为了发展对南洋的海外贸易。因为此时中国分裂，所以东南特别是华南的海外贸易更加偏重向南发展。

和唐代相比，宋代中国人的海外贸易有一个显著变化，就是首次开拓了与菲律宾等地的贸易。菲律宾群岛在宋代之前的典籍中毫无记载，宋代突然出现。而菲律宾群岛靠近中国的福建

［1］　（清）彭定求等：《全唐诗》，中华书局，1960年，第6487页。
［2］　（清）彭定求等：《全唐诗》，中华书局，1960年，第7701页。
［3］　［新罗］崔致远：《桂苑笔耕集》，中华书局，2007年，第115页。
［4］　（宋）李焘著，（清）黄以周等辑注：《续资治通鉴长编拾补》，中华书局，2004年，第239页。
［5］　福建省博物馆：《唐末五代闽王王审知夫妇墓清理简报》，《文物》1991年第5期；福建省博物馆：《五代闽国刘华墓发掘报告》，《文物》1975年第1期；陈存洗：《福州刘华墓出土的孔雀蓝釉陶瓶的来源问题》，《海交史研究》1985年第2期。
［6］　（宋）佚名：《五国故事》，《影印文渊阁四库全书》第464册，（台北）商务印书馆，1987年，第218页。
［7］　（宋）祝穆撰，祝洙增订，施和金点校：《方舆胜览》，中华书局，2003年，第213页。
［8］　王洪涛：《古代泉州冶金铁初探》，《泉州海外交通史料汇编》，1983年，第268页。
［9］　（宋）李昉：《文苑英华》，中华书局，1966年，第1438页。
［10］　林宗鸿：《泉州开元寺发现五代古经幢等重要文物》，《泉州文史》1986年第9期。

和台湾岛,所以很可能这一商路是福建商人开拓的。特别是宋元之际,福建商人开通了从中国福建、台湾岛到菲律宾群岛的直接航路。关于这一点,我在以前已有论证,本文不再赘述[1]。

甘棠港在南宋时期逐渐衰落,所以宋代以降就有了关于甘棠港的多种错误说法。甘棠港衰落的自然地理原因是长乐东北的海岸淤积,使得甘棠港变成陆地。根源是闽江泥沙在唐宋之际迅速增加。这是因为唐宋之际大量北方移民到了福建,福建人口激增,闽江流域农业开发加剧,水土流失日益严重。因为人口激增始于唐末五代,此时的闽江泥沙激增进也刚刚开始。到了宋代,这种作用才日益显著,所以甘棠港的淤塞在宋代。

甘棠港之所以在宋代衰落,还有社会原因。北宋朝廷一度规定东洋贸易港口是明州(今宁波),南洋贸易港口是广州。苏轼《乞禁商旅过外国状》引元丰三年(1080年)八月二十三日中书札子节文说:"诸非广州市船司辄发过南蕃纲舶船、非明州市舶司而发过日本、高丽者,以违制论。"[2]福州夹在泉州、宁波之间,不占海外交通的优势,所以不敌泉州、宁波。

南宋时似乎仍有甘棠寨,《夷坚志·乙志》卷八《无缝舡》:

> 绍兴二十年七月,福州甘棠港有舟从东南漂来,载三男子、一妇人、沉檀香数千斤。其一男子,本福州人也,家于南台。向入海失舟,偶值一木浮行,得至大岛上。素喜吹笛,常置腰间,岛人引见其主。主夙好音乐,见笛大喜。留而饮食之,与屋以居,后又妻以女。在彼十三年,言语不相通,莫知何国。而岛中人似知为中国人者,忽具舟约同行。经两月,乃得达此岸。甘棠寨巡检以为透漏海舶,遣人护至闽县。县宰丘铎文昭,招予往视之。其舟刳巨木所为,更无缝镩,独开一窍出入。内有小仓,阔三尺许,云女所居也。二男子皆其兄,以布蔽形,一带束发跣足。与之酒,则跪坐,以手据地如拜者。一饮而尽,女子齿白如雪,眉目亦疏秀,但色差黑耳。予时以郡博士被檄考试临漳,欲俟归日细问之。既而县以送泉州提舶司未反,予亦终更罢去,至今为恨云。[3]

福州男子漂到的岛屿很可能在今台湾岛北部或琉球群岛,这里有独木舟和布衣。隋炀帝于大业四年(608年)派人去流求(今台湾岛),获得土著的布甲。《隋书》卷八十一《流求国传》:"帝复令宽慰抚之,流求不从,宽取其布甲而还。时倭国使来朝,见之曰,此夷邪久国人所用也。"[4]夷邪久国在今九州岛南的屋久岛,靠近台湾岛,也有类似的布甲。

综上所述,甘棠港古名黄岐港。因为黄岐、甘棠都是地名通名,很多地方都有,所以前人多有混淆,以致甘棠港的位置争论很大。根据上文考证,甘棠港应在今长乐东北海岸。因为地处闽江出海口南岸,所以是唐宋之际福州的外港,此时有很多南海商人经此贸易。在海岸变迁与泉州繁盛等多方面原因作用下,宋代时甘棠港逐渐衰落。

[1] 周运中:《中国南洋古代交通史》,厦门大学出版社,2015年,第304~309页。
[2] (宋)苏轼:《东坡全集》,《文渊阁四库全书》第1107册,(台北)商务印书馆,1987年,第818页。
[3] (宋)洪迈:《夷坚志》,《丛书集成初编》第2709册,第59~60页。
[4] (唐)魏徵等:《隋书》,中华书局,1973年,第1825页。

Gantang Port Rebuilt by Wang Shenzhi
Was in the Northeast of Changle

By

Zhou Yunzhong

Abstract：Gantang Port rebuilt by Wang Shenzhi was in the northeast of Changle，where the place name Huang Qi retains today. This zone was dangerous in Wang Min times as the document of Song Dynasty，so the Shi Bo Si of Fujian was moved from Fuzhou to Quanzhou. Wang Min had close connection with Champa and Srivijaya，which could prove Gantang Port was on the south of Min River Mouth. Wang Shenzhi maybe experienced an earthquake when rebuilding Gantang Port，and the huge fish with red dorsal fin maybe was *Regalecus glesne*. Gantang Port declined because sediment and the rise of Quanzhou in Song Dynasty.

Keywords：Gantang Port，Huangqi，Wang Shenzhi，Changle，Min River

山 海 奇 观

——嵊泗列岛明清摩崖石刻研究

周 兴 袁启飞*

摘 要：浙江省舟山群岛嵊泗列岛目前经过调查的十余处摩崖石刻,分布于不同的岛礁上,年代为明万历至清光绪年间,是能够反映明代东南抗倭、明清海防建设和官制兵备演变等的重要历史遗迹,同时也是体现浙江乃至中国灿烂海洋文化的海洋文物。本文通过对这些摩崖石刻的内容进行研究,探讨石刻背后所反映的明清武职设立、海防巡哨等历史问题,补充或纠正了一些有关石刻内容的认识,有助于进一步提升嵊泗列岛摩崖石刻的历史文化内涵。

关键词：嵊泗 摩崖石刻 明清 海洋文化 海防巡哨

嵊泗列岛位于浙江舟山群岛北部,西邻杭州湾,西北靠近长江口,为长江、钱塘江入海口汇合处,乃沪、浙之门户,由嵊山、泗礁山、黄龙岛等400多个岛屿组成,是全国唯一的国家级列岛风景名胜区。其中灯塔、摩崖石刻是能够反映中国海洋文明的不可移动海洋文物[1],属于极为重要的历史文化遗产。

2018年1月,为全面掌握嵊泗境内海岛摩崖石刻分布和保存情况,舟山市文物保护考古所组织相关人员对嵊泗列岛摩崖石刻进行了现状调查。调查发现,部分石刻因常年遭受风吹日晒,风化侵蚀现象较为严重,亟需进行保护。因此,于当年7月24至11月1日,开展了"舟山市第一批摩崖石刻(嵊泗境内)传拓项目",通过近一年时间的前期调查、准备和实施,希望通过传统手段进行传拓,保存相关遗迹,为后期研究、保护提供重要的实物资料。

一、摩崖石刻分布情况

嵊泗列岛的摩崖石刻数量共有19处(其中3处见于著录),仅次于普陀山,为舟山第二大分布区,年代为明万历至清光绪年间,多为省级或县(区)级文物保护单位。石刻书法风格多样,或正楷,或行楷,镌刻手法也有阴刻和双钩刻等多种。内容基本为称颂优美海洋风光之辞,且许多

---

* 周兴,舟州市文物保护考古所;袁启飞,日照市文物考古研究所。

[1] 袁永明、路兴：《中国海洋文物研究刍议》,《福建文博》2016年第3期,第51页。

为督汛、巡海至此的将官所题写,对研究海洋文化、海疆抗倭和明清浙江地区职官武备制度提供了重要的实物资料,具有极高的历史文物价值。

二、摩崖石刻介绍

关于舟山摩崖石刻,王艳娣[1]、孙和军[2]、任记国[3]等从不同角度有过简单涉及,但对舟山群岛区域内嵊泗列岛上的诸多摩崖石刻的研究,目前尚无较为全面的论述性文章。本文以舟山市文物保护考古所所作第三次全国文物普查成果为基础数据材料[4],并结合"舟山市第一批摩崖石刻(嵊泗境内)传拓项目"拓片成果,根据石刻位置不同进行罗列,并做简要描述,从而对嵊泗列岛摩崖石刻作一全面、细致的介绍和研究。

(一)枸杞岛

1."山海奇观"石刻

位于枸杞乡里西村里西岗墩五里碑山上,1979、2011 年分别被公布为舟山地区和浙江省文保单位。石刻朝东,总面积达 20 平方米,阴刻于一块高 9、宽 7.3 米的巨石上。石刻上部分两行竖刻"山海奇观"四个大字,行楷书体,每字高 1.6、宽 1.4 米;下部题刻 42 个小字,分六竖行,每字高 0.27、宽 0.25 米,内容为:"大明万历庚寅春,/都督侯继高,统率/临观把总陈九思、听用守备宋大斌、/游哨把总詹斌、陈/梦斗等督汛于此。/"根据题款,知该石刻于明万历十八年(1590 年),保存较好(图一)。

图一　"山海奇观"石刻

(二)大黄龙岛

1."瀚海风清"石刻

位于黄龙乡大岙村西南鸡分脑岗墩山麓,1987 年被公布为嵊泗县文保单位。石刻面朝东北,崩裂破碎严重,大字和落款仅部分可辨。"瀚海风清"行书,阴刻,书体雄健浑厚,字 0.8 米见方,"瀚"字右上角及右侧上款在 1971 年修造海堤时被毁,上款下方仅剩一"书"字;左侧题款为"万历三十六年

[1]　王艳娣:《舟山摩崖石刻书法之特色》,《艺术教育》2008 年第 4 期,第 122~123 页。
[2]　孙和军:《渗入摩崖的岛魂》,《中国三峡》2015 年第 7 期,第 36~45 页。
[3]　任记国:《捍海肃倭刻石永铭——舟山群岛抗倭摩崖石刻》,《大众考古》2017 年第 1 期,第 80~85 页。
[4]　舟山市文化广电新闻出版局:《海山风物——舟山市第三次全国文物普查成果汇编(下)》,内部资料,2012。

春/……/"，"六"字已不可辨。"清"字左上方岩石脱落（图二）。根据其他资料，知镌刻于明万历三十六年，题款左原有39字，右原有15字[1]。

左侧另刻有题记，与"瀚海风清"未在一个平面上，现仅残存有两行，为"分守宁绍等处地方参将 刘 ……/统领宁嘉游兵游击将军陈梦……/"（图三）。《嵊泗县地名志》记载，原落款中有"差浙直中府都督处邵扬令等书""参将刘炳文、游击将军陈梦斗同签"等等[2]；孙和军文记为"镇守浙直中府都督处邵杨令、分守宁绍等处地方参将刘炳文、统领宁嘉游兵游击将军陈梦斗抗倭督汛时同签"[3]，应为岩石未崩坏时录存。此与文保标志碑后说明文字落款为"差浙府都督处邵令导书"略有差异，不能确定是否与"瀚海风清"同时。

图二 "瀚海风清"石刻

图三 "瀚海风清"左侧题款拓片

2. "东海云龙"石刻

位于黄龙乡峙岙村元宝山朝西北山麓，1988年被公布为县级文保单位。题刻题写于悬崖边高约6米的大元宝石上。朝南，与题款均以边栏界格，行楷、横书、阴刻，字体方正峻拔，每字高0.68、宽0.55米；题款位于右上角，字体已无法辨认，题款左下方刻有方形印章（图四、五）。《嵊泗

［1］ 嵊泗县地名办公室：《浙江省嵊泗县地名志》，内部印行，1990年，第208～209页。
［2］ 嵊泗县地名办公室：《浙江省嵊泗县地名志》，内部印行，1990年，第209页。
［3］ 孙和军：《渗入摩崖的岛魂》，《中国三峡》2015年第7期，第43页。

县志》和《浙江省嵊泗县地名志》记载为清光绪三十四年（1908 年）四明张传隆巡海时题写[1]，文保标志碑说明文字作合肥张传隆。

该处因两块状如元宝的风动石得名元宝山，现为嵊泗著名景点之一。

图四　"东海云龙"石刻

3. "东海龙云"石刻

位于黄龙乡峙岙村小黄沙弄 34 号民居旁石崖上，距地面十余米高，2011 年被公布为县级文保单位。朝西北，楷体、阴刻，外有双边栏，外边栏宽 0.07 米，边栏范围总长 2.1、宽 1.2 米。每字高 0.3、宽 0.2 米左右。落款风化无存，资料显示为清光绪年间所刻（图六）。

4. "东南半壁"石刻

该石刻未列入名录，是否尚存不详。见于《嵊泗县地名志》，位于黄龙乡大黄龙岛峙岙天后宫后，楷体、横书，字径 0.6 米左右，民国陆养浩记为清末苏松总兵徐传隆题。1960 年采石时被毁[2]。民国时期程梯云《外海采风录》中，记其位于黄龙乡峙岙上横山，为清末东关大元帅徐传隆（误为"龙"）所题写[3]。本文据此录入。

[1]　《嵊泗县志》编纂委员会：《嵊泗县志（1986~2000）》，方志出版社，2007 年，第 227 页；嵊泗县地名办公室：《浙江省嵊泗县地名志》，内部印行，1990 年，第 208 页。
[2]　嵊泗县地名办公室：《浙江省嵊泗县地名志》，内部印行，1990 年，第 213 页。
[3]　嵊泗海洋文化研究会：《北界村的背影——民国嵊泗文献汇辑》，复旦大学出版社，2016 年，第 570 页。

图五 "东海云龙"石刻   图六 "东海龙云"拓片

（三）小洋山岛

洋山镇小洋村小观音山上分布有 8 处摩崖石刻,统称"小观音山摩崖石刻群"。除此之外,还有 1 处也位于小洋山岛上,附于最后一同介绍。

1. "海阔天空"石刻

镌于小观音山顶,1988 年被公布为县级文保单位。楷体、横书、双钩,高 0.7、宽 0.55 米,上下刻有边栏。边款阴刻,右侧上款"游兵都司新/安张文质书";左侧下款为"万历戊申立"。"万历戊申"年即万历三十六年(图七)。

2. "中流砥柱"石刻

位于"海阔天空"石刻西侧石壁上。楷体、直书、阴刻,每字高 0.32～0.35、宽 0.25～0.35 米。未发现题款痕迹,年代不详(图八)。

3. "海晏波宁"石刻

位于"中流砥柱"石刻西侧,行楷、直书、阴刻,总高 0.8 米,字径 0.2 米。未发现题款,年代不详。(图九)

图七 "海阔天空"石刻   图八 "中流砥柱"拓片   图九 "海晏波宁"拓片

4. "水天阔处"石刻

位于小观音山顶偏西崖壁上。楷体、直书、阴刻，总高约 4.6 米，每字高 0.94～1.2 米，宽 1.1～1.53 米，书体较朴拙，总体上宽下窄。无题款，年代不详（图一〇）。

图一〇　"水天阔处"石刻

5. "倚剑"石刻

位于小观音山朝西南山麓，1988 年被公布为县级文保单位。石刻朝西，行楷、横书、双钩，字体遒劲，"倚剑"每字高 3.8、宽 3.5 米；右侧题款行楷、直书、双钩，高约 0.5、宽 0.45 米，内容为"癸丑夏楚人李楷书"。它是目前所见舟山市单字尺寸最大的摩崖石刻（图一一）。

图一一　"倚剑"与"中流砥柱"石刻

6. "中流砥柱"石刻

在"倚剑"石刻之上,尚阴刻有行楷书体的"中流砥柱"四字,每字高 0.75、宽 0.65 米左右。根据其凿刻痕迹破坏了"倚剑"的部分结构,因此年代应较"倚剑"为晚,因无题款,时代不详(同图一一)。

7. "鲲鹏化处"石刻

位于小观音山南麓,1988 年被公布为县级文保单位。行楷、直书、双钩,每字高 0.85、宽 0.65 米左右;上下款阴刻,右侧上款为"万历戊申 夏 游兵都司新安张文质书";左侧题款为"□同盟兄弟徐继尧、杨可茂、方觉、汪美",四人姓名分两行并列。此石刻与"海阔天空"同为万历三十六年所刻(图一二)。

石刻内容取《庄子·逍遥游》"北冥有鱼,其名为鲲……化而为鸟,其名为鹏"之意。

图一二　"鲲鹏化处"及上下款拓片(从左至右)

8. "三星石"石刻

该石刻第三次文物普查未列入,笔者从县志中辑入。位于小观音山西麓石壁上,每字高 0.31、宽 0.21 米[1]。其余资料不详,需随后调查,是否仍存在尚不清楚。

9. "注焉不满"石刻

石刻亦未列入文物普查名录中,现保存情况不详。位于小洋山岛双北村小沙滩,每字高 0.54、宽 0.45 米,落款无存(图一三)[2];另孙和军文章记,石刻位于双北村董氏宅基处,传为唐代鉴真和尚所留[3]。

采《庄子·天地》中"注焉而不满,酌焉而不竭"之句。

(四)圣姑礁

洋山镇圣港社区圣姑礁上共有 4 处摩崖石刻,刻字前都对凹凸不平的石面进行了处理。仅"群贤毕至"和"泛波"可看出为清光绪十四年所刻,其余石刻落款均已风化严重,无从考证。

[1]　《嵊泗县志》编纂委员会:《嵊泗县志(1986~2000)》,方志出版社,2007 年,第 227 页。

[2]　嵊泗县地名办公室:《浙江省嵊泗县地名志》,内部印行,1990 年,第 213 页。

[3]　孙和军:《渗入摩崖的岛魂》,《中国三峡》2015 年第 7 期,第 36~37 页。

图一三　"注焉不满"石刻拓片（采自《浙江省嵊泗县地名志》插页）

1. "泛波"石刻

位于圣姑礁上朝东石壁上，1988年被公布为县级文保单位。题刻均阴刻，"泛波"横书，每字高约0.55、宽0.5米。右侧上款"大清光绪戊子年仲夏月吉旦"；左侧款识无法辨识，题刻人不详。光绪戊子年即公元1888年（图一四）。

2. "万顷晴波"石刻

位于圣姑礁上圣姑庙后东向朝南石壁上。楷体、横书、双钩，每字高约1.15、宽约0.85米，左侧有较大空间，惜题款无存（图一五）。

图一四　"泛波"拓片

图一五　"万顷晴波"石刻

3. "海宇澄清"石刻

位于"万顷晴波"石刻左侧。楷体、直书、双钩，每字高0.9、宽0.8米，题款风化无存，一般认为与"万顷晴波"石刻均为清光绪年间江浙游哨巡海至此所题（图一六）。

4. "群贤毕至"石刻

位于"海宇澄清"石刻左侧，1988年被公布为县级文保单位。行楷、直书、阴刻，每字高0.36、宽0.28米；右侧上款为"大清光绪拾肆年仲夏月吉旦"；左侧下款为"湘潭雷玉春，统率营将刘 长 春、汤怀 忠、金玉田、滕代 □、袁联魁、韩元化，巡海到此题"，其中营将以下六人姓名分三行排列，"巡海到此"分两行排列。题刻时间与"泛波"石刻在同一年，但因文字风化严重，下款人名已较难辨别（图一七）。

（五）大洋山岛

1. "海若波恬"石刻

洋山镇圣港社区小梅山西端山麓大石上有一石刻。题刻朝西南，行体、横书、双钩，"海若波恬"每字高0.55、宽0.45米左右，款识已风化无存（图一八）。根据资料，为清光绪十四年海军"皇昌"号护洋舰将领刘长春、金玉笙、罗林文等六人巡监时所题[1]。

图一六 "海宇澄清"拓片

图一七 "群贤毕至"石刻

图一八 "海若波恬"石刻

三、石刻内容相关研究

（一）海防与巡哨制度

明清时期因嵊泗诸岛位于江浙交界，导致行政区划变更较多，或属浙江宁波，或属江南松江。

---

[1] 舟山市文化广电新闻出版局：《海山风物——舟山市第三次全国文物普查成果汇编》（下），内部资料，2012年，第433页。

崇祯《松江府志》记载："照得洋山为本府所属，为定海、吴淞江二总兵兵船会哨之处，以地里适均故也。"[1]又"《观海指掌图》曰：……'防江在于联络，防海在于会哨，会哨必于洋山。洋山者，海道必由之路。'"[2]故洋山、嵊山、枸杞等岛多为当时江浙两省水师会哨之所。清康熙二十九年小洋山岛立有《江浙沿海分界碑》，规定以大洋山和泗礁山两岛为准，大洋山脚以北之洋岛属江南，泗礁山脚以南属浙江[3]。但近现代仍多有变动，情况较为复杂。

1. 官吏设置

明代初期，东南沿海已经时常遭到倭寇、海盗等的侵扰，明中晚期的嘉靖、万历年间尤甚。到了清代，西方列强屡屡从东南沿海进入内地，第一次鸦片战争就以英军攻陷定海城而开始，海防失守已经严重威胁清政府的统治。

因此，明代"自世宗世倭患以来，沿海大都会，各设总督、巡抚、兵备副使及总兵官、参将、游击等员"[4]，原先临时设置的官职变为常驻地方官。具体到浙江的情况为："嘉靖二十六年，以海警，始命都御史巡抚浙江，兼管福建福、兴、建、宁、漳、泉海道地方，提督军务"[5]；三十四年设镇守浙江总兵官，负责总理浙、直海防[6]。到后来，"浙江一省，设六把总以分领水兵。四参将以分领陆兵。又设一总兵以兼统水路，练兵防御，各有专责"[7]。即所谓"四参六总"，"四参者，杭嘉湖一、宁绍一、台金严一、温处一也；六总者，定海、昌国、临观、松海、金盘、海宁也"[8]。

这一系列沿海地区武官的设置，到了清代也大致得到继承和延续。自上而下兵备官吏的设置，为开展稳固的海岛驻守和外洋巡防提供了人员和制度基础，对沿海卫所防卫能力的提升起到了积极作用。

2. 巡哨制度

牛传彪[9]、宋烜[10]等学者对明代巡哨制度都有较深入的研究。当时海上防务大体上包括春秋两汛的巡逻，即"巡洋"；和各省或各卫所巡洋船队在哨区或汛地交界处相会，并填注供汛毕

---

[1]　（明）方岳贡修，陈继儒纂：（崇祯）《松江府志》卷二五《兵防》，日本藏中国罕见地方志丛刊，书目文献出版社，1991年，第659~660页。

[2]　（清）史致驯、黄以周等编纂，柳和勇、詹亚园校点：（光绪）《定海厅志》，上海古籍出版社，2011年，第535页。

[3]　嵊泗县地名办公室：《浙江省嵊泗县地名志》，内部印行，1990年，第214页。

[4]　（清）张廷玉等：《明史》卷九一《兵三》，中华书局，1974年，第2247页。

[5]　吴廷燮撰，魏连科点校：《明督抚年表》卷四《浙江》，中华书局，1982年，第430页。

[6]　（清）张廷玉等：《明史》卷七六《职官五》，中华书局，1974年，第1870页。

[7]　（明）陈子龙等：《明经世文编（四）》卷二五二《赵恭襄文集一》，中华书局，1962年，第2655页。

[8]　（明）邓钟：《筹海重编》卷五《浙江事宜》，《四库全书存目丛书》史部第227册，齐鲁书社，1997年，第96页。《明史》对浙江"六总"描述更为详细，"一金乡、盘石二卫，一松门、海门二卫，一昌国卫及钱仓、爵溪等所，一定海卫及霩䨥、大嵩等所，一观海、临山二卫，一海宁卫"。见（清）张廷玉等：《明史》卷九一《兵三》，中华书局，1974年，第2247页。

[9]　牛传彪：《明代巡洋会哨制度刍探——以浙江海区为中心》，中央民族大学硕士学位论文，2011年；牛传彪：《明代巡洋会哨制度及其在海疆防务中的地位》，《中国边疆史地研究》2015年第4期，第106~114页；牛传彪：《明代出海水军巡哨规制考察》，《军事历史研究》2017年第3期，第63~75页。

[10]　宋烜：《明代海防军船考——以浙江为例》，《浙江学刊》2012年第2期，第50~58页。

稽核的凭证,称"会哨"[1]。浙江省内"平时,海道驻宁波,总兵驻定海;防汛,海道守宁波境内,总兵出舟山外洋"[2]。

关于此点本文不再赘述,仅就清代嵊泗列岛巡哨情况略作描述。根据光绪《定海厅志》记载:"本参(即宁绍参将)内辖把总官一员,哨官五员。大汛,每年以清明前,各区官兵齐集定海关,兵备、海道会同总兵官暨参、游等,祀江发汛,至六月终收撤。将各区大、小船只分为二班,轮流哨守。小汛,九月以后,照春防事例祀江发汛,至十一月收撤。十二月、正月分班轮哨,哨期初哨以三月三日,二哨以四月中旬,三哨以五月五日。"[3]其相关制度明显承自明代。清代时驻防官员认为这些边远小岛"盗匪最易潜踪,为商船往来要道,必须两省水师互相联络,随时逡巡",因此巡哨更频,要求:"(定海)总镇,与江南苏松、狼山、福山等镇,四季各会哨一次:春季二月十五日,会哨于黄龙山洋;夏季五月十五日,会哨于小羊山洋;秋季八月十五日,会哨于马迹山洋;冬季十一月十五日,会哨于大洋山洋。"[4]更甚至于用"贼犯江南,而浙江官兵不至陈钱(现嵊山岛)者,罪在浙江;贼犯浙江,而江南官兵不至马迹者,罪在江南。俱以交牌号为验"[5]进行追责。

正是基于巡洋会哨制度,嵊泗列岛摩崖石刻才有了题刻条件,舟山海洋风光为督汛、会哨而来的将官们提供了挥毫泼墨的机会,留下了诸如"山海奇观"、"瀚海风清"、"东海云龙"和"群贤毕至"等这些重要的海洋文物和海洋文化遗产。

(二) 题刻人名

1. 浙江总兵侯继高

关于侯继高的生平,日人川越泰博[6]和国内学者李小林[7]、时培磊[8]、芮赵凯[9]等人的相关文章都有论及。综合以上学者研究,知其号龙泉[10],祖籍今江苏盱眙,嘉靖十二年生于今上

[1] 牛传彪:《明代出海水军巡哨规制考察》,《军事历史研究》2017 年第 3 期,第 63～64 页。

[2] (明)陈子龙等:《明经世文编(四)》卷二五二《赵恭襄文集一》,中华书局,1962 年,第 2671 页。

[3] (清)史致驯、黄以周等编纂,柳和勇、詹亚园校点:(光绪)《定海厅志》卷一九《军政志》,上海古籍出版社,2011 年,第 488 页。

[4] (清)史致驯、黄以周等编纂,柳和勇、詹亚园校点:(光绪)《定海厅志》卷二〇《海防》,上海古籍出版社,2011 年,第 533 页。

[5] (清)史致驯、黄以周等编纂,柳和勇、詹亚园校点:(光绪)《定海厅志》卷二〇《海防》,上海古籍出版社,2011 年,第 535 页。

[6] [日]川越泰博:《〈全浙兵制考〉的撰者侯继高とその一族》,《明清史論集:中央大学川越研究室二十周年記念》,国书刊行会,2004 年,第 5～31 页。

[7] 李小林:《侯继高及其〈日本风土记〉》,《兰州大学学报(社会科学版)》2006 年第 1 期,第 47～51 页。

[8] 时培磊:《侯继高〈全浙兵制考〉及其与〈日本风土记〉的关系》,《廊坊师范学院学报》2015 年第 6 期,第 58～63 页。

[9] 芮赵凯:《〈全浙兵制考〉研究》,东北师范大学硕士学位论文,2016 年;芮赵凯、兰延超:《〈全浙兵制考〉若干问题再探讨》,《古籍整理研究学刊》2017 年第 4 期,第 16～21 页。

[10] 李小林认为侯继高又号云闲,据笔者分析,因"闲"与"间"繁体字通常都可写作"閒","云间"为侯继高籍贯松江府的别称,故此处"云闲"作为其号有误,应为表示籍贯的"云间"。如普陀山现存"海天佛国"石刻旁题款即作"云间侯继高"。见李小林:《侯继高及其〈日本风土记〉》,《兰州大学学报(社会科学版)》2006 年第 1 期,第 47 页。

海金山，二十七年袭爵金山卫指挥同知，隆庆元年任吴淞把总，五年以南京坐营指挥同知掌广东都司事，万历六年以分守广东惠州等处海防参将升潮漳等处副总兵，九年调狼山副总兵，次年升南京后军都督府都督佥事，万历十三年以原官调任浙江总兵官[1]，万历二十五年调任广东总兵官[2]，万历三十年去世，终年70岁。

万历十三年至二十五年侯继高担任浙江总兵官，在浙十一年余，在任的万历十七年二、三月先后于嵊泗列岛花脑洋（今花鸟山岛附近）、浪冈洋（今浪岗山列岛附近）剿平倭寇。"山海奇观"题写于万历十八年，一般认为乃侯继高所书，下款中的"都督"应为南京后军都督府都督佥事的简称，品秩正二品。侯继高在舟山普陀山还留下了"白华山"、"磐陀石"及"海天佛国"等题刻[3]，有《全浙兵制考》、《游补陀洛迦山记》等著作传世。

"临观把总"即上节所言分领水兵的"六总"之一；"游哨"为"总"下水兵建制，亦设置备倭把总一员，即"游哨把总"[4]；而"听用守备"根据其意，或为管理后勤事务的官职。陈九思后升宁绍参将[5]，陈梦斗其后也升任统领宁嘉游兵游击将军一职[6]。

2. 癸丑岁及李楷其人

"倚剑"落款的"癸丑"年，分别有嘉靖三十二年（1553）[7]和万历四十一年（1613）[8]两种说法。关于李楷其人，目前有昌乐县知县[9]、青田县知县[10]和江南副总兵等几种说法，但证据较充分、最新的研究应为万历四十一年江南副总兵、湖北蕲春人李楷[11]。

关于李楷的讨论，多见于舟山本土地方学者的网络文章中，令人较为信服的文章以陈仕猛的博文为代表[12]，其观点已经越来越多地被一些人接受。陈仕猛通过查阅康熙《蕲州志》，其中记载有万历年间历任靖州守备、福建南路参将、吴淞副总等职，并官至左军都督府佥事、贵州总兵的湖北蕲州人李楷。李楷更有于万历三十八年由广州海防参将升为江南副总兵，至万历四十四年

[1] （万历十三年十二月）"甲申……都督佥事侯继高、张邦奇以原官充总兵官，继高镇浙江，邦奇镇居庸、昌平。"《明神宗实录》卷一六九，据国立北平图书馆影印本，第3058页。

[2] 《明神宗实录》卷一六九，据国立北平图书馆影印本，第5785页。

[3] 胡连荣：《舟山历史名人谱》，中国文史出版社，2004年，第56页。该书将侯继高浙江总兵官官职误作宁绍参将。并且"磐陀石"、"海天佛国"原刻"文革"期间已被凿掉，现为重刻。

[4] 芮赵凯：《〈全浙兵制考〉研究》，东北师范大学硕士学位论文，2016年，第51~52页。

[5] 普陀山不肯去观音院前立有未刻纪年的明代"禁止舍身燃指"石碑，落款中即有"宁绍参将陈九思"。

[6] 见上节"瀚海风清"题款。

[7] 舟山市文化广电新闻出版局：《海山风物——舟山市第三次全国文物普查成果汇编》（下），内部资料，2012年，第434页。

[8] 《嵊泗县志》编纂委员会：《嵊泗县志（1986~2000）》，方志出版社，2007年，第227页；孙和军：《渗入摩崖的岛魂》，《中国三峡》2015年第7期，第39页。

[9] 嵊泗县地名办公室编：《浙江省嵊泗县地名志》，内部印行，1990年，第212页；舟山市文化广电新闻出版局：《海山风物——舟山市第三次全国文物普查成果汇编》（下），内部资料，2012年，第434页。

[10] 《嵊泗县志》编纂委员会：《嵊泗县志（1986~2000）》，方志出版社，2007年，第227页。根据《明史》，江西吉水人李楷由青田知县后改昌乐知县，因此实为一人。

[11] 王建富：《舟山群岛史话》，浙江古籍出版社，2014年，第107页。

[12] http://blog.sina.com.cn/s/blog_4cc1941c0101fuhu.html（2013-12-6）。

离任,擢总兵,改镇贵州的经历。该文还从"楚"的历史地理界定、江南副总兵的统御范围、其人好文墨的性情等方面,论述了李楷于万历癸丑年巡视洋山岛,并留下墨宝的各种可能条件。

3. 张传隆还是徐传隆

针对"东海云龙"题刻者是否为张传隆的质疑,有嵊泗人周苗《徐传隆其人及"东海云龙"题者辨析》一文[1]。该文引刘同宇对题款的释读,认为是"合肥张□□士□爱石闲馀/巡海□遇黄陇山奇石为题/东海云龙以感其奇光绪戊/申六月四明张传隆书/"四十二字。可惜因风化严重现在已无从考校。

周苗通过查阅《清代官员履历档案全编》和《申报》等文献报刊,认为嵊泗黄龙岛上的"东海云龙"和"东海龙云"题刻者均为光绪二十五年(1899)至宣统三年(1911)任苏松镇总兵的宁波鄞县人徐传隆,误为张传隆乃因题款石刻风化,较难辨认,故而对其姓氏释读有误导致。

笔者通过辨识拓片上的文字,发现石刻上是"张"是"徐"确实较难分清。而周苗的考证证据较为充分,令人信服,故本文支持其观点,即"东海云龙"题刻者应为四明(宁波别称)徐传隆,而非张传隆,更不是所谓合肥张传隆。

(三)题刻内容的勘误和补充

通过此次实施的传拓项目,获得了对石刻内容的一些新认识。拓片能够更清晰地展现题刻细节,较肉眼直接辨识在石头上的凹凸文字更为有效。根据拓片,可以清晰地看出圣姑礁"泛波"石刻右侧落款时间为"光绪戊子年仲夏月",即光绪十四年夏所题,与附近的"群贤毕至"石刻时间相同,而非之前一直认为的光绪二十六年[2]。

又例如,因位置偏高,"鲲鹏化处"石刻左侧题款之前一直认为已被雨水侵蚀,字体已无法分辨,故而资料缺失。此次通过传拓,基本可以全部识别。"水天阔处"石刻同样位置较高,较难靠近,之前资料的尺寸测量估为 0.5 米见方,实际尺寸超过 1 米。这些都是照片无法获得的信息,增加了学术研究的价值。

四、结 语

舟山群岛嵊泗列岛上的诸多明清时期摩崖石刻题记,是浙东地区乃至中国沿海不可多得的重要历史遗迹和海洋文化遗产,石刻内容反映出的海疆抗倭、历代海防建设等史实具有较大的研究价值,本文仅作了浅显的认识与研究。另外,虽然此次通过传拓留存下来了摩崖石刻的平面复制品,是其保护手段之一,但如何保护石刻本体、尽可能延缓风化,尤其是处在不利因素较多的海岛地区,在今后仍需要一个长期的艰巨探索过程。

---

[1] http://blog.sina.com.cn/s/blog_5dbbbd6e0102vtkn.html(2015-8-23)。
[2] 舟山市文化广电新闻出版局:《海山风物——舟山市第三次全国文物普查成果汇编》(下),内部资料,2012 年,第 433 页;《嵊泗县志》编纂委员会:《嵊泗县志(1986~2000)》,方志出版社,2007 年,第 227 页。

Wonders of Mountains and Seas

—Study on the Cliff Inscriptions of Ming and Qing Dynasties in Shengsi Archipelago

By

Zhou Xing　　Yuan Qifei

Abstract：More than a dozen cliff inscriptions in Shengsi archipelago, Zhoushan islands, Zhejiang province, have been investigated and distributed on different islands and reefs. The period is from Wanli of the Ming dynasty to Guangxu of the Qing dynasty. They are important historical sites that can reflect the Anti-japanese pirates in the southeast of Ming dynasty, the construction of coastal defense, the evolution of official system and military preparation in Ming and Qing dynasties. At the same time, they are also marine cultural relics reflecting the splendid marine culture of Zhejiang and even China. Based on the historical documents, this paper discusses the establishment of military officials in Ming and Qing dynasties and the coastal defense patrols. It also supplements or corrects some existing understandings about the stone inscriptions, and helps to further enhance the historical and cultural connotations of the cliff inscriptions of Shengsi archipelago.

Keywords：Shengsi, Cliff Inscriptions, Ming and Qing Dynasties, Ocean Culture, Coastal Defence Patrol

海南新发现的与海上丝绸之路相关的文物

孙琼新　贾　宾*

摘　要：海南最近发现几件与海上丝绸之路相关的文物，分别是《两院禁示》碑和在西沙发现的铜火铳。它们分别以文字和实物说明了海南与海上丝绸之路的关系及与丝路沿岸国家和地区的经济往来与文化交流活动。

关键词：海上丝绸之路　文物

海南岛地处南海之中，北接大陆，南邻太平洋岛屿诸国，距大陆最近处仅 18 海里。据《宋史·外国传》记载，在古代的海运条件下，海南至越南中部东海岸，顺风一日可抵达。优越的地理位置使其在古代海上丝绸之路中占据了重要地位，近些年在海南发现的文物更是对这一认识的最好说明。如在西沙打捞出水的"华光礁一号"沉船以及散落在海南岛的伊斯兰墓碑，它们经历了海上贸易的繁盛，见证了中外交流的盛世，更成为海南在南海海上丝绸之路上的永久坐标！2016 年，海南文物工作者在潭门征集的《两院禁示》碑及西沙出水的古代铜铳，更是对海南在古代海上丝绸之路上重要地位的强力佐证。

《两院禁示碑》发现于潭门镇村民伍振雄家。据伍振雄介绍，该碑是他在 2000 年建房挖地基时发现的，同时出土的还有一些石条，未见碑座。

该碑呈长方形，正面凿平，碑体下方中部外凸，应是连接碑座处（图一）。碑高 138、宽 37、厚 13 厘米，基本完整。碑额楷书"两院禁示"四个大字；碑文竖行，楷书，字大小约 4~6 厘米。碑文计 109 余字，大部分文字清晰可见，也有少量磨损严重、模糊难辨。全文如下：

两院禁示

今后但有各省商贩经由惠潮广各府沿海驾使白艚等□船只入至□□地方先将该省印给引票货物关票抵赴□□□兵巡海南道挂号验明众船夹带违禁货物军器免□抽税方许□买克期驾回并不许私载米穀转放□□许地方军兵拿送定□容隐一并治罪。

---

*　孙琼新、贾宾，海南省博物馆。

图一　《两院禁示》碑

上述碑文显示，对从惠州、潮州、广州各府沿海海域驾船来海南经商的各省商贩，该禁碑明确提出四点要求：

第一，首先要携带该省印给的引票、货物关票，到当地的兵巡海南道挂号登记，验明票据；

第二，凡是夹带违禁货物、军用器械的船只，一律禁止入港；

第三，按照规定纳税后才允许进行商贸交易；

第四，船只需在限定时间内离港，同时不得私自装载米谷，转运别府出售或存放。

倘若有违反上述禁令的不法之徒，准许地方驻军捕拿、移送上司或自行依法处理；容许违禁行为或对违禁行为隐瞒不报的，一同治罪。

由于碑文未见落款，经考证《两院禁示》碑的立碑年代应为明朝中后期（立碑时间上限为隆庆元年，下限为明末[1]），真实反映了隆庆开关后，明政府放松海禁政策、大力发展海外贸易的史事。

明朝初年，出于多种原因实行海禁政策。到了明朝中叶，南洋诸国先后沦为葡萄牙、西班牙等国的殖民地。西方列强多次以"朝贡"为名要求明朝解除海禁，进行通商。同时，由于市场需要，私人海上贸易日渐繁荣，私人海商与官方矛盾加剧。为了缓和上述矛盾，有识之士提出："请开市舶，易私贩为公贩（私贩指走私商，公贩指合法商人）。"《东西洋考》记载："隆庆改元，……，请开海禁，准贩东西二洋。"明朝政府于隆庆元年，解除从立国之初开始的"海禁"，准许民间私人"远贩东西二洋"，进行有条件（即出海贸易船只不得携带违禁物品，船主要领取引票并缴纳引税）的海上贸易，史称"隆庆开关"。同时，明政府为了便于管理，出台了"引票"制度，即发给商人一种商业凭证，以此凭证进行商业贸易即为合法，无此凭证就要受到制裁。自此，民间海外贸易虽然还有诸多的限制规定，但是毕竟得到官方许可，只要商人遵从政府管理，缴纳赋税，就被视为合法经营，极大促进了我国海上贸易的繁荣发展。

琼海潭门发现的《两院禁示》碑，明确规定：惠、潮、广各府往来海南的商船，要携带引票、货物关票，到兵巡海南道挂号登记，验明票据；同时，不许夹带违禁货物、军器，纳税后方可经营。这正是对明朝中后期"隆庆开关"的有力印证。

明朝自隆庆开关以后，大批商人将丝织品、棉织品、瓷器、茶叶、布匹等商品，通过"海上丝绸之路"运送到东南亚国家，在那里从欧洲商人手里换来大量白银。张燮在《东西洋考》中提到："东

---

[1]　蒋斌、贾宾：《〈两院禁示〉碑年代考》，《文物》2017年。

洋吕宋地无它产,夷人悉银钱易货,故归船自白银外,无它携来,即有货亦无几。"在商人追求最大商业利润的基础上,形成了一条中国同东南亚甚至东方同西方的贸易网络,这个贸易网络同当时的世界贸易网络紧密连接,"海上丝绸之路"即是这个贸易网络的桥梁。《两院禁示》碑的发现,无疑为海南在"海上丝绸之路"上的重要地位提供了有力的历史佐证。

二

2017年3月,海南省文物工作人员在潭门发现了打捞出水于西沙群岛的火铳四件(图二、三)。

图二 1、2号火铳　　　　　　图三 3、4号火铳

铳类火器是一种较早出现于我国的金属管状射击火器,通常被人们称为火铳。元代时其已经被作战部队所使用,现存最早有铭文确切记载的火铳是中国国家博物馆收藏的元至顺三年铜火铳。明代火铳有大小之分,现今普遍认为口径大的铳发展为炮,口径小的铳则发展为枪。海南发现的火铳属于手铳,手铳又称为手把铳、手铳筒,是铳类火器的重要类别。铳身分为三部分:前膛、药室、尾銎(图四)。铳膛用于安放弹丸,弹丸为石质或铁质的子弹。铳膛约占铳体的2/3。药室用于装填火药,成腹部微鼓的圆柱形,其直径大于铳口直径及尾銎直径,在药室两端一般会加上两道以上的箍,以加固铳身,防止爆裂。药室上有火门,火捻从中通出,尾銎可插木质手柄,方便举放。"从现有文物来看,木柄样式有枪棒式、凸式、拐子式"[1]。

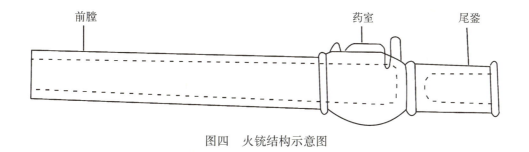

图四 火铳结构示意图

[1] 王子林:《故宫博物院藏明代手铳》,《故宫博物院院刊》1995年第1期。

1 号火铳：铜制，铸造成型，表面有绿锈，铳体坚固，保存完好。长 48 厘米，前膛长 26 厘米，外口径 5 厘米，内口径 4 厘米。药室长 12 厘米，药室径长 8.7 厘米。尾銎长 10 厘米，銎外径 6 厘米，銎内径 4.2 厘米。药室前端 6 厘米处有一铜箍。铜箍两侧安装一铜制手把，手把中部镂孔。手把外径 6.3 厘米，手把内径 4.2 厘米。手把上刻有"大明"两个铭文。尾銎处刻有"大明洪武三年制"七个铭文。铳重 2 291 克。

2 号火铳：铜制，铸造成型，表面有绿锈，铳体坚固，保存完好。长 38 厘米，前膛长 22 厘米，外口径 4.8 厘米，内口径 3.7 厘米。药室长 8 厘米，药室径长 8.6 厘米，呈圆柱形。尾銎长 8 厘米，銎外径 6.1 厘米，銎内径 4.4 厘米。药室前端 10 厘米处有一铜箍。铜箍两侧安装一铜制手把。手把外径 6.1 厘米，手把内径 3.9 厘米。手把上刻有"大明"两个铭文。尾銎处刻有"留守中卫铸造"六个铭文，药室至铜箍处的膛身上刻有"天字九十五号"六字铭文，铜箍至前膛口沿部刻有"大明"两字铭文。铳重 1 998 克。

3、4 号火铳：铜制，铸造成型，表面有绿锈，铳体坚固，保存完好。形似一铜管，但是尾部微鼓，使其自然形成前膛、药室、尾銎三部分。药室上有一圆孔，是为火门，火捻由此通出。3 号火铳长 34 厘米，4 号火铳长 31 厘米。

在这四件铜铳中，其中 1 号与 2 号铳有铭文记载和手把，带有手把的火铳，这在国内很少发现。1 号铳注明的生产时间为明洪武三年，2 号铳前膛上刻有"天字九十五号"、尾銎上刻有"留守中卫铸造"。"同洪武火铳一样，永乐火铳的铳身也有镌文，不过其内容不同，它们从一些侧面，反映了永乐火铳的情况"[1]。因此可以判断 2 号火铳的时代为明永乐时期。

3 号与 4 号铳上没有明确的铭文记载。美国加州大学的孙耒臣教授多年来一直在对东南亚各国的火器进行研究，搜集了很多珍贵的资料。他从河内越南历史博物馆和广西桂林等地，搜集了不少关于越南人在 15 世纪至 18 世纪使用火器的资料。这些资料表明，越南曾研制的金属管形射击火器与我国明朝永乐至正德年间（1403～1521）制造的火铳大致相似。下列 4 件手铳（图五、六），制作比较粗朴，两头稍小，中部约 2/3 微鼓，略呈纺锤形，口部有唇沿，尾部似为中空式尾銎，方便安装木柄。图六中的 3 支手铳，是在我国广西壮族自治区发现的，其中一号手铳长 75 厘米，口径 1.7～3 厘米，重 2.2 千克；2 号手铳长 35 厘米，口径 1.5～2.6 厘米；三号铳长 33 厘米，口径 1.5～2.7 厘米，重 2 千克。通过同越南手铳的对比，我们认为在西沙发现的 3 号和 4 号手铳，很可能是越南生产的。

结合 4 件火铳的发现地点是在西沙群岛北礁

图五　广西南宁收藏的越式手铳

图六　越军使用的手铳

---

[1]　王兆春：《明初火铳镌文浅析》，《明史研究论丛》1991 年第 2 期。

礁盘上,由此可以认定他们与郑和下西洋的船队有莫大的关系。

从永乐三年到宣德八年(1405~1433),明初伟大的航海家郑和7次组织船队下西洋,每次出航人数大多在2.7万人以上。我们在翻阅关于郑和下西洋的文献记载后发现,并无直接提到的火器。宣德五年颁发的关于郑和下西洋的诏书中提到在当时所用的军器中有火器:"敕……今命太监郑和等往西洋忽鲁谋斯等国公干……及随舡合用军火器、纸札、油烛、柴炭,并内官内使年例酒、油、烛等物,敕至,尔等即照数放支与太监郑和、王景弘……洪保等。"[1]这表明宣宗时火器的配备和使用在明军中(包括步骑水师)已有所发展和普及,所以皇帝的有关诏书已有必要把它专门点明。例证二是,曾三下西洋的马欢记述了他们在占城国(今越南中部)看到的嫁女娶妇的喜庆场面:"男家则打铜鼓铜锣,吹椰壳筒,及打竹筒鼓。并放火铳,前后短刀团牌围绕。"[2]巩珍《西洋番国志》曾提到朝廷给船队配备的火器。

除了关于郑和船队配有火器的原始记载,还有关于郑和船队在战争中使用热兵器的记载。曾4次下西洋的费信记述他们在锡兰国自卫反击锡兰王亚烈苦奈尔时讲:"我正使太监郑和等深机密策,暗设兵器,三令五申,使众衔枚疾走。夜半之际,信炮一声,奋勇杀人,生擒其王。"[3]费信对此事的又一说法是:"太监郑和潜备,先发制之。使众衔枚疾走。半夜闻炮,则奋击而入,生擒其王。"[4]这里的"信炮一声,奋勇杀人"、"半夜闻炮,则奋击而入"虽非用火炮直接杀伤敌人,但也是火炮的一种军事应用。所以,下西洋船队配备并在战争中使用了热兵器——火器。当代西方史学家亦承认,下西洋的宝船队配备有火器。火器史专家肯尼斯·蔡司便指出:"关于(下西洋的)舟师的武器装备知道得极少,但中国船舶在这个时代携带了青铜炮——这已被在山东沿海发现的一艘小型双桅巡逻船的残骸,及其铁锚(铭文标示为1372年)和火炮(铭文标示为1377年)所证实。"[5]从明朝前期多次战争中使用的火器和颁布的明军装备火器的定额,以及兵工系统制造和传世、出土的铳炮,可以得知郑和下西洋舰队装备的火器,应该包括洪武手铳、永乐手铳和轻型火炮等火器。由此可以判断,海南西沙北礁发现的这些火铳是郑和船队下西洋开辟海外航线、进行对外贸易和文化交流时遗留在北礁的。

海南新发现的《两院禁示》碑和明代铜火铳,以其提供的信息说明了其与海上丝绸之路的莫大关系,同时也证明了海南在海上丝绸之路上的重要地位。

[1]　巩珍著,向达校注:《西洋番国志》,中华书局,2000年,第10页。
[2]　马欢著,冯承钧校注:《瀛涯胜览》,中华书局,1955年,第13页。
[3]　费信著,冯承钧校注:《星槎胜览》,中华书局,1954年,第30页。
[4]　费信著,冯承钧校注:《星槎胜览》,中华书局,1954年,第31页。
[5]　Kenneth Chase, Firearms, A Global History to 1700, Cambridge University Press, 2003, p.50.

Newly Discovered Cultural Relics Related
to the Maritime Silk Road in Hainan

By

Sun Qiongxin　　Jia Bin

Abstract：Hainan recently discovered several cultural relics related to the maritime silk road，namely the ban monument of the two houses of the National People's Congress and the copper fire spear found in XiSha. They explain Hainan's relationship with the maritime silk road and its economic and cultural exchanges with the countries and regions along the silk road in words and facts.

Keywords：The Maritime Silk Road，Cultural Relics

清代航海图针路簿中的北洋航线[*]

聂 政^{**}

摘 要：航海图与针路簿是指导古代海上航行的导航手册。元明以来，北洋航线逐渐形成发展，记载北洋航线的航海图与针路簿也逐渐出现。本文分别梳理讨论了章巽古航海图、耶鲁大学藏《清代东南洋航海图》《黄中海程》和《海疆要录》四部清代航海图与针路簿中的北洋航线，对其记载的北洋航线进行了初步复原，并探讨了清代北洋航线形成的历史背景。

关键词：航海图 针路簿 北洋航线

黄叔璥在《台海使槎录》中记载："舟子各洋皆有秘本，云系明王三保所遗。余借录，名曰洋更。"[1]此处的秘本洋更，是古代指导海上航行的海图与航行路线的记录。这类记录可以分为针路簿和航海图两种形式。针路簿，是海道针经的一种，是古代的海上导航手册。针路簿（或称更路簿）一般在民间流传，详细记录航行路线、岛礁名称，以及航行针位、更数等，是渔民和水手航行经验的总结，大多以口头或手抄本的形式世代相传。海道针经则是以民间流传的针路簿（更路簿）为基础，把多种针路簿的内容综合起来，并把与海上航行有关的地形、气象、水文等知识系统化，编撰成专书[2]。航海图是为保证海上航行安全所绘制的专用地图。中国古代的航海图最早见于北宋，徐兢《宣和奉使高丽图经》中就记载有"神舟所经岛洲苫屿，而为之图"，惜经存而图亡。

航海图和针路簿随古代航海活动而产生，并随着航海事业的发展而发展，在中国古代航海事业进入全盛的宋元时期，编撰成书的海道针经开始出现。入明以后，海道针经在历史文献中多有记载。清代以后，方志及个人笔记中较多地保存了海道针经的内容[3]。明清以来诸多成书的海道针经，绝大部分出自闽、粤及海南舟子船工所记，主要航线也多在长江以南，对江北和环渤海地区航路的记载较少。本文选择了几种成书于清代的航海图与针路簿，就其涉及的北洋航路部分进行考察梳理，希冀初步了解明清以来的北洋航线。

---

* 本文为国家社会科学基金重大项目"西沙群岛出水陶瓷器与海上丝绸之路研究（编号：16ZDA145）"的阶段性成果。

** 聂政，国家文物局水下文化遗产保护中心。

[1] （清）黄叔璥：《台海使槎录》卷一，《文渊阁四库全书》第 592 册，（台北）商务印书馆，1987 年，第 872 页。

[2] 朱鉴秋：《"方位不易指南篇"——从编著〈渡海方程辑注〉谈古代海道针经》，《海交史研究》2013 年第 2 期。

[3] 刘义杰：《海道针经述论》，《国家航海（第十四辑）》，上海古籍出版社，2016 年。

作为一个地域概念，历史上的北洋泛指中国北方近海的地域海域[1]。北洋一词最早出现于宋代，当时以泉州为视角，将今福建往北的东海、黄海、渤海称为北洋，徐兢所记的白水洋、黄水洋、黑水洋均属北洋的范围之内[2]。清代以来，随着中国海洋社会经济中心从闽粤沿海北移长江口，出现了以上海而不是闽、粤的视角区分海洋畛域的现象，并以上海为中界将环中国海区分为南、北二洋[3]。以航线而论，一般由上海长江口北上至山东、河北、辽宁的沿海属于北洋[4]。本文将要讨论的北洋航线，主要限定于江苏以北的黄海海域和环渤海地区。

一、清代记述北洋航线的航海图与针路簿

目前可见记载北洋航线的清代航海图主要有两种，一是章巽《古航海图考释》一书中的清代抄本航海图；二是耶鲁大学斯德林纪念图书馆（Sterling Memorial Library of Yale University）收藏的《清代东南洋航海图》。这两种航海图类型一致，都是直观的山屿岛礁图[5]，是古代中国的山形水势图[6]。记录北洋航线的针路簿及航路指南较多，本文主要考察《山东海疆图记》中记载的《黄中海程》和李廷钰记录的《海疆要录》两部[7]。

1. 章巽古航海图

据《古航海图考释》记载，这册古航海图是章巽先生于 1956 年春在上海来青阁书庄旧书堆中检出的。店员云系从浙江吴兴收的。无书名题记、作者姓氏，亦无传抄者文字记录，其中有航海地图 69 幅。它的内容，以今地言之，北起辽东湾，中经山东、江苏、上海、浙江、福建诸省市，南达珠江口以外。69 幅地图中，与本文研究相关的共计 21 幅，包括今辽东湾区域 4 幅（图一至图四），今渤海海峡 3 幅（图五至图七），今山东半岛沿海一带 14 幅（图八至图二十，其中因编号重复，图十二有两幅）[8]。据章巽考证，该航海图的成图年代上限在顺治二年（1645 年）之后，下限在康熙六年（1667 年），或至迟雍正十二年（1734 年）以前。大约与雍正八年成书的《海国闻见录》及 18 世纪初期成书的《指南正法》大体相当[9]。据周运中考证，该图应成书于康熙五十年以后，作者可能是福建船民[10]。

2. 耶鲁大学藏《清代东南洋航海图》

这是一份清代民间佚名编绘的航海图册。1841 年中英鸦片战争时，一艘名为"皇家先驱"号

[1]　郭卫东：《释"北洋"》，《安徽史学》2012 年第 2 期。
[2]　陈佳荣：《宋元明清之东西南北洋》，《海交史研究》1992 年第 1 期。
[3]　吴春明：《"北洋"海域中朝航路及其沉船史迹》，《国家航海（第一辑）》，上海古籍出版社，2011 年。
[4]　陈佳荣：《宋元明清之东西南北洋》，《海交史研究》1992 年第 1 期。
[5]　朱鉴秋：《中国古航海图的基本类型》，《国家航海（第九辑）》，上海古籍出版社，2014 年。
[6]　刘义杰：《山形水势图说》，《国家航海（第十辑）》，上海古籍出版社，2015 年。
[7]　除这两部之外，还有诸如泉州《山海明鉴针路》，约成书于 1840~1885 年间；周凯的《夏门志·卷四·防海略》，约成书于 1830 年间。
[8]　章巽：《古航海图考释》，海洋出版社，1980 年，第 2 页。
[9]　章巽：《古航海图考释》，海洋出版社，1980 年，第 6 页。
[10]　周运中：《章巽藏清代航海图的地名及成书考》，《海交史研究》2008 年第 1 期。

的英国军舰包围了一艘约四五百吨重的传统中国商船。在这艘中国船上,英国军官拿走了一册商船航海时所使用的航海图。这册航海图后来流传到耶鲁大学的斯德林纪念图书馆(Sterling Memorial Library of Yale University)。1974 年,李弘祺发现此图[1]。这册航海图的范围北起辽东半岛,南到马来半岛沿岸,共有 123 幅,其中英文说明 1 页,中文图说合共 122 页。与本文相关的有 16 幅,其中辽东半岛南端及附近 4 幅,渤海湾西北部 4 幅,山东半岛东端 4 幅,山东半岛西南部 4 幅。关于该图的编绘年代,钱江等考证应在章巽古航海图之后,18 世纪中期以降。该图的作者较大可能是潮汕或南澳一带的人[2]。

3.《黄中海程》

《黄中海程》,系清雍正五至七年(1727~1729 年)官居文登令的闽人黄中(按《文登县志》黄中为浙江钱塘人),通过对县内“长年三老”的采访,辑录出的山东沿海自北而南的海道记录。《黄中海程》载于雍正年间编纂的《山东通志·海疆志》[3],其辑录的航路自直隶祈河口起,沿山东半岛沿岸自北向南,直到江南莺游山(今江苏北部),“盖沿海水程凡五十六更,计三千三百六十里”[4]。《山东通志·海疆志》中还记载了一条与《黄中海程》相对应的南海道,其内容采自康熙年间编纂的《莱州府志》。此外,乾隆年间成书的《山东海疆图记·卷三·地利部·道里志》也记载了这两条相对应的沿海航线。

4.《海疆要录》

《海疆要录》或称《海疆要略必究》,由清代福建水师提督李廷钰辑录编校。该书是李廷钰凭借长期执掌东南沿海诸省水师要职的经历与便利,搜集整理沿海岛澳形势及海道针路,记录下的沿海岛澳暗礁及航线针路,其目的是作为水师同仁督办军务的参考书,人手一册,共跻安善[5]。《海疆要录》一书中的北洋航线,主要在书中《顺风得利》部分,包括厦门往盖州针路、盖州回厦门针路、青山头放洋往天津针路、天津回青山头针路、青山头往锦州针路、天津浅口往盖州针路、菊花岛往锦州针路、天津港口往宁波针路、胶州出港离槟榔往宁波针路等[6]。

二、航海图针路簿中的北洋航线

(一) 章巽古航海图与《清代东南洋航海图》

章巽古航海图(下称章图)与耶鲁藏《清代东南洋航海图》(下称耶鲁图)有诸多相似之处。

---

[1]　李弘祺:《美国耶鲁大学珍藏的中国古航海图》,《中国史研究动态》1997 年第 8 期。

[2]　钱江:《牛津藏〈明代东西洋航海图〉姐妹作——耶鲁藏〈清代东南洋航海图〉推介》,《海交史研究》2013 年第 2 期。

[3]　王涛:《舟子与国家——明清文献中的山东海道》,《海交史研究》2011 年第 2 期。

[4]　转引自国家图书馆清抄本《山东海疆图记》卷三《地利部·道里志》。

[5]　林瀚:《李廷钰与〈海疆要录〉研究》,《南海学刊》2017 年第 1 期。

[6]　陈佳荣、朱鉴秋:《海路针经》,广东科技出版社,2016 年,第 980~982 页。

钱江认为两航海图的相似之处在于图文并茂、图形简朴、针经入图、内容雷同、地名相承等五个方面[1]。丁一曾借助章图考释耶鲁图[2]。就本文涉及的北洋航线部分来说,章图与耶鲁图都可分为渤海湾西北部、辽东半岛南端及庙岛群岛、山东半岛东部、山东半岛西南部四个区域。其中渤海湾西北部包括章图的图一、图二,耶鲁图 P108~P111;辽东半岛南端及庙岛群岛包括章图的图三至图七,耶鲁图的 P106、P107、P112、P113;山东半岛东部包括章图的图八至图十四,耶鲁图的 P114~P116,补 P122;山东半岛西南部包括章图的图十五至图二十,耶鲁图的 P117~P119,补 P123(耶鲁图的排序采用钱江发表的顺序[3])。下文即按照这四个区域来分析这两图所记载的区域和航线。

1. 渤海湾西北部

该区域包括章图 2 幅,耶鲁图 4 幅,二图绘制区域较为一致,主要记述了山海关—菊花岛—葫芦岛—锦州天桥厂的航线(图一),只是各图详细程度不同。其中章图二与耶鲁图 P110 基本一致,绘制的都是山海关至葫芦岛的航线图;耶鲁图 P108、P109 详细绘制了锦州天桥厂海口及其南北的笔架

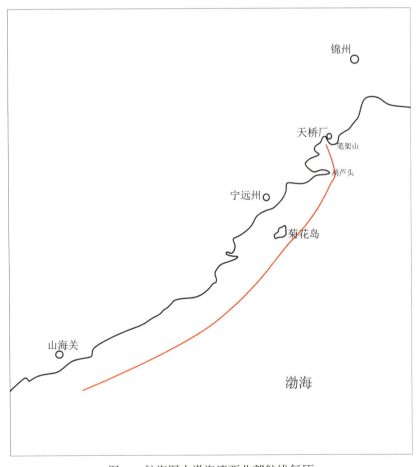

图一　航海图中渤海湾西北部航线复原

[1] 钱江:《牛津藏〈明代东西洋航海图〉姐妹作——耶鲁藏〈清代东南洋航海图〉推介》,《海交史研究》2013 年第 2 期。

[2] 丁一:《耶鲁藏清代航海图北洋部分考释及其航线研究》,《历史地理(第二十五辑)》,上海人民出版社,2011 年。

[3] 钱江:《牛津藏〈明代东西洋航海图〉姐妹作——耶鲁藏〈清代东南洋航海图〉推介》,《海交史研究》2013 年第 2 期。

山、葫芦头等区域,章图一绘制的也是此区域;耶鲁图 P111 单独绘制了菊花岛附近的海图。

2. 辽东半岛南端及庙岛群岛

该区域包括章图 5 幅,耶鲁图 4 幅,对此区域的绘制二图出现差别。章图显示的是老铁山及其西北海域—旅顺口—庙岛群岛北/中/南—登州区域,耶鲁图则为老铁山及其西北海域—旅顺口—庙岛群岛北段区域(图二)。具体来看,章图三与耶鲁图 P112 绘制区域基本一样,为旅顺口附近的海图。章图四绘制的是老铁山及其西北区域,与耶鲁图 P113 上半部相似。耶鲁图 P106、P107 绘制的也是老铁山西北海域的岛屿,但更为详细,其中记载从南往北的针路: 羊洋屿(北皇城)—孔

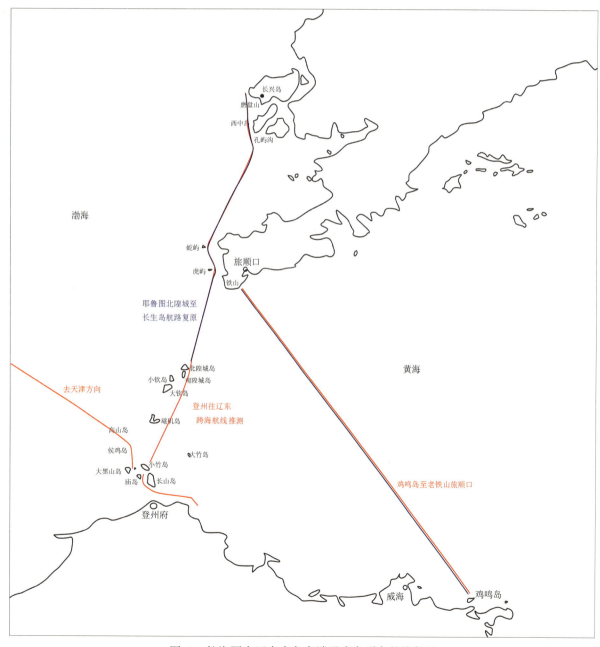

图二　航海图中辽东半岛南端及庙岛群岛航线复原

屿沟—长生岛。章图五、六、七分别绘制了庙岛群岛北、中、南部的诸岛屿及登州，而耶鲁图仅在
P113下部绘制了南北皇城，不过 P113 中的针路里记载了一句"从皇城、寮岛往锦、盖，可过小
洋，七更取铁山"，这和章图以图像形式显示的登州至铁山跨海航线相似。

两份海图在绘制此区域的时候，各记载了一条去往天津的针路。章图六中记载"往天津处船
路"，应是经过庙岛群岛中部的高山岛和黑山岛之间通往天津。耶鲁图 P113 针路记载为"威海共
刘公岛相连往天津"。此外，章图四与耶鲁图 P112 中还记载了从威海鸡鸣岛放洋到达老铁山旅
顺口的针路。

3. 山东半岛东部

该区域包括章图 8 幅，耶鲁图 4 幅，二图在绘制山东半岛东部时也产生了显著变化。成书稍
早的章图，用了其表现北洋海域最多的篇幅，绘制了芝罘岛—威海卫—刘公岛—海驴岛—成山
头—养鱼池—青鱼滩—里岛—马头嘴—苏山岛的航线海图；而耶鲁图中并没有绘制芝罘岛和威

图三　航海图中山东半岛东部航线复原

海卫刘公岛区域的海图,显示的是鸡鸣岛—海驴岛—成山头—养鱼池—马鞍山—马头嘴—苏山岛的航线海图(图三)。具体来说,章图八、九绘制了芝罘岛及其附近海图,图八中记载了芝罘岛至威海卫的针路;章图十绘制了刘公岛附近的海图;章图十一、十二绘制了成山头及其附近的海图,包括其西北的海驴岛,西南方向的养鱼池等;耶鲁图 P114、P115 绘制的也是此区域,但稍有差别;章图十二(重)、十三、十四绘制的是自青鱼滩至马头嘴、苏山岛附近的海图,着重强调了马头嘴;耶鲁图 P116、补 P122 也是绘制的这一区域,但侧重点不同。

4. 山东半岛西南部

该区域包括章图 6 幅,耶鲁图 4 幅,绘制的都是自荣成乳山口至青岛胶州湾西南的航路,二图有诸多相似之处(图四)。章图十五详细绘制了乳山口海域的城池岛屿,耶鲁图 P117 绘制区域相似,但较为简略;章图十九绘制了自乳山口至崂山的海图;章图十六、十七绘制了崂山至胶州湾口附近的海图和航线,耶鲁图 P117、补 P123 与之相似;章图二十、十八绘制了胶州湾口至西南方向灵山岛的海图及航线,与耶鲁图 P118 相似。在这个区域中,崂山和灵山岛是重要的航行节点,二图都有较多篇幅去描述这些节点。

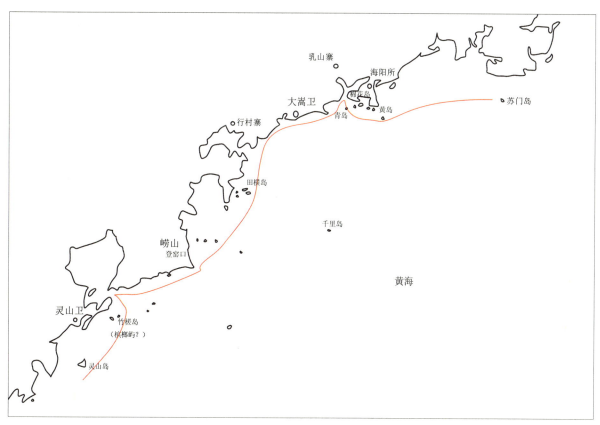

图四　航海图中山东半岛西南部航线复原

(二)黄中海程

《黄中海程》辑录的航线,自河北黄骅至山东半岛南部直至江苏北部,涉及山东沿海 38 处口岸山岛（即38处航运节点），每处均标注有所需行程。其主要地点及路线如下（图五）：

直隶祈河口—丁河口—虎头崖—小石岛—岠嵎岛—黄河营—天桥口—八角口—芝罘岛—养马岛—刘公岛—成山头—龙须岛—养鱼池—青鱼滩—岠嵎岛—里岛口—马头嘴—靖海卫—海阳所口—棉花岛—乳山口—海阳县—行村口—田横岛—崂山下清宫—登窑口—浮山所—青岛口—胶州头营子—唐岛口—柴葫荡—古镇口—曹家口—琅琊台—董家口—宋家口—夹沧口—安东卫岚山头—江南莺游山界。盖沿海水程凡五十六更，计三千三百六十里[1]。

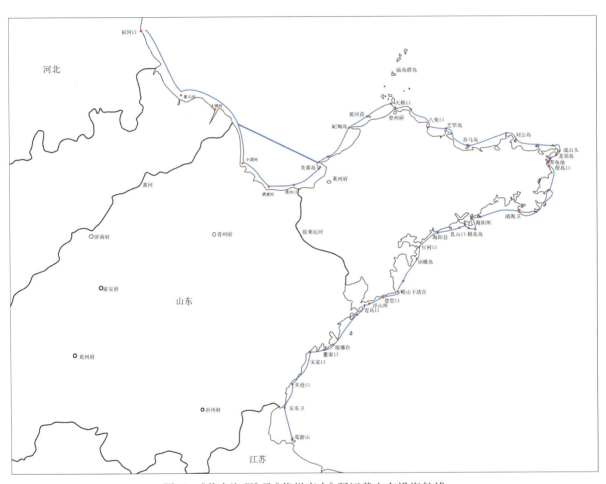

图五　《黄中海程》及《莱州府志》所记载山东沿海航线

《黄中海程》对各节点的港口容量比较关注，逐处标明可供泊船或补给薪水之处，但表现的岛礁位置、山形水势并不十分精确。这代表了清代前期山东沿海的海洋贸易及海防和漕粮海运的发展，其官方文本的意味更浓。《山东海疆通志》中抄录的康熙《莱州府志》的南北海道，相对来说应该是比较传统的航行针路，其主要路线如下（见图五）：

大沽河口—套儿河—大清河—唐渡河—淮河口—芙蓉岛—雕翎嘴—三山岛—岠嵎岛—桑岛—庙岛湾—登州天桥口—湾子口—西凤山—刘家汪口—龙门港—八角口—芝罘岛—养马岛—咬牙

---

[1]　国家图书馆清抄本《山东海疆图记》卷三《地利部·道里志》。

嘴—杵岛—刘公岛—青矶岛—海驴岛—成山头—龙口崖—养鱼池口—倭岛—马头嘴—苏门岛—靖海卫—宫家岛、黄岛—葫芦嘴—小青岛—大嵩卫—田横岛—管岛、车门岛、车公岛、劳山头—劳工岛—福岛湾—淮子口—黄岛—小珠山、田岛—薛家岛—唐岛—大珠山、古镇口—斋堂岛—莺游山[1]。

除山东沿海的航路外，《黄中海程》还记录了一段胶辽航线，沿袭了旧有的登州庙岛至旅顺的传统航行路线。

（三）《海疆要录》

《海疆要录》的第三部分《顺风得利》，记载了南自厦门，北抵渤海辽东湾盖州的12条针路，针路信息中包括出发地、目的地、航向、更程、沿岸节点、山形、水势等内容。其中涉及北洋航线9条，包括对向往返航线2条，分别是厦门往返盖州和青山头（威海成山头）往返天津；单程航线5条，其中天津港口往宁波针路北洋部分与天津回青山头基本一致，胶州出港离桅榔往宁波航线主要是跨海航行，本文不再记述。其余7条航线主要内容如下[2]（图六）：

图六 《海疆要录》北洋航线初步复原，航线6为推测

---

[1] 国家图书馆清抄本《山东海疆图记》卷三《地利部·道里志》。

[2] 转引自陈佳荣、朱鉴秋：《海路针经》，广东科技出版社，2016年，第980~982页。

1. 厦门往盖州针路：

大担—海翁线—北掟—乌龟—东涌山—台山—南/北杞山—凤尾山—九山、小鱼山—普陀—北乌龟—乌龟屎—金钱屿—两广屿—尽山，放大洋—马头嘴山—关刀岛—青山头—铁山—虎仔屿—长兴岛—磨盘山—平儿岛—兔儿—齐炮台—二炮台—三炮台—盖州港。

2. 盖州回厦门针路：

盖州—长岛—铁山，放大洋—威海—青山头—鱼岛，放大洋……—大担，进厦门。

3. 青山头放洋往天津针路：

青山头—乌驴岛—威海鼻—澄海府—长岛—蓬之（莱）阁—庙岛，放洋天津，细心对妈祖宫中门，—螺斗屿—离里岛—昆身沙澳—南北炮台—北炮台—天津港。

4. 天津回青山头针路：

天津港—庙岛—澄海府山—子午岛（芝罘岛）—刘公岛—鸡岛—驴岛—青山头。

5. 青山头往锦州针路：

青山头—铁山—虎仔屿—孔屿沟—葫芦透—小笔架山—锦州。

6. 天津浅口往盖州针路：

天津浅口—孔屿港—长生岛—磨盘山—平儿岛—头、二炮台—三炮台—盖州。

7. 菊花岛往锦州针路：

"东北势有大片礁盘，横办看塔山和宁州。西势，大山相塔身齐就是。直办菊花岛，嘴尾可防，海门切不可入。菊花岛澳清，南风，倚汗帆。用单丑，驶六、七分开，礁齐身，可也。或是葫芦岛入，抛掟。防大礁盘，可观塔仔山，有一半角尖相吞塔仔边。北风，硬缭帆，可两山边抛掟，打水四托。水涨，半礁盘尚见。妙哉。"这条航线是北洋航线中惟一的一条沿海短途线路，足以凸显清代中晚期锦州海域的重要性。

《海疆要录》所记载的北洋航路，在北方有成山头、铁山、天津、盖州、锦州几大节点，除成山头与铁山是重要的地标外，其余三处都是清代中晚期北方贸易繁盛之地。这份针路的沿海航行信息减少，跨海航行则增长很多，如成山头至铁山、威海至登州、庙岛至天津、孔屿沟至锦州、天津至孔屿沟等等，都是跨海航行。同其他海图针路极其不同的是，《海疆要录》中的北洋航线没有出现登州过庙岛至辽东半岛的传统路线。这一方面可能代表着海上航行技术的提高，也说明航行的目的性十分明确。

三、清代北洋航线发展的历史背景

以环渤海地区为代表的北洋海域，自古以来跨海交流就十分频繁。清代北洋航线的发展，受益于清代民间贸易的迅猛发展，尤其是顺康海禁政策结束后海洋贸易的繁荣，以及环渤海沿岸口岸社会经济的发展。但北洋航线的产生，却与元、明以来的官方海运直接相关。

1. 元、明、清三代的官方海运

元、明两朝都有海运的相关记载，尤其是元代，《大元海运记》《元海运志》等文献都明确记载了元代海运的情况。自1282年至元灭亡，海运历久不衰，自江苏刘家港运送漕粮北上至大都，海运规模从最初的 4 万余石增长至 300 余万石,先后产生了三条海运航线[1]。可以说元代海运奠定了清代北洋航路的雏形。

有明一代,海运几历存废,《明史・河渠志・运河下・海运》详细记载了明代海运的情况。明代海运路线主要有登莱至永平、辽东、北京;天津入辽;淮安历莺游山、安东卫、灵山卫、鳌山卫、大嵩卫、成山、刘公岛、威海卫、芝罘岛、登州沙门岛、桑岛、屺坶岛、芙蓉岛、莱州大洋、海沧口至天津等。明代的海运多举于明初,自山东半岛运输粮饷至渤海沿岸,主要服务于北京和辽东。明代中后期实行海禁政策,海运零星而行,但王宗沐在隆庆六年(1572 年)组织实施的自江苏淮安经山东半岛沿岸至天津的海运路线,和清代北洋航线中的山东沿海部分,尤其是《黄中海程》记载的南北航路非常相似。

清代的漕粮运输主要依靠大运河进行,但道光四年(1824 年)因运河治河暂停,海运在道光一朝又反复施行。安徽巡抚陶澍上书"请以苏、松、常、镇、太仓四府一州之粟全由海运",并附一份详细的航路指南:"自吴淞口出十滧,东向大洋至佘山,北向铁槎山,历成山,西转之罘岛,稍北抵天津,总计水程四千余里。"[2]这份航路指南是清代北洋航线长期实践的总结。

2. 清代北洋贸易的发展

随着顺治康熙时期海禁政策的结束,民间北洋贸易逐步发展。"康熙年间,大开海道,始有商贾经过登州海面,直趋天津、奉天,万商辐辏之盛,亘古未有"[3]。《台海使槎录》中曾言:"海船多漳、泉商贾……至山东贩卖粗细碗碟、杉枋、糖、纸、胡椒、苏木。回日则载白蜡、紫草、药材、茧绸、麦豆、盐肉、红枣、核桃、柿饼;关东贩卖乌茶、黄茶、绸缎、布匹、碗、纸、糖、面、胡椒、苏木。回日则载药材、瓜子、松子、榛子、海参、银鱼、蛏干。海壖弹丸,商旅辐辏,器物流通,实有资于内地。"[4]这段记载明确说明了清代沿海商贾的贸易往来及货物交流情况。文中所谓海船,在北洋沿海贸易中的主要为沙船和鸟船。

沙船是从江南航向东北沿海的商船,属平底海船;鸟船为福建海船,属尖底海船,上文中漳、泉商贾的海船即应为鸟船。沙船是清代北洋航线中的主要船型,包世臣在《中衢一勺・海运南漕议》中记载:"出吴淞口,迤南由浙及闽粤,皆为南洋。迤北由通海、山东、直隶及关东,皆为北洋。南洋多矶岛,水深浪巨,非鸟船不行。北洋多沙碛,水浅礁硬,非沙船不行……沙船聚于上海约三千五六百号,其船大者载官斛三千石,小者千五六百石。船主皆崇明、通州、海门、南汇、宝山、上海土著之富民。"[5]钱泳在《履园丛话・水学・协济》中记载:"上海、乍浦各口有善走关东、山东海船五千余只,每船可载二三千石不等。"[6]沙船的数量不管是三千五六百只还是五千余只,都可见此时期海上贸易的繁荣景象。

鸟船主要在南洋及远洋航行中使用,但北洋海域亦有鸟船航行。山东胶州女姑口的商船曾

[1] 佚名:《大元海运记》,广文书局,1974 年;(元) 危素:《元海运志》,商务印书馆,1937 年。

[2] 佚名:《清史列传》,中华书局,1987 年,第 2917 页。

[3] (清)谢占壬:《古今海运异宜》,《皇朝经世文编》,中华书局,2004 年,第 594 页。

[4] (清)黄叔璥:《台海使槎录》卷一,《文渊阁四库全书》第 592 册,(台北)商务印书馆,1987 年,第 895、896 页。

[5] (清)包世臣撰:《包世臣文集・中衢一勺》,黄山出版社,1993 年,第 11~12 页。

[6] (清)钱泳:《履园丛话》,中华书局,1979 年,第 108 页。

抄录了道光二十五年（1845 年）鸟船的进口费、使费等税规记录[1]。雍正年间每年有数十只南方鸟船抵津贸易，乾隆时渐增至百余只，嘉庆年间最高曾达一百八十余只[2]。章巽古航海图和耶鲁《清代东南洋航海图》及《海疆要录》等航海图针路簿的初本，都应是搭乘鸟船去往北洋贸易的船上人员所创。

中国第一历史档案馆藏有一份嘉庆初年的税收清单，详细开列了辽宁山海关所属海口出入船只及所征税银数量[3]，从这份清单可以管窥辽东湾沿岸的北洋贸易情况（表一）。清单中的沙、鸟、卫、东，分别指沙船、鸟船、卫船（天津船）和东船（山东船）。嘉庆二年山海关沿海各港口进出船只 3 413 只，嘉庆三年进出 3 286 只。嘉庆初年山海关各海港征收的税银可以达到山海关征收税银总数的 70%～80%[4]，可见海上贸易之繁盛。其中锦州和牛庄二地船舶数量占进出港船只总数的 60% 以上，这也是为什么航海图针路簿中较多出现此二地的缘故。

表一　嘉庆二、三年山海关所属海港进出船只、税银征收表

海　港		船舶类型	嘉庆二年		嘉庆三年	
			船　数	税　银	船　数	税　银
锦州	天桥厂 小马蹄沟	沙鸟卫	1 090	42 980	1 365	25 607
牛庄	没沟营 耿隆屯	沙鸟卫	1 053	37 528	728	21 900
盖州	连云岛 红旗沟 大孤山 青堆山	沙鸟卫东	163	11 795	147	9 564
岫岩	尖山子 英那河 鲍家码头 小沙河	沙　东	620	9 581	570	7 771
复州	娘娘宫 五湖嘴 皮子窝 青山台	沙鸟卫东	136	1 215	114	1 250
金州	金　厂 石　槽 红　崖 和尚岛	沙鸟卫	395	11 830	362	10 401
		合　计	3 413	120 818	3 286	82 668

---

[1]　［日］松浦章：《清代帆船东亚航运与中国海商海盗研究》，上海辞书出版社，2009 年，第 110 页。

[2]　许檀：《乾隆—道光年间的北洋贸易与上海的崛起》，《学术月刊》2011 年第 11 期。

[3]　中国第一历史档案馆所藏：《清代朱批奏折·财政类（嘉庆朝）》，0371－012 文书。此清单被松浦章、许檀等诸多学者引用。

[4]　许檀：《清代前期的山海关与东北沿海港口》，《中国经济史研究》2001 年第 4 期。

四、余　　论

　　清代的北洋航线,脱胎于元明时期以官方漕粮运输为主的海运,清代顺康海禁政策结束后,民间海上贸易不断发展,南北交流加强,海上航行日趋繁忙,航行于北洋海域的船只日益增多,串联北方沿海诸多港口与地标节点的北洋航线不断发展成熟。服务于海上导航的航海图与针路簿,自然出现较多有关北洋航路的记载。但北洋航线在中国沿海航路中所占比重仍然是较低的。

　　清代大量出现的航海图针路簿,其记载多以南方海区南洋航线为主。本文所讨论的四部记载北洋航线的航海图与针路簿,除《黄中海程》是专门记载以山东沿海为主的航线外,其余三部记载的航行范围都跨越几乎整个中国沿海,耶鲁藏《清代东南洋航海图》更是记述到东南亚的马来半岛地区。北洋航线在这三部导航文献中都居于从属地位。究其根源,除了航海图针路簿多为闽粤海南舟子船员所记之外,清代社会经济的重心尤其是海上贸易的重心在南方海域是重要原因。

PeiYang Route in Nautical Chart and
Compass Navigation, Qing Dynasty

By

Nie Zheng

Abstract: Nautical Chart and Compass Navigation were ancient sea navigation manual instruction. PeiYang route were gradually formed and the route recorded by that kind of chart also gradually appeared since in the Yuan and Ming dynasty. This artical discussed the recovery and historical background of the the PeiYang route from four Navigational map book (the *Zhangxunguhanghaitu*, Navigational map book of Eastern Ocean and Southern Ocean in the Qing dynasty, *Huangzhonghaicheng* and *Haijiangyaolu*) in Qing dynasty.

Keywords: Nautical Chart, Compass Navigation(zhenlubu), PeiYang Route

新加坡对中国陶瓷贸易研究的贡献

John N. Miksic*

摘　要: 马六甲海峡是古代东西贸易的重要航线通道。占据优越地理位置的新加坡及周边地区成为来自南中国海和印度洋商人的集会点。东南亚水手们最先开发出中印定期贸易航行必需的航海技术,很快印度人、阿拉伯人和波斯人也加入了。中国水手和商人参与海上贸易的时间并不算早。印尼沉船显示,9世纪前中国陶瓷制造者已经开始大量生产外销瓷。东南亚水域保存下来的最古老的中国船只年代可以追溯到14世纪晚期或15世纪早期。作为一个典型的港口遗址,新加坡20年来的考古学工作发掘出大宗中国器物,尤其是中国陶瓷器,利用这些材料可以深入探讨古代中国和东南亚的贸易形式。

关键词: 中国贸易陶瓷　新加坡　东南亚　港口遗址

亚洲南海岸的规律季风使新加坡及周边地区不可避免地成为来自南中国海和印度洋商人的集会点。商人已经在贯穿马六甲海峡的东西航线往返了2 000多年。东南亚水手们最先开发出中印定期贸易航行必需的航海技术。很快印度人、阿拉伯人和波斯人也加入了他们的行列。

中国水手和商人参与海上贸易的时间并不算早。古代对接触外国人的限制和歧视贸易的文化偏见都限制了中国人对商贸活动的参与,虽然很多活动均已失载,但推测不会很频繁。印尼沉船显示,9世纪前中国陶瓷制造者一直在大量生产外销瓷,然而成品却不是被中国船只运走的[1]。

东南亚水域保存下来的最古老的中国船只年代可以追溯到14世纪晚期或15世纪早期[2]。第一批海外华人村落的形成更难确定。仅通过存在的中国制品不能证明华人居住的具体位置。华人居住在东南亚港口需有文献佐证。

---

* 　　John N. Miksic,新加坡国立大学;本文的翻译者为辛光灿,国家文物局水下文化遗产保护中心。

[1]　Flecker, M, "A 9th-century Arab or Indian shipwreck in Indonesian waters.", *International Journal of Nautical Archaeology* 29, 2000, No.2, pp.199－217. Flecker, M., The Archaeological Excavation of the 10th Century Intan Shipwreck, Oxford: Archaeopress, *BAR International Series 1047*, 2002.

[2]　Flecker, M., "The Bakau wreck: an early example of Chinese shipping in Southeast Asia." *The International Journal of Nautical Archaeology 30*, 2001, No.2, pp.221－230. Brown, R. and S. Sjostrand, *Turiang: A Fourteen-Century Shipwreck in Southeast Asian Waters*, Pasadena: Pacific Asia Museum, 2000. Brown, R. and S. Sjostrand, *Maritime Archaeology and Shipwreck Ceramics in Malaysia*, Kuala Lumpur: Department of Museums and Antiquities, 2003.

早期东南亚华人群体的发展过程已经不能详细复原了。但是一种比较可靠的观点认为,中国商人从 12 世纪开始短期地造访印尼,为了等待利市产生的商机,他们逐渐延长造访的期限,但并非为了与一起到达的其他中国商人竞争。后来他们可能已经开始与当地妇女结婚,差不多永久性地定居下来,并且组成了混合文化家庭,恰如现在所谓的"土生华人"。

马六甲海峡有几处可能是华人季节性或永久性居住过的遗址。其中一个是名为"中国城"（"中国的栅栏"）的遗址。19 世纪早期这个名字便已经存在了,尽管当时实际没有华人住在那里[1]。

遗址的名字暗示了它形成的一种可能的原因。马可·波罗描述了 1292 年中国航海者在苏门答腊北部建造木栅栏的情况:

> 我们弃船登陆,因为害怕这些肮脏野蛮的食人族,我们绕营地挖建了一条大壕沟,两端均延伸到港口的海岸处。我们在壕沟围成的营地内建起五个木结构塔或堡垒。我们在这些防御工事内生活了五个月。[2]

这段时间,马可·波罗没有住进华人村落,这个事实表明此地并没有华人村落。或许当时中国城就已经废弃了。

自 11 世纪晚期至 13 世纪晚期,中国城已经有大量外来制品。Anderson 提到,那里竖立着一块巨大的石碑,文字模糊不辨[3]。20 世纪 70 年代（Miksic 1979）的考古学研究没能发现这块石碑,但是发现了大量古代遗物,包括斯里兰卡钱币,金、青铜和铁熔渣,制造珠宝的模子,骨头、贝壳和用于支撑房屋的木柱[4]。南印度或斯里兰卡风格的佛像和印度教雕像表明,这两种宗教曾并存过。雕塑本身是从南亚进口的。

最丰富的遗物是陶器,其中有 70% 为本地制造,另外 30% 全部来自中国（瓷器和磁器）*。其他被认为是中国器物的,包括刻有中国文字的金箔废料和上百枚中国青铜钱币,其中有为数众多的散落在其他住宅遗址周围的单枚硬币,但有一些仍然放在箱子里,因腐蚀而黏在一起呈腊肠状,说明它们曾以中国习俗用绳子系在一起。这是已知最早的有中国货币流通迹象的东南亚遗址。你可以把中国城视为一个存在中国村落的宋代贸易港口。很可能最开始这个遗址是一个华人的季节性驻地,后来演变为一个更为持久的村落,但这仅止于臆测,因为没有发现关于中国城和古代人口描述的成文文献。

一份重要的有关东南亚的早期中国文献是周达观作于 1297 年的著述,即《真腊风土记》,或

［1］　Anderson, John, *Mission to the East Coast of Sumatra in 1823*, Kuala Lumpur: Oxford University Press, 1971.

［2］　Latham, Ronald, *The Travels of Marco Polo*, Harmondsworth: Penguin, 1958, p.254.

［3］　Anderson, John, *Mission to the East Coast of Sumatra in 1823*, Kuala Lumpur: Oxford University Press, 1971: 294.

［4］　Edwards McKinnon, E., "Research at Kota Cina, a Sung-Yuan period trading site in east Sumatra." *Archipel*, 1977, No.14, pp.19－32. Edwards McKinnon, E., *Kota Cina: Its Context and Meaning in the Trade of Southeast Asia in the Twelfth to Fourteenth Centuries*, Ithaca: Cornell University Ph.D. Dissertation, 1984.

＊　　本文中的瓷器是指用瓷土高温烧制的器物,磁器指用非瓷土烧制温度低的器物——译者注。

称为《柬埔寨纪行》,书的内容基于一次官方出使,其间周达观在吴哥逗留了半年。周的出使并非主要为了贸易,所以记录的商贸信息相对较少。柬埔寨也不是一个重要的贸易国。周在论述中指出,一些中国人已经在吴哥繁衍了几代人。他提到"也有一些人烧掉死者,这些多半是华人后裔"[1]。火葬习俗在中国不常见;那些吴哥的"华人后裔"一定已经在那里繁衍了几代人,时间长到足够采用一种更东南亚化的习俗来处理尸体。遗憾的是,周没有告诉我们任何关于这些中国人后裔的其他事情:有多少人,他们是否有特殊职业,或者以其他方法与柬埔寨人区别开。

周也顺便提到"我的同胞薛先生已经在这个国家生活了35年"[2]。他还记载,"大量到这里来的中国水手"喜欢柬埔寨的生活方式,因而"不断有叛离投靠这里的人"[3]。据周记述,当时移民到柬埔寨的华人增加了,并提到:来到柬埔寨的华人很快与当地妇女结成夫妇,这些妇女是市场上小贩的主要来源[4]。村落似乎并没有保留中国风俗,那里也不使用中国硬币。但是这些中国—高棉婚姻的后人似乎一直知道他们是华人后裔。

汪大渊在作于1349年的《岛夷志略》中最早记录了一个看似永久性的海外华人村落。此书的内容基于14世纪30年代作者的一次经商经历[5]。

汪大渊记叙了99个中国以外的地方,他似乎亲身到过其中很多地方,但仅在两处提到有中国居民。其中一处建立于1292年,当时准备去袭击爪哇的中国船队将一群晕船的军士留在岸上。他们留在了勾栏山(可能是格南岛,在婆罗洲以西)。在汪的时代,一些人(或他们的后代,"超过100人")"与土著家族杂居在一起"[6]。

第二个村落在新加坡岛或者附近一个现在称之为圣淘沙的小岛上。汪记载了很多新加坡地区的地形详情,表明他对此地很熟悉。他将当地居民称为"淡马锡人"。《马来纪年》记载了古时"淡马锡"这个名字演变为"新加坡"的过程[7]。淡马锡有两处聚居区。一处被称为龙牙门——"龙牙海峡"。他将此处描述为一个海盗盘踞之所,这些海盗劫掠中国商人,但是他也有这样的叙

---

[1] "今亦渐有焚者,往往皆是唐人之遗种也"。《真腊风土记校注》,中华书局,2000年,第134页。Çoedes, G., *The Indianized States of Southeast Asia*, Translation of Les États hindouisés d'Indochine et d'Indonésie by Susna Brown Cowing, Edited by Walter F. Vella, Honolulu: University of Hawaii, 1970.

[2] "余乡人薛氏,居番三十五年矣"。《真腊风土记校注》,中华书局,2000年,第178页。

[3] "唐人之为水手者,利其国中不着衣裳,且米粮易求,妇女易得,屋室易办,器用亦足,买卖易为,往往皆逃逸于彼"。《真腊风土记校注》,中华书局,2000年,第180页。

[4] "国人交易皆妇人能之,所以唐人到彼,必先纳一妇人者,兼亦利其能买卖故也"。《真腊风土记校注》,中华书局,2000年,第146页。

[5] Kwee Hwee Kian, *Dao Yi Zhi Lue as a Maritime Traders' Guidebook*, National University of Singapore Honour's Thesis, 1997. Ptak, R., "Images of maritime Asia in two Yuan texts: Daoyi zhilue and Yiyu zhi." *Journal of Song-Yuan Studies*, 1995, No.25, pp.47-75. Rockhill, W.W., "Notes on the relations and trade of China with the Eastern Archipelago and the coast of the Indian Ocean during the fourteenth century." *T'oung Pao*, 1914, No.15: Part 1, pp.419-447; Part 2, pp.61-159, 236-271, 374-392, 435-467, 604-626.

[6] "今唐人与番人丛杂而居",《岛夷志略校释》,中华书局,2000年,第248页。Rockhill, W. W., "Notes on the relations and trade of China with the Eastern Archipelago and the coast of the Indian Ocean during the fourteenth century." *T'oung Pao*, 1914, No.15: Part 2, p.261.

[7] Brown, C.C. Edited and Translated, *Sejarah Melayu Malay Annals*, Kuala Lumpur: Oxford University Press, 1970.

述：“土著人和中国人毗邻而居”（引自 Wheatley 译本）或“首相（相府）命令无论男人和女人都要与中国人和谐相处”（承蒙 Geoff Wade 和 Goh Geok Yian 相告）[1]。汪文笔简练，很难用英文精准地翻译出来，但意思很明显：即有中国人在淡马锡生活。

至今仍然没有发现海盗藏身的旧址。但是考古学家在汪提及的另一处地方发现了数量巨大的遗物。汪描述了这个称之为班卒（Banzu）的聚居区（很可能是马来词 Pancur 的音译，“水泉”之意）。Banzu/Pancur 的遗迹分布在新加坡河北岸和福康宁山区域，位于现代新加坡的中部地区。汪用“俗质”[2]来描述那里的人们。

看起来汪可能插叙了一个要求对中国人友善的官方告示，因为在那里或附近地区有一个华人聚居区。这段文章也可视为华人与当地人杂居在一个聚居区的直接参考依据。无论哪种情况，华人聚居区可能位于新加坡河/福康宁山附近。

新加坡的考古学研究始于 1984 年。在新加坡河、福康宁、斯坦福德路及以前的海岸线包围的区域内，已经发掘了 7 个出土 14 世纪器物的遗址。这些器物包括大量中国瓷器。这是一个接近 85 公顷的地域。虽然没有对这个区域的全部进行调查，但是似乎可以确认：整个区域大约在 14 世纪时即被广泛开发。在上文提到的界限以外的发掘没有任何收获，暗示了居住地的聚居形式是极为集中而不是分散的。

新加坡发现的 14 世纪器物的材质多种多样，包括金属类、玻璃、有机材料和陶瓷。新加坡进口原材料然后制成成品，一些制品（诸如青铜和铜鱼钩）很可能再出口到邻近地区。新加坡很可能扮演了一个中转港口的角色，将中印货物转到邻近的马来半岛和印尼地区。发现的新加坡贸易物资来源地包括印度、印尼、泰国、越南和斯里兰卡。

一如既往，陶器中蕴含了遗址在古时曾被占领的大部分证据。新加坡遗址出土的陶器中，当地制品和来自中国的进口货几乎平分秋色。

汪大渊非常关注陶瓷贸易。他在《岛夷志略》中列举了许多 14 世纪 30 年代在东南亚市场销售的陶瓷器种类。他提到很多陶瓷种类，分属不同的材质、器形、尺寸、颜色和装饰纹样。大部分瓷器购买者是马六甲海峡或附近的居民。在新加坡地区还没有发现并研究除此之外的港口遗址。汪关于外销到龙牙门和班卒的陶瓷品的记述远远不如实际考古发掘中发现的器物种类丰富。因此如果重建这个地区早期陶瓷贸易的数据，汪的书不能作为一个全面的参考资料。考古学研究可以增加很多文字失载的数据。

新加坡发现的中国器物

新加坡已经鉴别出了多种来自中国的瓷器和磁器，今后的研究将继续揭露出更多的种类。也许最值得注意的是一类带有钴料釉下彩装饰的器物，其在白地上装饰蓝色图案。新加坡发现

［1］　Wheatley, P., *The Golden Khersonese*, Kuala Lumpur：University of Malaya Press, 1961, p.82.
［2］　“俗质”，《岛夷志略校释》，中华书局，2000 年，第 196 页。

的元代蓝彩瓷器纹样种类非常有限。所发现的大部分是碗的碎片,装饰有莲花瓣、菊花和黑莓藤、经典的卷草纹或藤纹、鸭子戏水于或被水生植物环绕的或被简单植物纹样环绕的池塘等纹样。鸭塘主题花纹的流行与印度的情况很像。这种碗占元代瓷器的38%[1]。

新加坡发现的特殊样式的器物包括精致的小碗(可能盛酒用)、喇叭口瓶、器盖和带柄执壶。一个在福康宁发现的高足杯,可能也作酒杯用。相同的高足杯在当时宣示对新加坡有宗主权的满者伯夷的首都德罗乌兰亦有发现(同样的例子请参考 Carswell 的文章)[2]。在福康宁发现的一类小执壶的碎片在菲律宾也有发现[3]。另外一片福康宁出土的瓷片是一种常被西方人称为"僧侣帽"的执壶,汉语称为"土木壶"的器物也在菲律宾有发现[4]。

福康宁的一组碗的碎片是最重要的发现之一。碗上装饰有用蓝黑色釉下彩写成的标识罗盘方向的中国文字。目前所知世界上还没有发现与此类似的碗。釉下装饰可能是用铁而不是钴料做成的。这个碗可能曾在船上使用,但也可能曾用作占卜风水。也许 14 世纪福康宁山上的统治者就是用它来做这些事情(图一)。

另外一块福康宁的瓷片的形状像如意。它可能是一个仿木形执壶的上半部分(一个青白瓷器实例见于 Joseph and Brown 的文章)[5]。

新加坡河沿岸发现了一些可以追溯到明代早期的瓷片,但还需要对此进行更深入的研究。总之,明代早期瓷器在东南亚发现得很少,原因在于中国政府对国外通商的重新限制。16 世纪晚期开始有更多瓷器输入新加坡。在新加坡河口附近发现的明代晚期瓷片证明,这里在 1600 年时有一个贸易港口,并一直存在。虽然一些其他器形如长颈瓶也出现过,但是大部分的明代器物是小碗[6]。

除钴料以外,元代的中国陶工实验了几种矿物来制造釉下装饰,其中之一便是铜料。新加坡

图一　中国瓷罗盘

[1] Liu Xingyuan, Translated by A. H-T. Lin, "Yuan Dynasty official wares from Jingdezhen." In R.E. Scott, ed. *The Porcelains of Jingdezhen*. London: Percival David Foundation Colloquies on Art and Archaeology in Asia, 1993, No. 16, pp.33 - 46.

[2] Carswell, J., *Blue and White Chinese Porcelain and Its Impact on the Western World*, Chicago: University of Chicago, 1985, pp.63 - 64.

[3] Aga-Oglu, K., *The Williams Collection of Far Eastern Ceramics Tonnancour Section*, Ann Arbor: The University of Michigan Museum of Anthropology, 1975, p.61.

[4] Gotuaco, L., R.C. Tan, and A.I.Diem, *Chinese and Vietnamese Blue and White Wares Found in the Philippines*, Makati City: Bookmark, 1997, p.61.

[5] Joseph, A. and R. M. Brown, eds., *South-East Asian and Chinese Trade Pottery*, Hong Kong: The Oriental Ceramic Society of Hong Kong, 1975, p.80.

[6] Carswell, J., *Blue and White Chinese Porcelain and Its Impact on the Western World*, Chicago: University of Chicago, 1985, p.122.

发现了大约半打铜红瓷片。它们都是小碗、罐和杯的碎片。另外一种装饰是在白地（少数在绿地）上用铁料烧制成棕褐色。在新加坡发现了绿地小模型罐的碎片和一个器盖。

一种被称为"青白"的浅蓝的白色釉是江西景德镇窑的特色产品。13 世纪晚期贴花工艺开始应用于装饰青白瓷。一些新加坡器物代表了这种发展趋势的早期阶段。这里生产的铁锈斑青白瓷用以外销。它在菲律宾和印尼的遗址都很常见。在福康宁发现的五块瓷片属于小罐模型和器盖。在国会大厦遗址发现的精致实例是小碟的一块碎片，上面装饰有在莲花池玩耍的童子形象。一个在圣交德鲁斯教堂遗址发现的小罐系模仿了杨桃的形状。

在福康宁有一些很罕见的白瓷器种类。有个器物被摔成很多碎片，包括精致的绳状物，一个细小的栏杆碎片，两个人物形象中一人刻画为着袍僧侣，另外一个非中国人的形象可能是波斯人或阿拉伯人。这些碎片曾经是一个中国戏台形瓷枕的构件。中国类似的瓷枕年代可以追溯到宋代[1]和元代[2]。尚未在中国以外其他遗址发现这种瓷枕。

最常见的元代中国瓷器是绿釉碗。初步分析显示，龙泉绿釉碗和绿釉盘在新加坡发现的 14世纪瓷器中可能已经占到65%的份额。新加坡最常见的 14 世纪瓷器是直径约 15 厘米的绿釉碗，装饰有简单的刻划曲线花纹。花朵通常印于内底中心。在新加坡的几处遗址中，有时漂亮的模制装饰会被用来制作绿釉碗。

一类碗的内底有一未施釉的垫圈。在老国会大厦至少发现了 52 个这样的碗，在福康宁有 10个，在国会大厦有 9 个，只有一件来自皇后坊遗址的内底心有釉下印花装饰。在德罗乌兰这种碗很常见，但是它们通常装饰印花图案。形成这个有趣差异的原因目前仍未可知。

贴花双鱼纹盘在宋代遗址中非常常见，如中国城遗址，然而在 14 世纪的新加坡却鲜有发现。福康宁尚未发现此类器物，在国会大厦仅发现 3 件，而在皇后坊遗址发现了 38 件。出现这种差异肯定有某些原因，但是目前仍无法做出解释。福康宁的一个碗装饰有印花双鱼纹（而不是模制）（图二）。

一些叶边形大盘在 14 世纪新加坡的不同地区都有发现。在亚米尼亚教堂前方禧街的拓宽过程中发现了一片与众不同的盘子碎片，呈金黄色，也许是窑炉内温度和气氛变动下的偶然产物。盘子装饰有一个凸起的浮雕龙纹（与此相似的仅有普通绿色的实例，参见 Aga-Oglu的文章）[3]。

图二　中国城出双鱼纹龙泉瓷器

［1］　Tregear, M. and S. Vainker, *Art Treasures in China*, New York Harry N. Abrams, 2000, p.186.

［2］　He Zhenghuang and Xu Liping. eds., *Sung Yuan Tao Ci Ta Quan/Chinese Ceramics*, *Song Yuan Dynasty*, Taipei：Yi Su Jia Publishing House. Second edition, 1993, pp.378 － 379.

［3］　Aga-Oglu, K., *The Williams Collection of Far Eastern Ceramics Tonnancour Section*, Ann Arbor：The University of Michigan Museum of Anthropology, 1975, p.28.

在元代其他出口到新加坡的普通型式的绿釉瓷器包括大盘(有的直径超过了30厘米)、碟、盘、盏、模型小罐、执壶、带盖酒罐、瓶和香炉。与白釉和青花瓷器相比,新加坡很少发现独特的绿釉瓷器。一些不常见的器物有一块带盖盒底部、一块雕塑残片,些许笔洗碎片和一个带足碗。在新加坡还发现一些绿釉瓶:其中一件带敞口和长颈,另外三件带模制纹饰。旧国会大厦发现的一个鸭形盖盒很可能来自广东西村[1]。

另外一类中国陶瓷是铅釉陶器,它们很可能产自泉州。在中国城和新加坡有一些发现,但是并非任何遗址都常见到。这些器物表面绿色,浅黄色胎。福康宁有一个模制小罐的碎片,国会大厦发现了包括一个军持在内的几个器物的碎片(对比资料可参见Brown的文章)[2]。

陶　　器

新加坡最常见的古器物是粗糙的灰色磁瓶,窄小的厚平底,高约25厘米,小口直径有1厘米。制作这些瓶子时需要相当谨慎。器身形状不规则。因为器壁较厚使得罐上部在制作过程中经常下垂。这些瓶子制作得不符合美感。他们缺乏装饰性,形状固定,意味着它们的造型仅仅出于功用考虑。中国城发现的早期器物通常在环绕口部的小范围内施釉,但是在14世纪这种装饰渐趋式微甚至不见。新加坡仅发现一例带有这种装饰的器物。

冶金学家F.E.Treloar(1974)推测,这种形状可能是按照容器设计者需要盛放重物的目的制成的。厚重而窄小的底部和尖锥形的器身很适应这一要求。如果盛放的物质是挥发性液体则窄口很有效,比如存放水银。这么大体积的一个瓶子盛满水银,重量将近20公斤。

此类器物的碎片已经在不少宋代考古遗址中发现,包括彭布秧谷、吴哥[3]和中国城[4]等。在14世纪东爪哇遗址如图班(Tuban音译)中,这些器物都很常见[5]。此类罐在13世纪的吴哥即有发现。在那里水银是进口物品[6]。它们在沙捞越[7]、吕宋岛和澎湖列岛[8]的明代前期遗

[1]　Joseph, A. and R. M. Brown, eds., South-East Asian and Chinese Trade Pottery, Hong Kong: The Oriental Ceramic Society of Hong Kong, 1975, p.63. Brown, R.M. ed., *Guangdong Ceramics from Butuan and Other Philippine Sites*, Manila: Oriental Ceramic Society of the Philippines/Singapore: Oxford University Press, 1989, p.104.

[2]　Brown, R.M. ed., *Guangdong Ceramics from Butuan and Other Philippine Sites*, Manila: Oriental Ceramic Society of the Philippines/Singapore: Oxford University Press, 1989, p. 135.

[3]　Treloar, F.E., "Stoneware bottles in the Sarawak Museum: vessels for mercury trade?", *Sarawak Museums Journal*, 1974, No.20, pp.40 – 41.

[4]　Edwards McKinnon, E., *Kota Cina: Its Context and Meaning in the Trade of Southeast Asia in the Twelfth to Fourteenth Centuries*, Ithaca: Cornell University Ph.D. Dissertation, 1984, pp.294 – 298.

[5]　Ho Chuimei, "The ceramic boom in Minnan." In A. Schottenhammer, ed. *The Emporium of the World: Maritime Quanzhou, 1000 – 1400*, Leiden: Brill, 2001, p.248.

[6]　O'Connor, S. J., "Metallurgy and Immortality at Candi Sukuh, Central Java." *Indonesia*, 1985, No.39, p.68.

[7]　Zainie, C. (with T. Harrisson), "Early Chinese stonewares excavated in Sarawak, 1947 – 1967[:] a suggested first basic classification." *Sarawak Museum Journal* XV, 30 – 31 (New Series), 1967, pp.81 – 82.

[8]　Liu Liang-yu, "Some specimens of trade ceramics unearthed in Taiwan and Penghu — a discussion of certain （转下页）

址中很常见。这类陶片也在南印度泰米尔纳德邦的帕莱雅－泰雅（Palaiya-Kayal 音译）（"Old Kayal"）有发现,同时发现的还有 13 至 14 世纪的碎片[1]。鉴于宋元时期水银贸易的重要性,极可能 14 世纪新加坡发现的成千上万件 14 世纪陶片中有一些是携带水银之器。此类"小口罐"是盛放水银的首选。一旦它们原来储存的水银被取走,则可能被再次使用。在新加坡发现了 2 件这种罐的残器,里面盛放有石灰。这很可能暗示了一种此类容器的再利用方法:这种重型容器不一定必然盛放白粉。石灰可能用在炮制荖叶的过程中——内含槟榔切片的较温和的刺激性混合物。中国城的另一件类似的瓶子碎片上也发现了石灰[2]。

　　东南亚大多数沉船遗址中均发现了稍大的陶器储存罐。一些器物留下了它们所携物质的信息,包括有机物和无机物,从食物到稍小的精致陶瓷。在新加坡和其他元代时期遗址发现的大多数碎片,除了施釉(绿釉、褐釉、黄釉)外,均无花纹装饰。大多数罐在肩上装饰四或六个凸耳,很可能是为了栓系木盖。这些凸耳通常以饕餮或者怪兽头装饰。有几个在器身装饰模制龙纹,刻画曲线或者花朵。新加坡已经发掘出了几个压印有陶工标记或款识的器物,但是通常很难辨认清楚。一些在菩提树叶形边缘内部装饰"宝"字文,具有"财富""珍贵"或"珠宝"的含义(图三)。

图三　磁器印戳:"宝"

　　宋元的瓷器可以分为两个主要类型。一类被认为是在广东烧制而成,采用浅黄色黏土,极少有或几乎没有杂质及夹砂颗粒。陶工标记和龙纹仅仅发现于这类磁器上。另外一类"易碎的器皿"内通常盛放数量或多或少的沙子。易碎器皿似乎主要被用作储存罐。与此不同,广东器样式丰富。

　　Derek Heng 博士对一个皇后坊遗址的磁器进行了详尽分析。从遗址内 14 世纪器物分布最集中的 A 区和 B 区提取了 55 公斤碎片作样品,他分辨出 15 种不同类型,并根据材质合并成三大组:广东(型)、深灰色(型)和易碎(型)。

广东型器占总体的 60%[3]。更多这种分析可以使我们回答很多关于新加坡和中国之间商贸活动的基本问题(图四)。

　　对东南亚历史时期遗址中发现的中国陶瓷的细致分析还很少。关于元代陶瓷出口贸易对中

（接上页）questions concerning kiln origins." *International Symposium on Ancient Chinese Trade Ceramics: Collected Papers*, Taipei: National Museum of History, 1994, p.249.

[1] Karashima, Noboru（ed）, *In Search of Chinese Ceramic-sherds In South India and Sri Lanka*, Tokyo: Taisho University Press, 2004, pl. 22: 1.

[2] Edwards McKinnon, E., *Kota Cina: Its Context and Meaning in the Trade of Southeast Asia in the Twelfth to Fourteenth Centuries*, Ithaca: Cornell University Ph.D. Dissertation, 1984, p.289.

[3] Heng, D.T.S., "*Classification of coarse stoneware ceramic sherds: Empress Place Site Excavation 1998.*" Unpublished Report on File at Fort Canning Archaeology Laboratory, 2004.

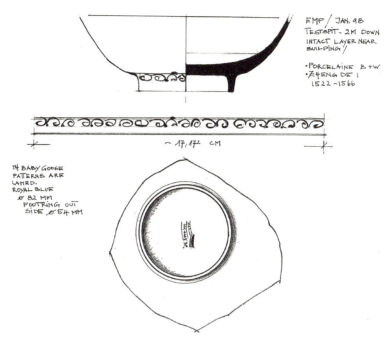

图四　皇后坊遗址（EMP）发现的正德字符

国南方和东南地区经济的重要性,磁器和瓷器的型式分析可以回答许多有趣的问题。对中国内地遗址中陶瓷类型的分布与它们在国外地区分布的比较研究几乎没有尝试。仅有的一点数据已经让部分学者得出结论,认为陶瓷出口是中国那些生产陶瓷地区的一项重要收入来源。已有的历史学和考古学数据似乎显示,从广东到福建元代陶瓷外销贸易有所提升,极有可能同时表明社会日趋繁荣。

结　　论

在中国以外,新加坡20年来的考古工作发掘出大宗中国器物。这些器物都出土于欧洲聚落期之前的遗址。极少有其他遗址发现与之媲美的遗物,所以很难进行对比分析。现有数据暗示,在14世纪新加坡大量进口此类商品。几个遗址都曾发现特殊的瓷器类型,尤其是在曾被认为是古老宫殿区的福康宁[1]。在各类中国瓷器中,有一件罗盘碗很特别。研究显示,这个早期历史有几分模糊,一些小岛有潜能发掘出有用的考古学材料,利用这些材料可以制成有关中国和东南亚前现代贸易形式的图表。物质遗存的丰富性表明,历史记录仅是解决这个课题的一类信息来源,而考古学可以为这个课题增添更多新颖洞见。

[1]　Miksic, J.N., *Archaeological Research on the 'Forbidden Hill' of Singapore: Excavations at Fort Canning*, *1984*, Singapore：National Museum, 1985. Miksic, J.N., "The distribution of imported wares in Singapore, 14th to 16th centuries." *Bulletin of the Indo-Pacific Prehistory Association*, 2006, No.26, pp.147－153.

The Contribution of Singapore to the Study of the Chinese Ceramic Trade

By

John N. Miksic

Abstract：The Strait of Melaka was an important shipping route for East-West trade in ancient times. Taking advantage of a strategically important location, the area around Singapore would form a meeting point for merchants from the South China Sea and Indian ocean. The sailors of Southeast Asia were the first to develop the nautical expertise necessary for making regular trading voyages in the waters between India and China. They were soon joined by Indians, Arabs, and Persians. Chinese sailors and traders were late entrants into the maritime trade. Shipwrecks in Indonesia show that Chinese ceramic producers were making large quantities of their wares for export by the ninth century. The oldest Chinese ships yet documented in Southeast Asian waters date from the late fourteenth or early fifteenth centuries. As a typical port site, Singapore's systematic archaeological work has unearthed large quantities of Chinese artifacts over the past two decades, especially the Chinese ceramics, which can be used to explore the trade patterns between ancient China and Southeast Asia.

Keywords：Chinese Trade Ceramics, Singapore, Southeast Asia, Port Site

波斯湾古代海上贸易：
萨珊鱼雷型安佛拉罐的证据[*]

Hossein Tofighian　　Farhang Khademi Nadooshan

摘　要：近来在波斯湾和阿曼海沿岸的考古学调查与发掘中揭露了数以百计帕提亚及萨珊时期的陶片，这些陶片可以作为这一地区海上商贸往来的证据。发掘获得的陶器遗物有多种类型与尺寸。很多器物都在内侧施以沥青涂层，这种技术可使陶器具有防水性。这些独特形态的器物不仅便于装船，而且适用于液体运输。本文试图对伊朗海岸发现的鱼雷型陶罐进行研究，并展现这些发现及其与邻近地区的关系。

关键词：波斯湾　帕提亚时期　萨珊时期　安佛拉罐　海上贸易

一、引　　言

波斯湾及阿曼海沿岸的几个史前和历史时期文化都参与到了该地区公元前六千和前五千年以降的商业活动及海上贸易当中[1]。这些活动涉及海上航线和连接陆上贸易路线的商业中心，通常由直接或间接控制了海路的统治者把持。塞琉古王朝（Seleucids）（公元前 360~公元 141 年）对波斯湾的海上贸易尤其热衷[2]。在发展商业的基础上，塞琉古王朝在波斯湾沿岸及其毗连地区建立了许多城市。其中之一便是底格里斯河畔的塞琉西亚（位于今巴格达之南）作为王朝的首都，其逐渐发展为重要的贸易中心。

帕提亚（Parthian）国王米特拉达梯一世（Mithradates I）（公元前 174~前 138）对塞琉西亚和苏萨的占领帮助安息帝国掌管了海上贸易，还建立了东部和西北部之间的内陆水上贸易。美索不

* 　Hossein Tofighian，伊朗考古研究中心；Farhang Khademi Nadooshan，伊朗塔比亚特·莫代雷斯大学人文学院考古系；本文翻译者为翟若普，英国杜仑大学考古系。

[1]　Joan Oates, et al. "Seafaring merchants of Ur?.", *Antiquity* 51, 1977 (203), pp.221 – 234.
　　　Joan Oates, "Trade and power in the fifth and fourth millennia BC: new evidence from northern Mesopotamia.", *World Archaeology* 24, 1993(3), pp.403 – 422. Peter Magee, "The production, distribution and function of iron age bridge-spouted vessels in Iran and arabia: Results from recent excavations and geochemical analysis.", *Iran* 43, 2005(1), pp.93 – 115.
[2]　C. J. Howgego, and D. T. Potts. "Greek and Roman coins from eastern Arabia.", *Arabian archaeology and epigraphy* 3, 1992(3), pp.183 – 189.

达米亚地区的商贸在公元 1 世纪和公元 2 世纪时由帕提亚人控制。尽管有罗马皇帝图拉真(Trajan)和塞普蒂米乌斯·塞维鲁(Septimius Severus)的多次袭击[1],哈特拉城一直保持在帕提亚王朝的治下,但是帕提亚也失去了埃德萨和尼西比斯这两座城池。

波斯湾岬角附近的当地统治者们出于战略和经济目的建立了查拉赛尼组织(the Characene organization)。随后,塞琉卡斯王朝将其重组为一处"安条克",在帕提亚时期,这里则是一个以查拉克斯(Spasinu Charax)为首府的"总督省"。在中央政局不稳定的时期,查拉赛尼联盟得以直接通过苏萨接触到印度。巴尔米拉人和纳巴泰人,乃至罗马人,都对查拉赛尼协助波斯湾的海上贸易颇感兴趣。公元前 1 世纪早期[2],波斯湾地区由帕提亚王朝及其他附属国占领,因而区分当地势力和帝国权力是有困难的。

自阿尔达希尔一世(Ardeshir Ⅰ)(公元 224~246 年)起,严格意义上的美索不达米亚地区就归入了萨珊王朝的统治之下,尤其是萨珊王朝在公元 260 年攻占了埃德萨城,俘获了罗马皇帝瓦莱里安(Valerian)。沙普尔二世(Shapur Ⅱ)(公元 310~379 年)在位期间,萨珊王朝在波斯湾南岸建立了几座城市以控制阿拉伯人。正当萨珊人和罗马人为美索不达米亚地区的控制权相争不下时,喀瓦德和阿拉伯人达成了某种政治协议,使得从波斯湾沿岸到阿曼海的广大区域皆为萨珊王朝所控制[3]。

一些考古学调查[4]记录了阿曼的一处萨珊时期的军事港口[5],显示了这一地区的海事重要性。萨珊人还派遣了一支外交代表团去往也门国王的宫廷。他们甚至复制了奥古斯都时期的钱币(比如,丘就却,Kujulu Kadphises),虽然这和罗马并无直接联系。基于帕提亚和萨珊时期鱼雷型陶罐内侧的沥青涂层,Stern 与同事[6]总结出了一条苏萨和斯里兰卡的阿努拉达普拉之间的海运路线。

二、鱼雷型安佛拉罐

"鱼雷型安佛拉罐"罐身呈圆柱形,口沿和颈部为球形,并有长且中空的底。这些陶制容器主

---

[1]　Claude Eilers, *Roman patrons of Greek cities*. Oxford University Press, 1993, p.484.

[2]　A.D.H. Bivar, 1983. "Seleucid, Parthian and Sassanid period", *The Cambridge History of Iran*, 3, 1983, p.3.

[3]　Clifford Edmund Bosworth, "Iran and the Arabs before Islam.", *The Cambridge History of Iran* 3.1, 1993, p.602.

[4]　Beatrice De Cardi and D. Brian Doe, "Archaeological survey in the northern Trucial States.", *East and West* 21, 1971 (3/4), pp.225 – 289. Beatrice De Cardi, Claudio Vita-Finzi, and Anne Coles. "Archaeological survey in northern Oman, 1972.", *East and west* 25, 1975 (1/2), pp.9 – 75.

[5]　Beatrice De Cardi, "A Sasanian outpost in northern Oman." *Antiquity* 46. 1972 (184), pp.308. and *Epigraphy* 3, 183 – 9.

[6]　Ben Stern, Jacques Connan, E. Blakelock, R. Jackman, Robin AE Coningham, and C. Heron, From Susa to Anuradhapura: reconstructing aspects of trade and exchange in bitumen — coated ceramic vessels between Iran and Sri Lanka from the third to the ninth centuries ad. *Archaeometry* 50, 2008(3), p.425.

要在帕提亚时代晚期(公元前 247 年~公元 224 年)[1]到伊斯兰时代早期(公元 7 世纪)使用,并传播于美索不达米亚和印度洋之间,在多处考古学遗址内均有发现[2]。

鱼雷型罐有可能起源于美索不达米亚。部分鱼雷型罐表明,这类器皿是用不同的黏土以多样的技术制作的。一些鱼雷型罐有沥青涂层,这通常是为了使器物可以防水。部分考古学报告表明,沥青原料是在伊朗境内开采的。针对阿努拉达普拉发现的一只鱼雷型罐的分析[3]将其年代定于公元 3 至 9 世纪,并显示它的产地靠近苏萨。也许这些鱼雷型罐所使用的沥青源自伊朗的卢里斯坦地区。

三、水下遗存

(一) Māhrouyān 港

在布什尔半岛 Māhrouyān 港的近期发掘中,从该遗址最早的地层中发现了若干鱼雷型陶瓷器(图一)。这些器皿使用绿色或灰绿色黏土,其内掺杂沙子和陶瓷碎片。由于烧制温度够高,这些陶瓷器的外表面通常覆盖着白绿色涂层。器物的内侧同样施以沥青涂层。根据 C－14 测年技术测定的木炭样本显示,这些鱼雷型陶罐所在的地层可追溯至萨珊时代晚期。在这一区域还发现了施松石绿釉的鱼雷型罐。这些陶罐的底通常是圆柱形,口沿呈圆形或弧形,在其外部,尤其是口沿或肩部之下可见装饰性纹路。

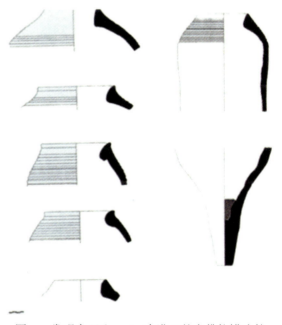

(二) Siniz 港

在 Siniz 港,也有一件鱼雷型罐在考古学研究中被发现(图二)。这一例安佛拉罐为锥形底,罐体内部有沥青涂层。这件由当地人在 Imam Hassan(即 Siniz)港一堵翻新过的墙体下发现的残破安佛

图一　发现自 Māhrouyān 古港口的安佛拉罐残件

[1] Roberta Tomber, Rome and Mesopotamia — importers into India in the first millennium AD. *Antiquity 81*, 2007(314), p.974.

[2] Robert A Carter, Christianity in the Gulf during the first centuries of Islam. *Arabian archaeology and epigraphy 19*, 2008(1), pp.71－108.

[3] Ben Stern, Jacques Connan, E. Blakelock, R. Jackman, Robin AE Coningham, and C. Heron, From Susa to Anuradhapura: reconstructing aspects of trade and exchange in bitumen — coated ceramic vessels between Iran and Sri Lanka from the third to the ninth centuries ad. *Archaeometry 50*, 2008(3), p.425.

拉罐被认为是丧葬所用。很有可能是一件作为瓮棺的萨珊时期鱼雷型安佛拉罐，这件样本能够与 Shaghāb 墓地出土的安佛拉式瓮棺（见下文）相比较。

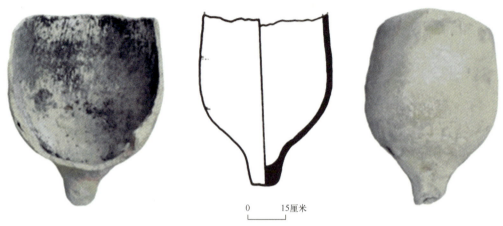

0　　　15厘米

图二　出自 Siniz 古港的安佛拉罐下部残件

（三）Rig 港

在 Village Rig 的港口，当地渔民在水面下 10 米处发现的陶器及铁器遗物引起了考古学家的注意。考古学家利用两个研究季度记录了水下遗存的范围（图三）。此处遗址发现的遗物包括用于运送液体的鱼雷型陶罐、施松石绿釉的彩陶残片、一件头盔和盔甲，以及一块没有任何特殊几何形状的大型石锚（图四）。

图三　Rig 港分布的大小安佛拉罐残片

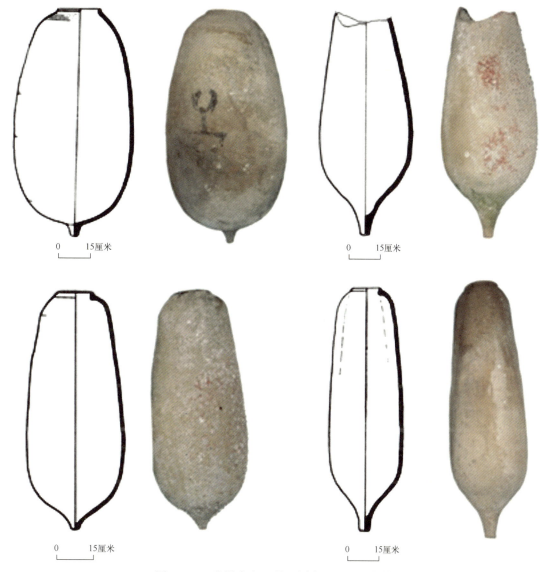

图四 Rig 港沿岸发现的不同类型的安佛拉罐

在 Rig 港最重要的考古发现之一是一件大型安佛拉罐,这件陶罐高 80 厘米,罐口直径 20 厘米,罐身直径 45 厘米,尖底,其上有海洋凝结物。陶罐内侧有沥青涂层,罐身中部有一处洞眼。该鱼雷型罐包含深色黏土,其内部绝大部分都覆盖着沥青。

(四) 和扎尔马尔丹港

和扎尔马尔丹港口包括伊朗东南部沿海城市布什尔海岸地区的高地与低地,长约 1.5 公里,宽度约 400 米,在地表深度散布着萨珊时期的陶器,其中包括印度的红色抛光器具和其他形式的萨珊陶器,尤其以鱼雷型陶罐为多。两件在和扎尔马尔丹获取的鱼雷型陶罐包含鲜红色纤维质和沙质掺合料,其表面覆盖红色黏土,内侧则是沥青涂层(图五)。

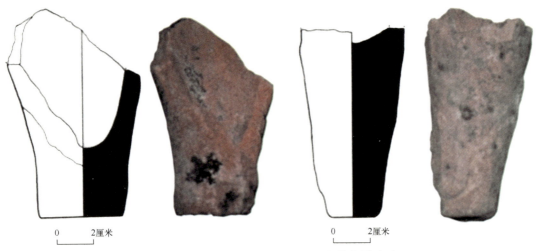

0   2厘米   0   2厘米

图五　古港口和扎尔马尔丹发现的安佛拉罐残片

（五）Shaghāb 墓地

在布什尔半岛海岸满是岩石且低洼的墓地里，发现了若干包含人类遗物的鱼雷型安佛拉罐，这让人联想到苏萨的鱼雷型罐式瓮棺（图六、七）。这些大型鱼雷罐有着圆形罐身，长形底，内侧覆盖沥青涂层。唯一的区别是这些陶罐未见器柄，且口沿和柄部也是分开的。Shaghāb 墓地有多种不同的丧葬形式，包括珊瑚石质的墓葬，开凿于岩石的墓穴，或沿正方形或三角形岩石安置的墓葬。

图六　Shaghāb 墓地出土的多种安佛拉式瓮棺罐照片（由 M. Rahbar 提供）

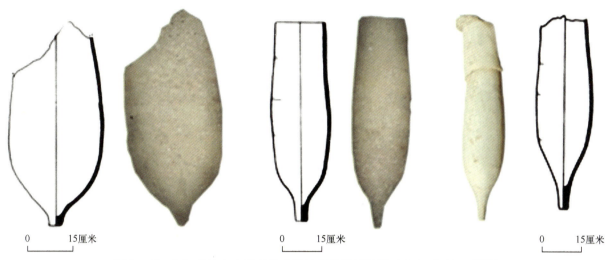

图七　Shaghāb 墓地出土的多种安佛拉式瓮棺罐线图（由 M. Rahbar 提供）

值得注意的一点是在打破的安佛拉罐中进行埋葬的方式，陶罐先是被打破，在其内放置了碎骨后，再将被打破的部分拼接回去，而后又设计出合适的石片作为其覆盖物。根据遗址出土的硬币断代，Shaghāb 墓地的年代可至帕提亚时代晚期到萨珊时代早期[1]。

（六）Rishahr

在布什尔的 Rishahr 海岸的一项研究中，发现了大型鱼雷陶罐的底部及口沿碎片。这些样本包含深黄褐色、红色、棕色和红褐色黏土，内有化石性掺合料。在一些碎片的外侧可以见到黄褐色黏土的涂层，但是绝大多数陶片并没有这类涂层。所有的碎片内侧都覆有沥青。这些口沿样本为圆唇或扁唇，内侧或外侧有弯曲，和在尸罗夫及 Māhrouyān 发现的样本在形状上有所不同。这些残件中的唯一一件器底是柱形或扁平的。不像尸罗夫和 Māhrouyān，这些样本的内侧表面并没有装饰性纹路。

（七）布什尔半岛南部海岸（Jalāli 海岸）

布什尔半岛的鱼雷型罐由当地渔民在若干地点发现，与 Rig 港的鱼雷型罐颇有可比性（图八）。近年来，布什尔大学医药科学方面的研究者在 Eraj Nabipour 博士的带领下，得以明确了 Jalāli 海岸发现的其他鱼雷型陶罐遗存。这一处名为 Jalāli 的海岸位于布什尔港前端，大约 5 到 7 米深。在这里发现的陶器包含有亮黄色黏土，内侧衬有沥青。

（八）尸罗夫港

近来，在尸罗夫进行的发掘中，属于萨珊时期最早期的地层中亦发现了鱼雷型陶罐（图九、一

---

[1]　M. Rahbar, *Archaeological Report of Shaghab Cemetery*, Report submitted to Center of Iranian Cultural Heritage and Tourism Organization, 1983.

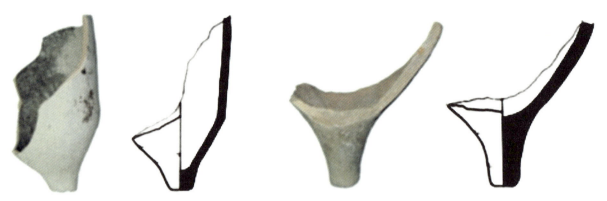

图八　布什尔 Jalāli 海岸发现的安佛拉罐残件

○）。这些陶罐所用的黏土有黄褐色、褐色和沙色，有时黏土中混有白色砂粒。所有出土陶罐都是轮制，外表通常有一层很薄的棕色涂层。陶罐内侧则衬有沥青涂层。尸罗夫的鱼雷型罐和 Māhrouyān 出土的陶罐在外型和技术特点上均有所不同。尸罗夫出土的陶罐为四角扁唇或圆唇，器身与肩部过渡之处的角度更为尖锐。和 Māhrouyān 相似，尸罗夫的安佛拉罐在其外表面也有印刻纹路。

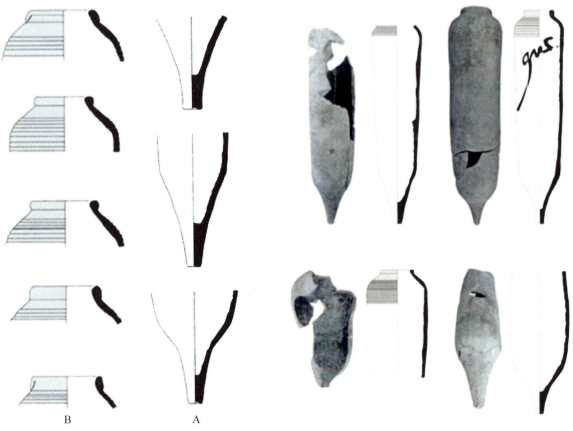

图九　尸罗夫发现的安佛拉罐残片　　　　图一〇　尸罗夫发现的安佛拉罐残片
　　（由 M. E. Esmaeili 提供）　　　　　　　　（由 M. E. Esmaeili 提供）

（九）尸罗夫海域的沉船

根据来自个体潜水员的报告，尤其是针对一段由一台遥控潜水器（ROV）拍摄的鱼雷型罐和安佛拉罐影像的鉴定，有大量的安佛拉罐散落在尸罗夫港以外72米深的海底（图一一）。通过回顾短片并将这批安佛拉罐与相似样本进行对比，针对这一区域的研究得以开展。通过分析大约50件安佛拉罐和其他类型的陶罐在这一有限区域内分布的疏密程度，前文提及的地点似乎与一艘在此沉没的货船有关。

前文提及沉船中的大量安佛拉罐表明，它们广泛应用于运输液体，且在波斯湾海上贸易中占据特殊地位。由于形制特别，这些器皿能够被轻易地安放于货船之上。这批材料中的一只安佛拉罐被发掘出水，并进行了进一步的研究。该器皿为深褐色黏土所制，周身有大量凝结物，器身内侧覆盖着沥青。

（十）Neyband 古港口

在关于波斯湾北部港口遗址的考古学研究中，明确识别了两座被称为 Neyband 和 Basati（Haleh）的重要港口。对 Neyband 的初步研究中发现了一枚鱼雷型罐的残片。陶片为红色黏土制成，内表面覆盖沥青。

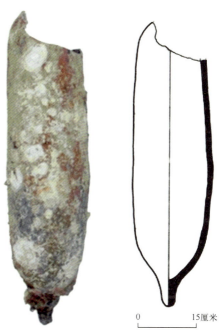

图一一　尸拉夫海域 70 米深处沉船
　　　发现的安佛拉罐样本

（十一）苏萨

1885 年，Marcel-Auguste Dieulafouy 和他的妻子 Jean 开始了对苏萨的发掘。在发掘工作的伊始，他们在晚期的墙体中发现了安佛拉罐式瓮棺和其他形制的瓮棺罐。显然，在卫城和皇城，帕提亚人惯以夯实的墙体埋葬死者。在卫城，研究者在通往隧道遗迹的竖井中的一堵砖墙中发现了大量陶罐，其中就包括被放置在隧道中的安佛拉罐。大部分陶器的上部已经破损，器物之间有一层非常坚硬的黏土。在这些墓葬中还发现了几枚帕提亚时期的钱币。竖井大致有 10 到 15 米深；有一些竖井还连着逐渐变宽的耳室。在这些墓葬中可以确定有希腊的影响，然而瓮棺内侧用于使尸体防腐及防止外部泥土污染的沥青涂层则是东方的传统。这类安佛拉陶罐广泛地分布于这些墓葬之中。

（十二）舒什塔尔的 Miānāb 平原

帕提亚和萨珊时期的安佛拉罐遗物在胡齐斯坦的多个考古遗址均有发现。在 Robert Wenke 1970~1977 年的调查中，在 Haft 土丘附近确认了大量的帕提亚—萨珊时期的土丘遗迹，其中很多遗迹都有鱼雷型罐(安佛拉罐)的碎片[1]。在 Miānāb,一些含有类似碎片的闭合区域由 Abbas Moghaddam 发现并研究。这些出土了安佛拉罐的土丘包括第 1540、1510、1540 和 1594 号土丘遗址,很多都属于帕提亚时代中期和晚期。

(十三) Gelālak 墓地

Gelālak 墓地中有一座包含多种葬俗的埃兰(Elamite)时期墓葬。该墓地由 Mehdi Rahbar 发掘,并发现了一座陶棺葬。在这座墓葬和这些陶棺之外,Gelālak 的埋葬方式还包括了安佛拉罐式瓮棺葬。这一葬俗中的鱼雷型容器与波斯湾出土的萨珊时期的样本相似,器型为卷唇,宽度较窄,圆柱形器身,锥形底,但是不见肩部。这些容器的内表层同样覆盖着沥青(图一二)。

(十四) 伊朗国家博物馆的一件样本

伊朗国家博物馆中藏有一件鱼雷型安佛拉式瓮棺(图一三)。瓮棺内侧覆有沥青,在某种程度上经过了重复使用。这件器皿高 72 厘米,开口直径 21 厘米,底宽 6 厘米。然而没有其发现地点的记录。

0　　　15厘米　　　　　　　　　　　　0　　　15厘米

图一二　发现于舒什塔尔 Gelālak 的破损的安佛拉罐　　　图一三　伊朗国家博物馆藏安佛拉罐残件

(十五) 出自波斯湾南岸的鱼雷型罐

帕提亚时期的陶器残片在阿联酋的 Maliha 被发现[2]。在阿联酋另一处叫作 Ed-Dur 的遗址

[1] Robert John Wenke, *Imperial Investments and Agricultural Developments in Parthian and Sassanian Khuzestan: 150 Bc to Ad 640.* Diss. University of Michigan, 1975, p.154 pl. 24.

[2] A. Benoist, "The Artifacts from The Fort at Meliha: Distribution, Origins, Trade and Dating.", *Proceedings of the seminar for Arabian studies 33*, 2003, p.72.

发现了萨珊时期的类似残片。萨珊鱼雷罐的残片亦见于阿曼的苏哈尔和al-Ghanim 岛[1]，同样地，类似的证据还见于 Uruk[2]，Kush[3]，也门的 Qana[4]，以及由 Derek Kennet[5] 报告的科威特遗址 al-Qasur。

（十六）东非的安佛拉罐遗存

在最近数十年非洲东海岸的考古发掘中，埃塞俄比亚、索马里、莫桑比克、马达加斯加和坦桑尼亚等地都发现了大量波斯湾及伊朗起源的文化遗存。在这之中，帕提亚和萨珊时期的钱币、绿松石釉陶以及安佛拉罐是最为重要的。至于以上发现地，莫桑比克海岸的 Chibuene 土丘[6]和索马里拉斯哈芬的大部及西部[7]值得关注。在非洲其他的考古遗址，例如非洲东岸坦桑尼亚的 Kilva[8]，索马里的 Shanga 以及拉莫群岛的 Pet 岛[9]，坦桑尼亚的 Zanzibar[10]，埃塞俄比亚的 Darba Darmmo[11]，肯尼亚东北部的 Pokomer 及其邻近地区[12]，Kwagandaganda 的 Comoro Islands，靠近南非的德班[13]，科摩罗群岛的 Dombani 和马达加斯加东北海岸的 Erodo[14]，并未报告有鱼雷型罐，但是帕提亚和萨珊时期的绿松石釉陶和钱币的发现表明这些地区从帕提亚—萨珊时期到伊斯兰时代均有伊朗人活动。

[1] Beatrice De Cardi, Claudio Vita-Finzi, and Anne Coles. "Archaeological survey in northern Oman, 1972.", *East and west 25*, 1975 (1/2), pp.9 – 75. Fig 8：15. 36.

[2] A. Benoist, "The Artifacts from The Fort at Meliha: Distribution, Origins, Trade and Dating.", *Proceedings of the seminar for Arabian studies 33*, 2003, p.69.

[3] Derek Kennet, "The decline of eastern Arabia in the Sasanian period.", *Arabian archaeology and epigraphy 18*, 2007 (1), pp.86 – 122.

[4] Roberta Tomber, "Rome and Mesopotamia — importers into India in the first millennium AD", *Antiquity 81*, 2007 (314), p.977.

[5] Derek Kennet, "Sasanian pottery in southern Iran and Eastern Arabia.", *Iran 40*, 2002 (1), pp.153 – 162.

[6] Mark C. Horton, "Early maritime trade and settlement along the coasts of eastern Africa.", *The Indian Ocean in Antiquity*, 1996, p.445.

[7] Matthew C Smith, and Henry T. Wright. "The ceramics from Ras Hafun in Somalia: notes on a classical maritime site.", *AZANIA: Journal of the British Institute in Eastern Africa 23*, 1988 (1), pp.115 – 141.

[8] David Whitehouse, *Siraf: history, topography and environment*, Oxbow Books, 2009, p. 109. Monique Kervran, "Archaeological research at Suhar 1980 – 1986.", *Journal of Oman Studies*, 2004 (13), pp.263 – 381.

[9] Mark C. Horton, "Early maritime trade and settlement along the coasts of eastern Africa.", *The Indian Ocean in Antiquity*, 1996, p.441.

[10] Mark C. Horton, "Early maritime trade and settlement along the coasts of eastern Africa.", *The Indian Ocean in Antiquity*, 1996, p.447.

[11] Matteo Compareti, "The Sasanians in Africa.", *Transoxiana*, 2002 (4), p.3.

[12] N. A Townsend, "Bantu-Cushitic relations in northeastern Kenya.", *Current Anthropology 21*, 1980 (1), p.102.

[13] Ian Glover, "West Asian Sasanian-Islamic ceramics in the Indian Ocean, South, Southeast and East Asia.", *Man and Environment 27*, 2002 (1), p.167.

[14] Ian Glover, "West Asian Sasanian-Islamic ceramics in the Indian Ocean, South, Southeast and East Asia.", *Man and Environment 27*, 2002 (1), p.168.

（十七）印度

波斯湾北部沿海发现的帕提亚和萨珊时期的最为重要的考古学材料，有些也出现了在印度次大陆，我们可以将红色抛光器皿及安佛拉罐作为参考。后者与帕提亚和萨珊波斯或美索不达米亚有关，用于在海上贸易中运输液体。帕提亚时期至早期阿巴斯时期的无颈鱼雷型或安佛拉储藏罐发现于美索不达米亚及波斯湾地区。这些陶器以高温烧制，颜色是泛黄的红色或浅黄色，以沙土，特别是细粒砂的高度凝聚物为掺合料。这些罐子的内表面覆盖沥青，卷口，柱形器身，长底，无颈。

印度的鱼雷型安佛拉罐可分为三大类型：古吉拉特（Gujarat）或康坎（Konkan）型、德干高原型和南印度型[1]。相关材料在 Nevasa、Denvimori[2]、Kateshwar[3]、Alagankulam[4]，德瓦卡（Dwarka）的索拉什特拉（Saurashtra），埃勒凡达岛的 Vallabipur[5] 均有发现。马拉巴尔海岸的 Patanam、Denvimori、Nagara、Nenasa、Madvi、Dwarka、Vallabipur、Katheswar、Chaul、Sanjan、Maharashtra、Morabandar、Pattanam、Alagankulam、Arikemedu、Paunar、Elephanta 及 Kateshvar[6] 都是经常发现萨珊时期相关陶罐的地点。

（十八）斯里兰卡

在斯里兰卡，在公元 200 年到 600 年的阿努拉达普拉，以及公元 5 世纪至 9 世纪的锡吉里亚城及曼泰旧港，均发现了与萨珊王朝和早期伊斯兰时期相关的陶器[7]。这些遗址的鱼雷型容器高 100 厘米，宽 35 厘米，开口较小，底部较尖，但没有颈部。

斯里兰卡另一处出土鱼雷型陶器的地点是 Tissamaharama，此地在公元前 250 年至公元 500 年时有一处军事堡垒和一个古港口，因而散落有这类陶器[8]。

[1]　Roberta Tomber, "Rome and Mesopotamia — importers into India in the first millennium AD", *Antiquity 81*, 2007 (314), p.977.

[2]　Roberta Tomber, "Rome and Mesopotamia — importers into India in the first millennium AD", *Antiquity 81*, 2007 (314), p.976.

[3]　Roberta Tomber, "Rome and Mesopotamia — importers into India in the first millennium AD", *Antiquity 81*, 2007 (314), p.979.

[4]　Roberta Tomber, "Rome and Mesopotamia — importers into India in the first millennium AD", *Antiquity 81*, 2007 (314), p.979.

[5]　Roberta Tomber, "Rome and Mesopotamia — importers into India in the first millennium AD", *Antiquity 81*, 2007 (314), p.979.

[6]　Roberta Tomber, "Rome and Mesopotamia — importers into India in the first millennium AD", *Antiquity 81*, 2007 (314), p.981.

[7]　W Wijeyapala, and M. Prickett. "Sri Lanka and the International Trade：An exhibition of ancient imported ceramics found in Sri Lanka's archaeological sites." *Dept. of Archaeology, Colombo*, 1986, p.17. Ben Stern, Jacques Connan, E. Blakelock, R. Jackman, Robin AE Coningham, and C. Heron, From Susa to Anuradhapura：reconstructing aspects of trade and exchange in bitumen — coated ceramic vessels between Iran and Sri Lanka from the third to the ninth centuries ad. *Archaeometry 50*, 2008(3), p.411.

[8]　H. J. Weisshaar, H. Roth, and W.Wijeyapala, eds., *Ancient Ruhuna.Mainz am Rhein: Verlag Philipp von Zabern*, 2001.

（十九）美索不达米亚

在整个美索不达米亚和波斯湾地区都发现了鱼雷型安佛拉罐[1]。在 Tell Abu Sarifa[2]，发现了一些鱼雷罐的碎片，其中的一些带有凹槽[3]。在伊朗中南部的 Tell Abu Sarifa[4] 和 Ana 土丘[5]也都发现了鱼雷型罐。

四、讨　　论

在萨珊波斯时期，商船经红海进入印度洋，有的再从那里行至波斯湾[6]。海上航行的需求促使了鱼雷型陶罐的产生。伊朗的海上航线可连接布什尔到法尔斯及胡齐斯坦。因为美索不达米亚和伊朗发掘的鱼雷型安佛拉罐的研究尚处于初级阶段，现有证据主要来自墓葬，但是由于 19 世纪和 20 世纪早期的发掘对此缺乏关注，以及考古遗址的不断破坏，这些遗存实际已十分稀少。

考古学上，大部分地中海地区的安佛拉罐都与沉船有关，年代跨度在公元前 3 世纪和公元 3 世纪之间（图一四）。这些安佛拉罐的重要性在于它们的出产地大多为历史上的重要商业中心，尤其是在地中海沿岸城市的郊区。换句话说，这些发现对于确立不同遗址的年代序列十分有帮助，特别是由于这些材料生产中心和技术的多样性，以及它们在国际商贸中具有重要性。就这一点而论，希腊式安佛拉罐也是根据其产地和贸易方向进行分类的。它们可被分为两大类别：即东地中海类型和西地中海类型。

田野发掘发现了这种内侧覆有沥青用于密封，以便装载液体如油和酒的安佛拉罐。在一些遗址和古港口发现了该类型陶器的残片。这些遗存在舒什塔尔的 Gelālak[7]；舒什塔尔的 Miānāb 平原，及苏萨地区帕提亚时期的第 17 地层和 Māhrouyān 港，Siniz，Rig，尸罗夫，Neyband 港，以及布什尔半岛的一些其他遗址，比如 Shaghāb 墓地；哈扎尔马丹，Rishahr，及 Tole Pey Tol 附近的萨珊时期遗址 Radar 和波斯湾北部海岸的其他地区均有存在。鱼雷型陶罐的分布并不局限

---

［1］　Derek Kennet, "Sasanian pottery in southern Iran and Eastern Arabia.", *Iran* 40, 2002 (1), pp.153 – 162.

［2］　R. Mc Adams, "Tell Abu Sarifa: A Sassanian-Islamic ceramic sequence from south central Iraq.", *Ars Orientalis* 8, 1970, p.100, Figs. 6c-e.

［3］　Roberta Tomber, "Rome and Mesopotamia — importers into India in the first millennium AD", *Antiquity 81*, 2007 (314), p.974.

［4］　R. Mc Adams, "Tell Abu Sarifa: A Sassanian-Islamic ceramic sequence from south central Iraq.", *Ars Orientalis* 8, 1970, p.91. Derek Kennet, "Sasanian pottery in southern Iran and Eastern Arabia.", *Iran* 40, 2002 (1), pp.153 – 162.

［5］　R. Killick, et al., "Neo-Assyrian to early Sasanian pottery.", *Northedge et al*, 1988, pp.54 – 75. A. Northedge, A. Bamber, and M. Roaf. "Middle Sasanian to Islamic pottery." *Northedge et al*, 1988, pp.76 – 114.

［6］　Roberta Tomber, "Rome and Mesopotamia — importers into India in the first millennium AD", *Antiquity 81*, 2007 (314), p.974.

［7］　M. Rahbar, *Archaeological Report of Shaghab Cemetery*, Report submitted to Center of Iranian Cultural Heritage and Tourism Organization, 1983.

图一四　发现于一艘航船上的安佛拉罐（摆放顺序系重新排列）

于海岸地区,因为有些是在波斯湾更深处被发现的,比如 Jalāli 海滩和靠近尸罗夫的萨珊沉船。

<h2 align="center">五、结　　论</h2>

　　鱼雷型安佛拉罐的广泛使用与塞琉古王国的衰落及罗马帝国的东进相吻合。尽管调查和发掘都较为有限,但有效证据已表明鱼雷型安佛拉罐在伊朗的使用是有所增加的。它们也可能广泛地应用于中亚和伊朗东部,但是仍旧缺乏系统的考古学调查。这类鱼雷型器皿的东部生产中心似乎集中在巴勒斯坦、约旦和小亚细亚,因为尚未在伊朗发现任何作坊。然而,考虑到现有的考古证据,在伊朗和欧洲西部,包括西班牙、高卢和意大利之间似有一条贸易通道。这也指向了公元 1 世纪和 2 世纪时著名的丝绸之路的主要和次要路线,同样还有东西方之间广泛的经济联系。有趣的是,后期的考古学和历史学记录表明,东西方之间的哲学与宗教也是沿着同样的路线进行传播的。

　　波斯湾的安佛拉罐的基本形态,尤其是锥形底和鱼雷型罐身,与地中海的安佛拉罐类似。然而与后者不同的是,前者未见颈部和柄,口沿外敞,内侧覆有沥青,年代在帕提亚时期(公元前 3 世纪后半叶)和萨珊时代晚期(公元 6 世纪后半叶)之间,主要分布于波斯湾北部和南部海岸以及伊朗与美索不达米亚的其他地区。

　　从年代学上看,波斯湾地区发现的安佛拉罐遗存属于作为瓮棺(正如胡齐斯坦省舒什塔尔的 Gelālak 的发现及苏萨地区帕提亚时期的瓮棺罐)的帕提亚鱼雷罐,以及同时作为在海上贸易中的液体容器和丧葬用瓮棺的萨珊式安佛拉罐。就形式和尺寸而言,帕提亚式的安佛拉罐表现出了很少的多样性,已知样本基本属于类似的形态和大小(见胡齐斯坦省的 Gelālak 和苏萨)。而萨珊式安佛拉罐,相对而言,则在形态和尺寸上有着更宽泛的样态(Māhrouyān、Siniz、尸罗夫、哈扎尔马丹、Rishahr 和 Neyband）。结合地中海和波斯湾地区大致同时代的安佛拉罐与鱼雷罐来看，可以推测波斯湾的这类器皿是通过东西方海上贸易之路寻至伊朗的。略经调整后，这些容器在帕提亚时期作为瓮棺使用，而后又在萨珊时期成为了液体容器以及瓮棺。

大多数位于地中海和波斯湾的古代商业中心均使用了这一形式的陶器。这一事实进一步表明了安佛拉罐研究的重要性。另外，鉴于这些容器存在多样的生产中心和采用了不同的技术，及其在国际贸易中的重要地位，它们可有效地用于建立这类安佛拉罐的年代序列。或许，在希腊势力衰溃后，帕提亚人通过希腊代理人及帕提亚—希腊式政体而控制了海上贸易路线，还有可能以若干本地的类帕提亚王朝（semi-Parthian dynasties）为形式形成了新兴的贸易关系。希腊化/帕提亚式政权是为了应对波斯湾南岸的发展而建立起来的[1]，而萨珊人在波斯湾和阿曼海建成了一道统一的防线，因而在该地区的海上贸易中占据了主导地位。

附表：安佛拉罐考古发现汇总表

地　点	发　现	年　代	细节信息	来　源
国家博物馆（可能出自苏萨）	Dressel jar		Dressel jar 2 – 4 型	可能出自苏萨[2]
Haft 土丘	残片		考古遗址	Wenke，1970 – 75[3]
Miānāb（舒什塔尔）	残片	帕提亚时期		Moghadam 2005，Pics. 50，240[4]
苏哈尔地区	鱼雷型罐		考古遗址	Kerveran and Hierbert 1991，Pics. 5，4
Botol（布什尔省）	瓮棺		内施沥青 Bituminized	Chaychie，2005[5]
和扎尔马尔丹（布什尔）	鱼雷型罐	萨珊时期	古港口	Tofighian 2006：Figs. 6 – 7
Rig 港（布什尔）	鱼雷型罐	萨珊时期	Underwater Sample 水下遗存	Tofighian 2006，138，Figs. 4，5 & 15
Shaghāb（布什尔）	鱼雷型罐	萨珊时期	瓮棺，沥青涂层	Rahbar 1983：Figs. 7 & 8[6]

---

[1]　Derek Kennet，"The decline of eastern Arabia in the Sasanian period."，*Arabian archaeology and epigraphy* 18，2007（1），p.100.

[2]　Heinrich Dressel，"Corpus Inscriptionum Latinarum."，*XV，pars 2，Berlin*，1899，p.158，type 2 – 4.

[3]　Robert John Wenke，"Imperial investments and agricultural developments in Parthian and Sasanian Khuzestan：150 BC to AD 640."，*Mesopotamia Torino*，1975（10 – 11）.

[4]　A. Moghadam，*Archaeological Survey of Mianab-e Shushtar*，Report submitted to Iranian Cultural Heritage and Tourism Organization，2005，Pics. 50，240.

[5]　A Chaychie，*Pithos Burials in Iran*，Samira Publication，2005.

[6]　M. Rahbar，*Archaeological Report of Shaghab Cemetery*，Report submitted to Center of Iranian Cultural Heritage and Tourism Organization，1983. Figs. 7 & 8.

（续表）

地　点	发　现	年　代	细节信息	来　源
尸罗夫	鱼雷型罐	萨珊时期	古港口	Figs. 10 & 11
Māhrouyān	残片	萨珊时期	古港口	Tofighian and Esmaeili 2009：Fig. 2
国家博物馆	鱼雷型罐			Tofighian 2006：Fig.14
Gelalak（舒什塔尔）	鱼雷型罐	帕提亚时期	瓮棺,沥青涂层	Rahbar 1983：Fig. 13[1]
苏萨	鱼雷型罐	帕提亚时期		Wenke 1970
Siniz	鱼雷型罐	萨珊时期	瓮棺,沥青涂层	Tofighian 2006：Fig. 3
尸罗夫沉船	鱼雷型罐	萨珊时期	水下遗存	Tofighian 2006：Fig. 12
布什尔(Jalāli 海岸，水下)	鱼雷型罐	萨珊时期	水下遗存	Tofighian 2006：Fig. 9
Neyband	陶片	萨珊时期	古港口	Tofighian 2006

---

[1]　M. Rahbar, *Archaeological Report of Shaghab Cemetery*, Report submitted to Center of Iranian Cultural Heritage and Tourism Organization, 1983.Fig. 13.

Ancient Maritime Trade in the Persian Gulf:
The Evidence of Sassanid Torpedo Amphoras

By

Hossein Tofighian   Farhang Khademi Nadooshan

Abstract: Recent archaeological surveys and excavations off the coast of the Persian Gulf and the Sea of Oman have brought to light hundreds of potsherds dating to Parthian and Sassanian periods, which serve as evidence for maritime commercial transactions in the region. The recovered ceramic remains are of various types and sizes, many with bitumen coating from inside, a technique that could make them waterproof. Their distinctive form is well-suited not only for being carried aboard a ship, but were suitable for transport liquid of material. The current paper tries to offer a survey of the torpedo-type jars discovered off the Iranian coast and demonstrate the relationship of these finds with neighbouring regions.

Keywords: Persian Gulf, Parthian Period, Sassanian Period, Amphora, Maritime Trade

基于 LIBS 和主成分分析的
南海 I 号出水青瓷产地研究*

王 京 聂 政 马泓蛟 潜 伟**

摘 要： 陶瓷器是南海 I 号沉船出水的最大宗船货。三十年来，出水瓷器一直是南海 I 号相关研究的重点之一。本文采用在考古领域应用尚少的成分分析方法 LIBS 对南海 I 号出水青瓷进行检测，并将其与数个同时期窑址样品进行对比，发现这批瓷器来源广泛，为考古研究提供了新思路，也为 LIBS 的应用积累了经验。

关键词： 南海 I 号 青瓷 LIBS 产地分析

引 言

南海 I 号沉船发现于 1987 年。1989 年中日联合南海沉船水下考古调查队对其进行了首次调查。2001~2004 年中国历史博物馆等单位先后对南海 I 号进行了 7 次大规模水下调查[1]。2007 年，南海 I 号整体打捞出水[2]。2009 年和 2011 年，南海 I 号进行了两次试掘[3]。2013 年至今，南海 I 号开展了全面的保护发掘工作[4]。三十年来，南海 I 号发掘出水了大量的遗物，包括陶瓷器、金属器、金属货币、竹木漆器等，是我国宋元时期海上贸易繁荣的有力佐证。南海 I 号出水遗物以瓷器为大宗，包括江西景德镇窑青白瓷、浙江龙泉窑青瓷和福建地区的德化窑、磁灶窑、闽清义窑等窑口的瓷器[5]。

* 本文为国家文物局水下文化遗产保护中心"外销瓷窑标本微量元素采集、分析与研究（编号：2016 - C - KG - 015）"项目的阶段性成果。

** 王京、马泓蛟、潜伟，北京科技大学；聂政，国家文物局水下文化遗产保护中心。

[1] 国家文物局水下文化遗产保护中心、中国国家博物馆、广东省文物考古研究所、阳江市博物馆：《南海 I 号沉船考古报告之一——1989~2004 年调查》，文物出版社，2017 年。

[2] 吴建成、张永强：《南海 I 号古沉船的整体打捞》，《中国航海》2008 年第 4 期，383~387 页。

[3] 广东省文物考古研究所：《2011 年南海 I 号的考古试掘》，科学出版社，2011 年。

[4] 国家文物局水下文化遗产保护中心、广东省文物考古研究所、中国文化遗产研究院、广东省博物馆、广东海上丝绸之路博物馆：《南海 I 号沉船考古报告之二——2014~2015 年发掘》，文物出版社，2018 年。

[5] 国家文物局水下文化遗产保护中心、中国国家博物馆、广东省文物考古研究所、阳江市博物馆：《南海 I 号沉船考古报告之一——1989~2004 年调查》，文物出版社，2017 年；广东省文物考古研究所：《2011 年南海 I 号的考古试掘》，科学出版社，2011 年；国家文物局水下文化遗产保护中心、广东省文物考古研究所、中国文化遗产研究院、广东省博物馆、广东海上丝绸之路博物馆：《南海 I 号沉船考古报告之二——2014~2015 年发掘》，文物出版社，2018 年。

近年来,针对南海 I 号出水瓷器的分析,时有开展。2013 年王艳蓉等用微聚焦 XRF 分析了南海 I 号出水的部分青白瓷、青瓷与绿釉陶的胎、釉和腐蚀物成分,其中包含 3 件青瓷标本,结果是 2 件应为北宋龙泉青瓷,1 件应为南宋龙泉青瓷[1]。2015 年黎继立等人采用 XRF 与 OCT 相结合的方法,测试了南海 I 号出水景德镇窑与龙泉窑青瓷的瓷釉成分和断面结构,发现二者之间有紧密联系,但由于样品数量较少(两种青瓷各 6 件),故不具备统计意义和代表性,有待结合其他技术对更多样品进行分析[2]。崔剑锋等人用便携式 XRF 对 44 件出水青瓷进行了分析,并结合考古类型学研究,判断出其中的龙泉窑产品可能来自多个窑场,且有一件沁蚀严重以至类型学难以分辨的青釉碗也来自龙泉窑[3]。

宋元时期大量外销的青瓷,主要源自龙泉窑和福建地区的仿龙泉产品[4]。南海 I 号出水的青瓷也存在这一特征。为了有效区分南海 I 号出水青瓷的产地,本文计划应用 LIBS 方法,对南海 I 号出水青瓷进行分析,同时对浙江及福建等地的龙泉及仿龙泉青瓷产品进行分析,从窑址生产环节到外销船货环节进行对比,从而更有效地区分船货的产地来源。LIBS 即激光诱导击穿光谱学(Laser-Induced Breakdown Spectroscopy),是一种相对较新的材料分析方法,主要有分析元素范围广、具备微区分析能力、可进行准无损分析等优点,拥有巨大的应用前景,但目前在考古学上的应用还较少,尤其在国内的文物研究方面有待进行大量实践。

一、样品概况

结合上述文献判断,南海 I 号出水的大批青瓷主要应来自浙江龙泉窑和福建仿龙泉窑。而福建的诸多仿龙泉窑中,又以闽北闽江流域因与龙泉地区最为接近而受龙泉窑影响最大,与龙泉窑同期产品也最为相似[5]。故本次选择的样品有三种来源:一为南海 I 号出水待确定产源的青瓷样品 6 组 24 个(图一);二为浙江龙泉东区山头窑青瓷样品 8 个,作为龙泉外销青瓷的标准样品(图二);三为福建北部闽江流域 8 个窑口烧制的仿龙泉青瓷样品 30 个,作为闽江流域仿龙泉的标准样品(图三)。部分样品图示如下:

[1] 王艳蓉、朱铁权、冯泽阳等:《"南海 I 号"出水古陶瓷器科技分析研究》,《岩矿测试》2014 年第 3 期,第 332~339 页。
[2] 黎继立、何斌、刘卫东等:《南海一号出水景德镇窑与龙泉窑青瓷特征的无损分析研究》,《光谱学与光谱分析》2016 年第 5 期,第 1500~1507 页。
[3] 国家文物局水下文化遗产保护中心、中国国家博物馆、广东省文物考古研究所、阳江市博物馆:《南海 I 号沉船考古报告之一——1989~2004 年调查》,文物出版社,2017 年,第 608~623 页。
[4] 叶文程:《宋元时期龙泉青瓷的外销及其有关问题的探讨》,《中国古外销瓷研究论文集》,紫禁城出版社,1988 年,第 660~661 页;刘净贤:《福建仿龙泉青瓷及其外销状况初探》,《故宫博物院刊》2015 年第 5 期,第 50~56 页。
[5] 栗建安:《福建仿龙泉青瓷的几个问题》,《东方博物(第三辑)》,杭州大学出版社,1999 年,第 79~83 页。

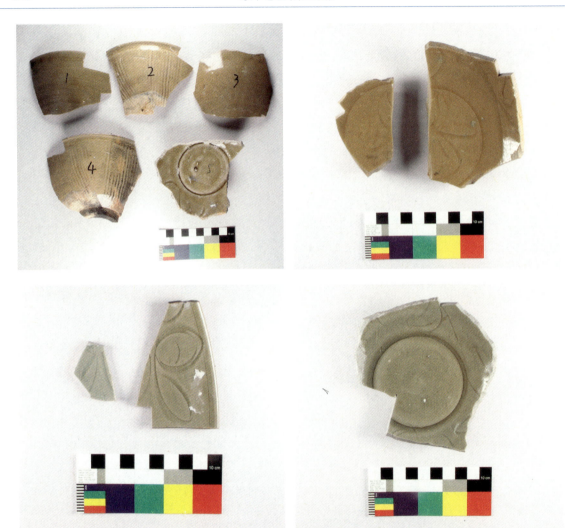

图一　南海Ⅰ号部分青瓷样品

图二　浙江龙泉山头窑部分青瓷样品

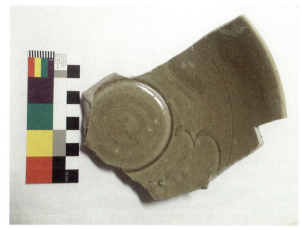

图三　福建仿龙泉窑口部分青瓷样品

其中,来自福建的青瓷样品来源如下: 松溪九龙窑 4 件、松溪六墩窑 4 件、连江浦口老虎山窑 3 件、浦口洋下山窑 3 件、浦城碗窑背窑 6 件、将乐碗碟墩窑 4 件、南平茶洋窑 3 件、福清东张窑 3 件[1]。各窑口中松溪和浦城的三个窑口位置最靠北,接近浙江龙泉窑;将乐碗碟堆窑在闽江上游金溪岸边;南平茶洋窑在闽江三大支流汇合处;最东边是浦口两窑和福清东张窑邻近出海口。各窑遗存多在闽江支流与主流交汇处附近的溪、湖边山坡或小丘上,背山面水,成堆成片,甚至绵延数个山头,蔚为大观。

样品分组情况及简称如表一所示:

表一

样　品　组　别	样　品　来　源	样　品　数　量
山头窑	浙江省龙泉市道太区大白岸	8
碗窑背窑	南平市浦城县盘亭乡东山下村	6

[1]　连江浦口老虎山、洋下山窑,将乐碗碟墩窑、福清东张窑青瓷样品承蒙福建博物院羊泽林研究员提供。

（续表）

样 品 组 别	样 品 来 源	样品数量
九龙窑	南平市松溪县洄场窑址	4
六墩窑	南平市松溪县洄场窑址	4
洋下山窑	福州市连江县浦口镇	3
老虎山窑	福州市连江县浦口镇	3
碗碟堆窑	三明市将乐县万全乡竹舟村	4
茶洋窑	南平市延平区葫芦山村	3
东张窑	福清市东张镇东张水库附近	3
2014NH1T0502④-24	南海Ⅰ号沉船	3
2015NH1T0301	南海Ⅰ号沉船	5
2015NH1C10①	南海Ⅰ号沉船	4
2015T0501④C(福建)[1]	南海Ⅰ号沉船	5
2015T0501④C(龙泉)	南海Ⅰ号沉船	2
2015T0502④	南海Ⅰ号沉船	5

为便于检测，用金刚砂切片机从各瓷片上切割下小块试样并清洗干净，干燥后即可待测。

二、实　验　方　法

LIBS 是通过高能脉冲激光照射待测物表面，使微量的表面材料等离子化，测定等离子层光谱特征从而测定其表面成分的分析手段，其具有如下优点：

一、检测范围广，可分析所有元素，且可针对固体、液体甚至气体样品；

二、具备微区分析能力，且检测过程中造成的样品损失量在微克到毫克级别，在固体表面造成的烧蚀斑点直径小于 1 毫米，甚至不到 1 微米，几乎可看作无损；

三、因为在检测过程中会使微量样品瞬间蒸发，不断对表面造成剥蚀，所以如果样品成分在深度上有变化，还可得到成分随深度变化曲线，对研究锈层和风化层的形成机理有很大帮助[2]。

国外已有学者使用 LIBS 对古生物化石[3]、古埃及木乃伊内棺[4]及保加利亚北部地区多种

［1］　此处括号内的"福建"及下一行的"龙泉"在 SPSS 生成的散点图（图九）内简写为"FJ""LQ"。

［2］　王展：《文物成分定性分析新技术——激光诱导击穿光谱（LIBS）》，《中国文物保护技术协会第七次学术年会论文集》，中国文物保护技术协会，2012 年。

［3］　Sperança M A, de Aquino F W B, Fernandes M A, et al. Application of Laser — Induced Breakdown Spectroscopy and Hyperspectral Images for Direct Evaluation of Chemical Elemental Profiles of Coprolites. *Geostandards and Geoanalytical Research*, 2017, 41(2): 273 - 282.

［4］　Nassef O A, Ahmed H E, Harith M A. Surface and stratigraphic elemental analysis of an ancient Egyptian cartonnage using Laser-Induced Breakdown Spectroscopy (LIBS). *Analytical Methods*, 2016, 8(39): 7096 - 7106.

青铜时代晚期铜制品[1]等器物的化学成分进行了定性或定量分析,以帮助判断它们的产地、年代或制造工艺,都取得了令人满意的成果。2017 年 Panagiotis Siozos 等人将便携式 LIBS 与漫反射光谱相结合,使 LIBS 的光谱范围得到扩展,能够有效识别具有相同颜色或相似元素组成的不同颜料[2]。国内方面,在地质、钢铁、材料、环保、医药等多个行业均有 LIBS 的应用实例,但在文物研究方面的研究还极少,有待进行大量实践。

本文使用的实验仪器的是法国 IVEA 公司的 AnaLIBS。实验系统如图四所示:

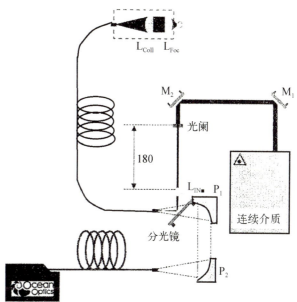

图四　AnaLIBS 实验系统结构图

实验过程具体操作如下:启动仪器和软件,先校准谱仪,然后开启激光系统,预热 10 分钟,其间将样品放入样品舱,调整与激光源之间的距离和角度,对准后设定激光强度、采谱点数和顺序、采谱时间等参数,之后便可开始采谱。本实验每组轰击点都是 3 * 3 的矩阵,共 9 个点,每个点在 0.5 秒内以 20 mJ 左右强度的激光脉冲轰击 10 次并采集一张谱图,每个样品的胎和釉分别依谱图质量采集 1 至 5 组不等,并从中挑选 6 个谱峰最明显、锐利的谱图作拟合,拟合所得的谱图即为每个样品胎或釉的最终谱图。采集完所有样品的谱图后,再用软件自带的 PCA 模块做主成分分析(Principal Component Analysis),分别得到胎和釉的主成分散点图,以进行下一步分析。

三、实　验　结　果

LIBS 的主成分分析是将谱图上特征波段的波形,按照一定波长宽度分割出一个个变量,以该段峰高作为变量的值,对这些变量进行降维。这一系列对谱图的数据化操作对谱图的平滑度、背底噪声的要求较高。从实验结果看,与瓷胎的谱图相比,瓷釉的谱图在这些方面更具优势,更有利于实现本文辨别瓷器产地的目标,故选择瓷釉散点图做分析。

主成分分析一般采用解释力度排名最靠前的两种主成分做散点图,若解释力度超过 60%,则认为是比较可靠的[3]。本实验中用 LIBS 自带软件模块对采谱结果做主成分分析后发现,第一

[1] Malcheva G, Blagoeva K, Grozevaa M, et al. Qualitative and quantitative laser-induced breakdown spectroscopy analysis of archaeological metal artefacts //International Conference and School on Quantum Electronics. International Society for Optics and Photonics, 2017: 102260H - 102260H - 9.

[2] Siozos P, Philippidis A, Anglos D. Portable laser-induced breakdown spectroscopy/diffuse reflectance hybrid spectrometer for analysis of inorganic pigments. Spectrochimica Acta Part B: Atomic Spectroscopy, 2017, 137: 93 - 100.

[3] 陈铁梅:《科技考古与定量考古文集》,科学出版社,2016 年,第 243 页。

主成分对原十种化合物含量的解释力度占31.66%,第二主成分占比21.95%,二者之和为53.61%,低于60%,若加上第三主成分的17.64%,则三者之和达到71.25%,才足以解释原数据。但用SPSS分别作三维散点图(图五)和二维散点图(图六)对比后发现,图形结构虽略有变化,却不影响分组结果,而二维图观察起来更为直观,故本文仍选择用二维散点图表现分析结果并解释之。

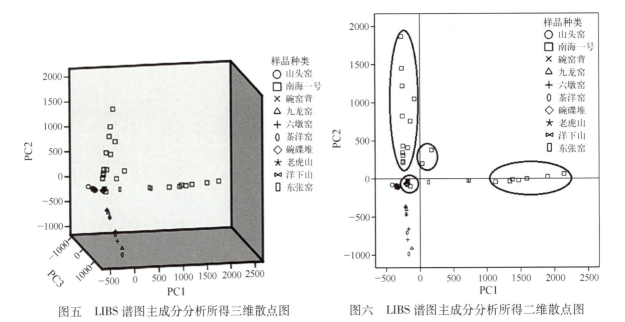

图五　LIBS谱图主成分分析所得三维散点图　　　　　图六　LIBS谱图主成分分析所得二维散点图

由图六可看出,南海Ⅰ号上所得样品的数据点可分为以下几组:第一组分布在第二象限,基本平行于PC2轴;第二组分布在PC1轴周边,与东张窑样品同向但有一定间隔,体现出它们第二主成分相近但第一主成分有一定差别;第三组分布在第三象限靠近原点处(由于这一区域散点分布紧密,故具体细节需参照局部放大图图七进一步观察);余下两个样品自成一组,分布在第一象限靠近PC2轴。

另外,九龙窑、六墩窑和茶洋窑样品数据点成直线平行于PC2轴分布在第三象限,第一主成分基本一致,而第二主成分在一定范围内虽有差别但三组范围有较大重合,故也可看作同一组。

原点左侧聚集了较多数据点,将此区域即PC1[-450,-100],PC2[-150,0]范围的块状区域放大如图七所示,可看出其中亦分为两组。首先,龙泉山头窑样品的数据点聚集分布在左下方,浦城碗窑背和浦口洋下山样品数据点与此区域重合,可认为这两处窑址样品的瓷釉特征与山头窑样品尤为相近。其次,右侧分布着将乐碗碟堆和浦口老虎山

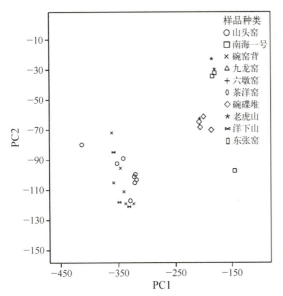

图七　LIBS谱图主成分分析二维散点图
第三象限上半部放大图

两窑样品,并有三个南海 I 号的样品与二者相近。虽然左右两部分之间有所间隔,但相比于其他区域各组样品数据点的间隔尺度,仍可认为这两部分散点特征是比较接近的。

上述各组样品之所以会形成这种分布,乃由于样品中各元素对两种主成分贡献不同、有正有负,而不同组样品中元素含量差异造成的。比如南海 I 号第二组与东张窑样品沿 PC1 轴正向分布,是因为 Ti 和 K 对第一主成分有最显著的正向贡献(如图八所示),而这些样品中 Ti 和 K 含量较多,同时样品之间又有一定差别所致。

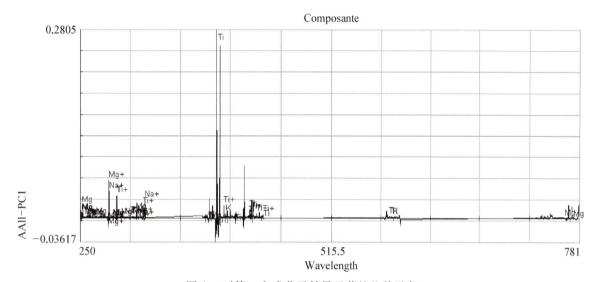

图八　对第一主成分贡献最显著的几种元素

综上所述,产地明确的龙泉、闽北各窑样品,其主成分散点图上的数据点皆能按窑口分组成直线或块状;各窑之间,有所亲疏,以碗窑背和洋下山两窑青瓷瓷釉组成最接近山头窑,而松溪的六墩、九龙两窑和南平茶洋窑、福清东张窑则与山头窑相距较远,可明显区分开来。南海 I 号上所得样品,基本成几组直线分布,整体分布较为疏散,个别与闽北数窑和山头窑接近,大部分与本次采集到的各窑址样品数据点相距较远。

四、分析与讨论

(一)南海 I 号青瓷来源

结合图七、九可以看出,自南海 I 号采集的青瓷样品大致可分为四组。第一组分布在 PC2 正向,包括 2015NH1C10①和 2015T0501④C(龙泉)的全部 6 个样品,以及 2015NH1T0301 的 1~3 号样品和 2015T0501④C(福建)的 3~5 号样品,分布特征与九龙窑、六墩窑和茶洋窑三组呈现之形式相似,即各小组第一主成分相近,第二主成分有差别但均在一定范围内且有较大重合;第二组分布在原点左下方,与老虎山窑、碗碟堆窑同组,包括 2015T0502④组的 3~5 号样品;第三组与东张窑共同分布在 PC1 正向,而在第一主成分上更为突出,包括 2014NH1T0502④-24 组的全部 3

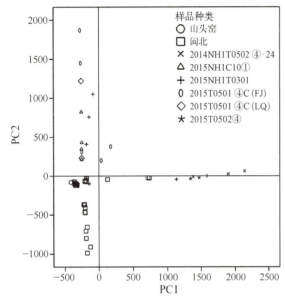

图九　LIBS 主成分分析二维散点图南海 I 号分组版

个样品，以及 2015T0502④组的 1、2 号样品和 2015NH1T0301 组的 4、5 号样品，但由于这些样品与东张窑样品范围没有重合，故暂不分为一组；2015T0501④C（福建）组 1、2 号样品自成一组，分布在原点右上方。第二、第三组分别与山头窑和闽江流域部分窑口相近，而第一、第四组则单独成组，不与任何已采集的窑口样品相近。

　　样品被分到一组，代表其瓷釉化学成分相似，产地可能相同或邻近。但依本文分组结果来看，并不一定产地地理位置越接近，瓷釉化学成分就越接近，这还与瓷器产地的地质条件和工匠所用工艺相关。例如，从地理位置看，浦城碗窑背窑和松溪的九龙、六墩两窑都与龙泉接近，但在散点图上只有碗窑背窑样品很接近山头窑，而松溪两窑样品却与龙泉样品相距较远，另成一组。基于古代制瓷业就近取土的基本假设和中国古代南方制瓷业应用"瓷石"（即化学成分适当的风化岩石）作为主要原料的习惯[1]，这种差异可以从这几处窑址附近所具备的原料情况，即窑址周边的地质条件的角度尝试解释。根据中国地质科学院 1998 年版浙江省和福建省 1∶500 000 地质图，龙泉东区窑场地区地表岩体属侏罗系 J_3^1 地层，以酸性火山岩为主，化学成分相当于花岗岩；浦城地区（碗窑背窑）的地表岩体是晚侏罗世的花岗闪长岩，成分与花岗岩相近且常与花岗岩伴生。而松溪地区（九龙窑、六墩窑）分布的主要岩体属白垩系 K_1 地层，其中主要是凝灰质砂砾岩、砂岩，与花岗岩区别较大。由于南方窑场制瓷采用的都是本地区岩石风化层形成的"瓷石"作为原料，且同类瓷器的原料配方类似，如龙泉外销青瓷和福建仿龙泉青瓷的配方应为瓷石＋草木灰，故由相近形成年代、相同类型岩石风化而成的瓷石所制成的瓷釉应具有较为相似的化学成分。因此，碗窑背窑场的瓷釉就与龙泉山头窑瓷釉成分类似，而松溪两窑则与之不同。

　　此外，东张窑位于现东张水库西南侧的山头上，地质属早白垩世的石英正长斑岩 $\xi\alpha\pi K_1$，这与闽江流域诸窑口皆不同，故其样品在散点图上也就另成一组。浦口地区（洋下山窑、老虎山窑）从地质图上看处于出海口附近的侏罗系 J_3 地层区域，与龙泉东区地质条件相似，故原料化学成分应比较一致。而正是浦口两窑与龙泉东区山头窑相似的原料条件造成了两地虽然地理距离相距较远，但在散点图上却很接近，尤其洋下山窑，散点范围与山头窑几乎重叠。

　　由前述可知，本文所涉自南海 I 号采集的样品只有 3 个与来自闽江流域窑场的样品分在了一组，另外 21 个并非来自本次采集过的龙泉东区山头窑和闽江流域诸窑址。由此可见龙泉东区

———————————
[1]　Yanyi G. Raw materials for making porcelain and the characteristics of porcelain wares in north and south China in ancient times. *Archaeometry*, 1987, 29(1)：3 - 19.

山头窑并非本文所分析的南海Ⅰ号青瓷的产地来源。由于龙泉东区窑区的地质情况比较一致，而山头窑的产品及其所使用的制瓷技术在龙泉东区窑区比较有代表性，我们或可将这个结论外推一点至：龙泉东区窑区并非本文所分析的南海Ⅰ号青瓷样品的产地来源。但由于龙泉大窑、金村等地的地质条件与龙泉东区有所差别，而本文并未分析来自大窑、金村等龙泉其他产区的外销青瓷产品，故本文所分析的南海Ⅰ号沉船青瓷源于其他几个龙泉产区的可能性依然存在。

另一方面，尽管本文所研究的窑址样品并未涵盖闽江流域所有同时期窑址，但就地理范围来讲，本文的窑址样品已经涉及闽江流域内大部分地区，且这些窑址附近的地质情况几乎包含所有闽江流域所具备的地质类型。而南海Ⅰ号分布在第二象限及一、四象限 PC1 轴附近的样品与大部分闽江流域样品瓷釉成分特征存在明显差别，这有可能是由于这些外销瓷源于一些地质条件与闽江流域窑口不尽相同的瓷窑，从而造成了其所使用原料的化学成分与闽江流域窑口制瓷原料化学成分的差异，由此可以推断南海Ⅰ号检测样品大部分并非来自闽江流域。

除距龙泉地区较近的闽北闽江流域以外，闽中甚至闽南的一些地区也是宋元时期生产"仿龙泉"青瓷的重要产区，如福建同安窑系[1]，故这些地区的窑址也都是南海Ⅰ号青瓷的可能产地来源。当探讨外销瓷产地来源的时候，出海港口的地理位置应是予以考虑的重要因素之一，因为出于经济性和便捷性的考虑，在某一港口出海的瓷器的产地应在距离港口距离较近或便于水路运输的地方。随着关于南海Ⅰ号研究的深入，部分学者认为南海Ⅰ号的始发港是泉州[2]。如果把南海Ⅰ号从泉州出海作为前提，那么泉州附近和晋江上游地区地质条件与龙泉东区和闽江流域有明显不同的仿龙泉窑址也是重要的南海Ⅰ号青瓷可能产地。

（二）待解决的问题

除了上文提到的产地还需进一步确定的问题外，如何提高降维后前两个主成分的解释力度也是有待继续探究之处。虽然本文因为二维散点图与三维散点图分组无区别而选择了二维图对样品分组结果进行呈现，但从 LIBS 应用的角度来讲，有必要探索优化其主成分分析的方法。比如通过调整激光强度和延迟时间等参数以使采集到的谱图谱峰更锐利、背底噪声更低，是否可以使主成分分析结果更理想。此外，LIBS 的主成分分析结果在散点图上的表现形式也有待进一步实验和讨论。

上述应用 LIBS 对窑址、沉船的陶瓷样品进行检测并分组，只是初步工作，若要建立一套细致的古陶瓷产地判别标准，还需结合其他实验方法，并采集福建窑址和南海Ⅰ号上更多外销青瓷样品进行测试和分析计算。

五、结　　论

1. LIBS 在考古文博领域应用尚少，但其准无损分析、可便捷地对大量样品进行聚类分组等特

［1］　刘净贤：《福建仿龙泉青瓷及其外销状况初探》，《故宫博物院院刊》2013 年第 5 期，第 50~56 页。

［2］　杨睿：《"南海Ⅰ号"南宋沉船若干问题考辨》，《博物院》2018 年第 2 期，第 27~32 页。

征显示出它有较大的应用前景。根据本文检测结果，可认为 LIBS 绕过定量化、直接对瓷釉谱图进行主成分分析的分组是可靠的，虽然有一定局限性，但亦有其快捷、直观等优点。

2. 根据 LIBS 分组，本文检测的南海 I 号出水青瓷样品，产地来源大体可分为两种：第一组为 2015T0502④组的 3~5 号样品，第二组为南海 I 号采集的另外 21 个样品。这两组样品都并非来自龙泉东区以山头窑为代表的诸窑口，但由于龙泉窑分布广泛，各窑口地质条件有一定差别，故不排除它们来自大窑、金村等龙泉其他产区的可能性。此外，第一组样品很可能来自闽江流域仿龙泉窑，而第二组样品则不然。根据目前研究成果推测，第二组样品还有可能来自泉州附近及上游的晋江流域外销瓷窑口。要得出进一步结论还需要采集大窑、金村等龙泉窑和福建其他仿龙泉窑样品进行检测分析，才能作出判断。

Provenance Study of Nanhai I Shipwreck Celadons Based on LIBS and Component Analysis

By

Wang Jing   Nie Zheng   Ma Hongjiao   Qian Wei

Abstract: The porcelains are the largest cargo on the Nanhai I shipwreck. For the last 30 years, these porcelains were one of the focuses of research on that shipwreck. In this paper, some celadons from these porcelains are tested by a component analysis method (Laser-Induced Breakdown Spectroscopy), and compared with the samples from the same period kiln sites. We found that these porcelains are widely sourced. We provide some new ideas for archaeological conclusions, and accumulates experience in the application of LIBS.

Keywords: Nanhai I Shipwreck, Celadons, LIBS, Provenance Analysis

浅探水下考古实时定位监控系统*

朱世乾　　梁国庆**

摘　要：针对水下考古工作中面临的实时定位、水流监测、影像传输、沟通指挥等关键技术，本文对目前国内外相关前沿科技和应用进行介绍和研究，并结合水下考古实践需求，将相关技术进行整合，设计整理出一套水下考古实时定位监控系统。经实践应用，该系统较好地解决了水下实时定位、水流监测、沟通指挥等需求，提高了水下考古的安全性和工作效率，扩展了水下考古工作领域，提升了水下考古科技化水平。

关键词：水下考古　水下实时定位　ADCP　水下通话　水下实时三维成像

引　言

水下遗存是指沉没于河湖、水库、海洋等水域中的古代沉船、城址、码头等人类活动的遗迹或遗物。在水下考古诞生后相当长的一段时期内，人们通常通过岸上参照物来确定水下遗存的位置。此后，伴随卫星定位技术（主要是 GPS 技术）的产生和发展，人们得以在海洋、湖泊等水面开展高精度的定位，水下考古的工作范围大大扩展，很多远离陆地的水下遗存得以被发现和调查。

遗存沉没于水底，与水面存在一定距离，如果要对水下遗存进行精细化作业，实现对水下考古队员作业中的实时监控，需要进行水底定位。因卫星信号无法穿透水体，水底的定位工作要远复杂于陆地和水面。欧美等发达国家已开展了几十年的研究工作，相关技术已经较为成熟，如有"智能 GPS 浮标技术""长基线定位技术""短基线定位技术""超短基线定位技术""惯性导航技术""3D 实时图像声呐技术"等。国内对相关技术的研究尚处于起步阶段，但在一些涉水工作如水下打捞、疏浚、海底电缆铺埋等对国外新技术已有广泛应用。经考察研究，相关技术可以加以改进引入水下考古领域。近年来的水下考古工作也开展了相关实践应用，取得了较好的效果。

水下考古队员在潜水作业中需要与同伴、水面队员进行沟通，但目前国内水下考古主要采用气瓶潜水（轻潜），无法广泛采用工程潜水常用的可以实时通话的管供式潜水（重潜）。因此，探索

＊　　此为国家文物局水下文化遗产保护中心《舟山近现代沉船调查》课题成果。

＊＊　朱世乾，湖北省水下文化遗产保护中心、国家水下文化遗产保护武汉基地；梁国庆，国家文物局水下文化遗产保护中心、山东大学历史文化学院。

采用合适的水下语音通信系统显得极为重要。

水面工作人员需要实时掌握水下队员的位置、状态、工作情况、水流变化、水下影像等信息，并进行沟通指挥。这就需要一套能够将水下实时定位、语音通信、水流监测、影像传输等技术整合的系统。

本文通过对国内外相关前沿技术进行借鉴和分析，结合工作实践，整理出一套水下考古实时定位监控系统，对于提高水下考古的科技含量和工作效率，提高水下考古安全保障，扩展水下考古工作领域和范围等具有重要的意义。

一、水面 GPS 定位技术

（一）定位原理

卫星定位系统（如 GPS 系统、GLONASS 系统、北斗导航系统等）的工作原理是基于若干已知位置的定位参照物——空间卫星，测量得到卫星与接收机之间的电波传播时间（对应卫星与接收机之间的距离），再通过特定的定位算法而得到接收机的实时位置信息[1]。

目前应用最广的是 GPS 卫星定位系统，其利用 GPS 定位卫星，在全球范围内进行实时定位和导航，称为全球卫星定位系统，简称 GPS。该系统是由美国国防部研制建立的一种具有全方位、全天候、全时段、高精度的卫星导航系统，能为全球用户提供低成本、高精度的三维位置、速度和精确定时等导航信息。这套系统由 24 颗空间卫星、地面控制系统、用户信号接收机组成。用户通过信号接收机能够捕获到按一定卫星截止角所选择的待测卫星，并跟踪这些卫星的运行。当接收机捕获到跟踪的卫星信号后，就可测量出接收天线至卫星的伪距离和距离的变化率，解调出卫星轨道参数等数据[2]。根据这些数据，接收机中的微处理计算机就可按定位解算方法进行定位计算，计算出用户所在地理位置的经纬度、高度、速度、时间等信息。

水下考古调查主要通过物探扫测手段发现水下遗址。物探调查系统中均配备 GPS 定位系统，这样采集的遗址数据包含 GPS 坐标；一些渔民提供的线索或文献记载的沉船线索，经寻找确认后也需利用 GPS 系统记录其坐标。之后对遗址开展进一步的水下考古工作时即可利用 GPS 定位系统快速准确地找到遗址位置。

（二）单点抛标

在开展潜水调查时，因多租用渔船开展工作，很难固定于特定位置，因此多利用 GPS 定位系统导航至遗址点或遗址的特定位置抛设浮标，潜水员可沿浮标潜水至拟调查位置，如图一中的白球即为抛设的浮标。

---

［1］ 王光运、陈增强：《差分 GPS 定位技术与应用》，电子工业出版社，1996 年，第 1~10 页。

［2］ 刘大杰：《全球定位系统（GPS）的原理与数据处理》，同济大学出版社，2001 年，第 97~143 页。

(三)线段抛标

水下作业经常需要布设基线,而水下寻找位置难度较大且准确性差,此时根据水面 GPS 信息在遗址的特定位置抛设 2 个浮标,潜水员在水下用线绳将 2 个浮标的坨点连接,即布设了精确的水下基线,如图二所示 2 个白球构成一条直线。

图一　单点浮标　　　　　　　　　　　　图二　双点浮标

(四)区域抛标

水下考古经常需要布设探方,或划定水下工作区域,此时可利用水面 GPS 信息,通过抛设 3 个及以上浮标框定特定区域,潜水员在水下将浮标的坨点用线绳、铁管等连接即可框定出工作区域。

二、水下实时定位技术

(一)超短基线技术

卫星信号无法传输至水下,因此无法通过 GPS 定位系统确定水下队员的实时位置。在以往的工作中,只能通过观察潜水员的气泡来了解大体位置,因波浪、水流的影响,这种以气泡来定位的方法存在很大偏差。而声波信号可在水中传播,因此国际上很早就开始研究水下声学导航技术。

利用声学导航首先要在水下布设应答器基阵,根据航行体与应答器之间声信号传播确定航行体相对应答器的位置。根据应答器基阵的长度可分为长基线定位系统(LBL)、短基线定位系统(SBL)和超短基线定位系统(USBL)。LBL 定位精度较高,在边长 100 米的三角形定位区域内定位精度可达到 1 厘米;SBL 定位精度次之,目前最先进的短基线定位系统定位精度可控制在 2.5 米内;USBL 定位精度比前两种方法稍差,其定位精度一般为水深的 0.5%~1.0%[1](图三至五)。

---

[1]　孙东磊、赵俊生等:《当前水下定位技术应用研究》,《中国测绘学会海洋测绘专业委员会第二十一届海洋测绘综合性学术研讨会论文集》,2009 年,第 178~181 页。

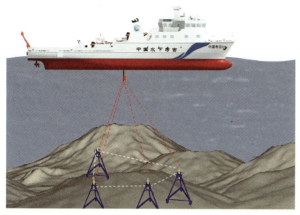

图三　长基线定位系统示意图

图四　短基线定位系统示意图

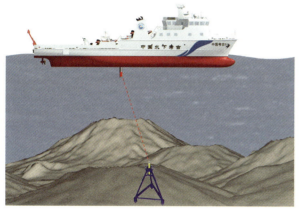

图五　超短基线定位系统示意图

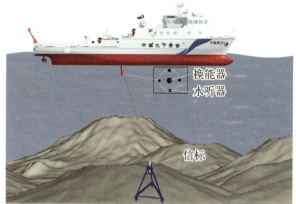

图六　超短基线安装示意图

　　超短基线定位系统主要由两部分组成：发射接收单元和水下应答信标。系统根据声波在水中传播的往返时间及声速来测量水声换能器到水下信标的距离；利用安装在水声换能器探头中的多个水听器接收阵接收水下信标的应答信号的相位差来确定发射接收机相对于船舶的方位；通过距离与方位的测量来确定水下目标的位置[1]。超短基线定位系统操作方便，不需要布设水下应答器阵，且定位精度可满足工作需求，因此可应用于水下考古领域。通过将超短基线的信标绑定在潜水员身上，水面平台可了解潜水员相对于水面船舶的实时位置及运动轨迹（图六）。

（二）超短基线配合 GPS 技术

　　因超短基线定位系统所获取的信标位置仅是相对于换能器的实时位置，在超短基线系统中绑定船舶（水面平台）尺寸后，可获取信标相对于船舶的实时位置。而水下考古所需要的是潜水员在水下遗址的实时位置，在船只搭载 GPS 定位系统的前提下，船只具备实时经纬度坐标，此时经过特定的算法，可将信标相对于船舶的位置转化为信标的 GPS 位置[2]。潜水员或 ROV 等水

［1］　焦永强、田维新、潘贤亮：《超短基线测量技术在铺排施工中的应用》，《中国港湾建设》2013 年第 3 期，第 60~62 页。

［2］　唐秋华、吴永亭、丁继胜等：《RTK GPS 在超短基线声学定位系统安装校准中的应用》，《海洋测绘》2005 年第 5 期，第 40~42 页。

下移动目标携带信标后,水面便可实时了解潜水员的位置(图七)。

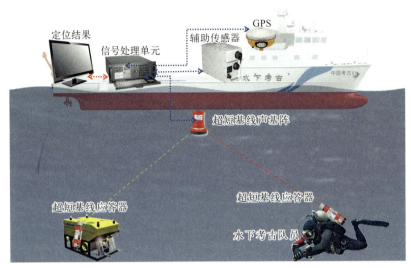

图七　超短基线配合 GPS 技术示意图

(三) 智能浮标技术

为了使 GPS 信号应用于水下目标,许多国家开展了水下卫星定位技术研究。其中英国研究

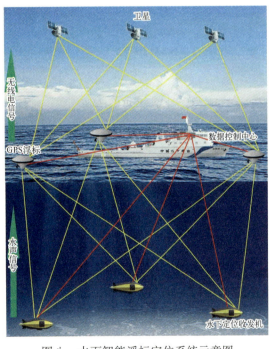

图八　水面智能浮标定位系统示意图

开发的"智能 GPS 浮标"系统[1]将卫星定位系统的接收装置装载在水面浮标上,即可给浮标进行实时定位,然后通过测量水下目标到浮标的距离来获取水下目标的实时 GPS 位置。水下目标与浮标的距离可通过测量声波的传播时间获取,再通过采用差分技术和卡尔曼滤波技术就可获得很高的实时定位精度(通常优于 5 米)。通过浮标给水下目标定位需要充分考虑水下环境,传播过程中水中声速的变化和传播路径的变化等。水下合作目标发射声波和浮标接收声波可以同步工作,通过测量目标到浮标的直线距离,进而通过球面定位法解算出目标的位置;对于非合作目标而言,目标发射声波和浮标接收声波不能同步工作,需要测量目标到达两个浮标的距离差,进而通过双曲面定位法来解算目标的位置(图八)。

[1] 李小民、孙长瑜、郑宗贵:《卫星定位技术在水下移动目标监控中的应用》,《测控技术》2002 年第 7 期,第 58~61 页。

三、水下语音通话技术

（一）水下喇叭

水和空气属于不同的声音传播介质，声音无法从空气中直接传导至水底。船上人员要想给水下人员喊话，只有通过将扬声器置于水体中，这样声波可以直接在同一介质中传递。水下考古通常采用具备防水性能的水下喇叭来通知潜水员潜水时间、所在位置等信息。

（二）水下语音通话系统

水下喇叭只能起到船上人员对水下人员单向喊话的功能，而潜水员的声音无法传达至水面，潜水员之间也无法通话。为实现潜水员与潜水员之间、潜水员与船体平台之间的信息交流，就需要一套水下语音通话系统。

国际上对水下语音通信系统研究较早，早期多采用模拟单边带调制方式进行水声通信，但这种通信方式受水文环境影响较大。20世纪90年代后期，国外学者开始将数字技术引入到水声通信系统中，尝试用数字信号处理器来实现水下语音信号的处理和传输，同时国内的相关研究也开始起步。近年来，基于数字信号处理技术的调制解调技术已逐渐取代模拟技术成为研究的热点[1]，并且很多基于数字处理技术的扩频技术、信号编解码技术、分集技术和自适应技术等新技术都应用到水下语音通信领域中，为克服水下环境噪声、传输损失等提供了帮助[2]（图九）。结构外形

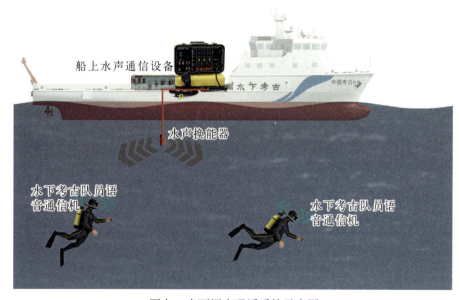

图九　水下语音通话系统示意图

［1］　王翔：《水下个人数字通信关键技术研究》，西北工业大学硕士学位论文，2007年，第30~56页。

［2］　刘宁、梁奇兵、高晓兰：《蛙人水下语音通信技术研究现状和展望》，《声学技术》2009年第2期，第170~175页。

方面也由分体式、大体积向模块化、小型化、低功耗和一体式发展,更好地适应了水下行动和作业需求[1]。这些新型的水下语音通信系统由用于检测并发送潜水员语音的麦克风送话器和便于潜水员能够听到声音的、通过潜水员的牙齿和头骨传导到耳蜗的声音传导器组成,多采用通信机和全面罩一体化设计,通信机本体置于全面罩侧面,采用干电池供电,佩戴方便,操作简单(图一〇、一一),适用于水下考古作业,如 OTS、SCUBAPRO 等品牌的新型水下语音通信机在水下考古领域进行了实践应用,取得了很好的效果。

图一〇　全面罩式水下语音通信机

图一一　全面罩式水下语音通信机

(三) 水下多体制通信系统

　　水下语音通信系统只能实现声音间的传输,视频、图像等传输只能依赖电缆来传达(图一二、一三),这给潜水员的水下行动带来不便,且很多潜水作业无法采用重潜装备。随着深海载人潜水器领域的发展,多通信体制的水声通信传输系统研发取得较快进展,如中国科学院声学研究所率先采用单边带调制技术实现了 4 种通信体制(语音、图像、视频、文字)以适应载人潜水器在海上航行及深海探索的需要。该水声通信系统成功装备到了我国自主研发的深海载人潜水器蛟龙号上,在世界上首次实现了深海潜水器与母船之间多种通信体制的水声通信传输[2](图一四)。目前尚缺乏适用于水下考古领域的小型化、便携式的水下多体制通信系统,只能期待新科技、新产品的出现。

[1]　白峻、曾锋、刘峰等:《蛙人水下信息系统发展综述》,《电声技术》2014 年第 9 期,第 60~63 页。
[2]　朱维庆、朱敏、武岩波等:《载人潜水器"蛟龙"号的水声通信信号处理》,《声学学报》2012 年第 6 期,第 565~573 页。

图一二　常用水下线缆式视频监控系统

图一三　常用水下线缆式视频监控系统

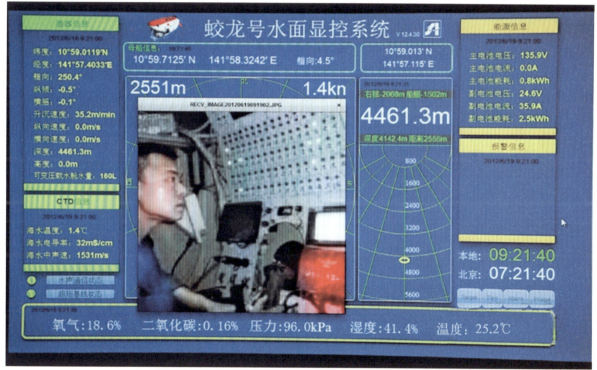

图一四　蛟龙号上使用的水下多体制通信系统[1]

四、水流监控技术

（一）直读式流速仪

潜水员水下作业与水流息息相关,流速太大时不仅无法在水下工作,还会危及人身安全。通常在开展潜水前需了解流速、流向,并在潜水过程中时刻关注流速的变化,这就需要能够测量显

---

[1]　转引自:http://news.xinhua08.com/a/20120619/974837_4.shtml.

示流速的仪器——流速仪。

　　流速仪分为旋桨式流速仪、电磁式流速仪、超声波式测速仪三种，目前水下考古中常用的是旋桨式流速仪。这种流速仪主要由旋桨、身架、尾翼、线缆和水上数据终端组成。旋桨内装有讯号触点和轴承转轴等，利用水流动力推动旋转，根据转动速度推求流速，根据机身尾翼随水流而变向推求流向，并实时显示在水上数据终端。目前我国水下考古使用较多的一款为 SLC9－2 型直读式旋桨海流仪，轻便小巧，易于携带，操作简单。

（二）多普勒流速仪

　　直读式旋桨流速仪虽具有轻巧便携，操作简单的优点，但是其测量的仅是旋桨所在深度的流速和流向。而不同深度的水流并非一致，尤其是海水中不同深度的流速差别很大，为提高潜水作业的安全性就需要实时掌握不同深度水流的整体变化信息。

　　声学多普勒流速剖面仪[1]（ADCP）具有测量不同深度流速、流向、流量、波浪等功能，是一种基于超声波原理的水声学流速计。其原理是通过按一定规则排列的 4 个声波换能器向水中发射脉冲声波，然后聆听被水体中颗粒物散射回来的声波，假定水体中颗粒物与水体流速相同，依据反射信号的多普勒频移计算颗粒物沿声束方向的移动速度；利用水底脉冲测量水深及测量船相对于地球的速度矢量，取两者矢量差值就是要测量的流速矢量，通过测量声波的往返时间，将其乘以水中声速即可粗略计算出散射体的距离，再经过测量声波的多普勒效应频移，就能计算出散射体在该声束方向上的速度分量（图一五）。

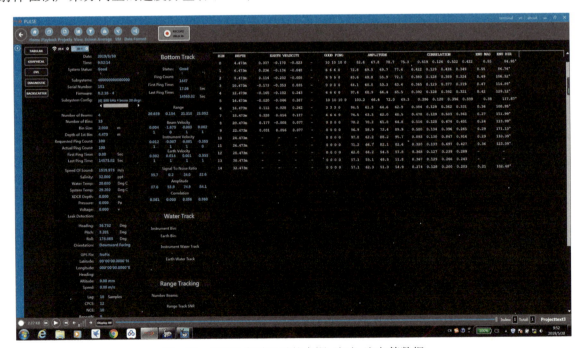

图一五　ADCP 实时显示的水深、流速、流向等数据

---

［1］　单忠伟：《海流测了技术综述》，《声学与电子工程》2011 年第 1 期，第 1~5 页。

ADCP 由以下组件构成：一个放大电路；一个接收器；一个时钟用以测量声波的往返时间；一个罗经用以测定方向；一个运动姿态传感器；一个模拟—数字转换器和一个数字信号处理器用以处理返还的声学信号并分析其多普勒频移；一个温度传感器用以校正声速在当前海水状态方程下的偏差（此校正过程假定盐度保持在一个预设的常值）。测量数据可以存储在内置的存储器中，也可实时输出到用户端的软件上，分别称为自容式和直读式（图一六、一七）。

图一六　固定在水底自容式测流速

图一七　安装于船底走航式测流速

五、水下影像监控技术

（一）摄像监控

为了解水下场景，可通过在水下安装摄像头，将水下遗址和人员工作的场景传输至水面平台。目前摄像监控多采用线缆传输的方式，其适用于水深浅、水流平缓稳定、能见度高的水域。但我国大部分水域能见度不好，尤其是水下沉船等遗址多处于风大浪急，古代船舶容易倾覆的水域，能见度差、水流多变，线缆传输的方式较难应用。目前深海潜水器与母船之间联络使用的水声通信系统可实现图像等信息的无线传输[1]，但尚缺乏简易便携适用于水下考古领域的设备。

（二）实时三维成像声呐

因水下能见度差，光学手段应用有限，在大部分水域无法实现对水下作业场景的实时拍摄和传输。基于声波能够在水下传输的特性，国际上对声学实时成像技术开展了大力研究，并于近些年研制出了水下三维实时成像声呐。

---

[1]　朱维庆、朱敏、武岩波等：《载人潜水器"蛟龙"号的水声通信信号处理》，《声学学报》2012 年第 6 期，第 565～573 页。

　　三维实时成像声呐系统[1]与多波束原理相同，均是通过发射并接收反射声波，根据声波往返的时间计算水底深度形成水下地形。但该系统区别于多波束的线性发射技术，它通过向目标区域发射声信号，利用声成像方法对接收到的回波信号进行处理，获得一系列二维图像（帧），通

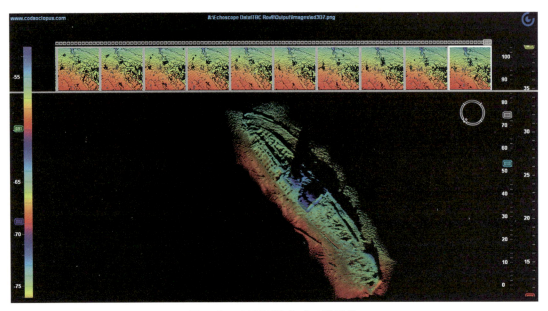

图一八　水下沉船实时三维影像

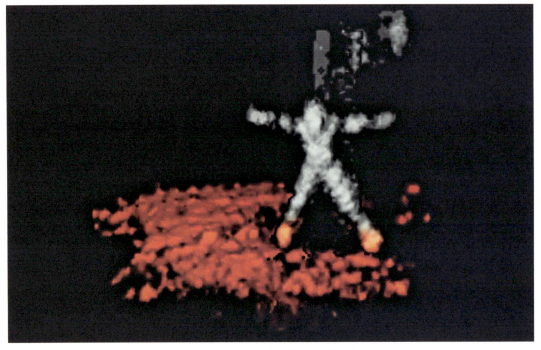

图一九　潜水员水下实时三维影像

---

[1]　万华、周凡、胡银丰：《水下三维场景实时成像系统》，《计算机工程》2013年第12期，第280～284页。

过计算机合成技术合成三维图像。对于一次三维成像可以获得两种类型的帧,分别是距离图像和振幅图像,通过对这两类声呐图像处理实现目标的三维成像。随着每次新声波传输,该三维模型则获得更新,随着技术的进步,目前已经能达到每秒更新 12 次,满足了实时监控了解水下潜水员运动及水底地形等信息的要求。如 Echoscope 实时三维声呐系统,可以从每次声波传输中生成一个由逾 16 000 个探测点组成的完整三维模型。在监测水下活动时,即便是监测目标和 Echoscope 彼此独立移动的情况下,3D 图像仍能保持清晰准确,让观察者能够立即了解水下环境和潜水员动态(图一八、一九)。

六、水下考古实时定位监控指挥系统

本研究结合水下考古工作需求及实践经验,将实时定位、语音通信、水流监测、影像监控等技术进行整合,构建一套综合控制系统,可以整体直观的掌握水流、潜水员位置、遗址状况等信息。

该系统由水面甲板处理系统、水下发射接收系统、软件系统组成。水面甲板处理系统负责将数据整合处理并显示:实时定位系统界面显示水下遗址地形图及潜水员所在位置和移动轨迹;实时三维影像界面显示三维成像系统不断扫描形成的水下三维影像和潜水员动态;水流监测界面显示不同深度的流速流向变化;语音通信控制台可与潜水员开展语音通话(图二〇)。

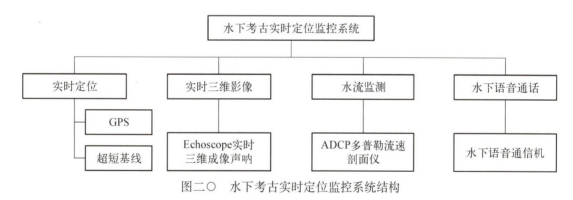

图二〇　水下考古实时定位监控系统结构

水下发射系统负责发射并接收声波信号:超短基线换能器通过支架安装于船侧,换能器头入水深度应超过船底,负责向信标发射信号并接收信标返回的信号;水流监测所用的 ADCP(多普勒流速剖面仪)换能器通过支架安装于船侧,深度应超过船底;实时三维成像系统的换能器通过支架安装于船侧,并将发射面朝向遗址或潜水员活动区域;水下语音通信系统换能器在船侧悬挂入水即可;潜水员气瓶上绑定超短基线信标,信标头部与气瓶头方向一致。水下语音通话机集成在全面罩中,负责与水上语音控制台通话。

软件系统负责对数据进行处理整合:水下定位软件可采用 hypack 导航软件,将水下遗址三维地形图加载进软件,将 GPS 数据、超短基线数据导入软件,通过处理整合,可将潜水员(超短基线信标)相对于换能器的实时位置转化为潜水员在水下遗址的实时位置;实时三维成像系统采用 Underwater Survey Explorer 软件实现数据处理和 3D 影像的实时展示;ADCP 可采用 WinRiver 软件进行数据处理并显示为不同深度的流速流向变化；水下语音通话系统没有单独的操作软件，已集成于控制器中。

　　在实际应用中需对设备进行连接、调试、软件校准、工程文件建设、数据检测等工作，调试正常后即可应用。将三台显示器和水下语音通话控制台安装于工作台或桌子上，安排专门工作人员实时监控了解水下状况并与潜水员开展沟通指挥工作（图二一）。

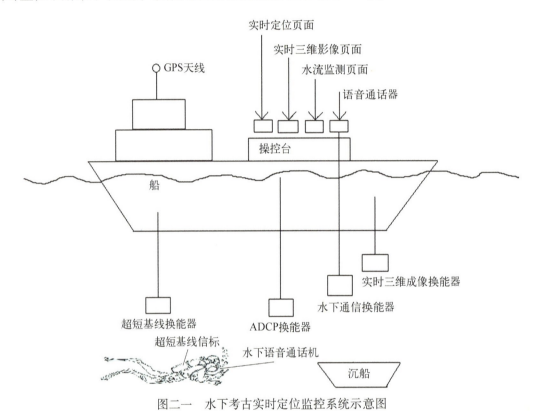

图二一　水下考古实时定位监控系统示意图

七、实 践 应 用

（一）对定位系统的部分运用实践

　　在 2018 年经远舰调查项目中，考古人员先采用多波束测深系统获得沉船遗址的三维地形图，之后将三维地形图导入 hypack 软件中，连接 GPS 定位仪，建立测量工程，输入水上平台尺寸，设置调试后即将水上平台相对于水下沉船遗址的实时位置展现出来（图二二）。

　　沉船只有部分残留泥面，其他部分掩埋于淤泥中或已被破坏，对淤泥中沉船位置定位尚不直观。此后将搜集得到的经远舰设计图纸进行处理，与已扫测获得的沉船泥面部分进行匹配并赋予其 GPS 坐标，建立了具备 GPS 坐标的船只平面图，再将其导入 hypack 软件，得以显示水上平台与沉船各部位的相对位置关系（图二三）。之后在开展调查工作时如果需要对沉船某一部位进行调查，可通过移动水上平台至该位置，派潜水员入水即可顺利精确到达遗址部位。

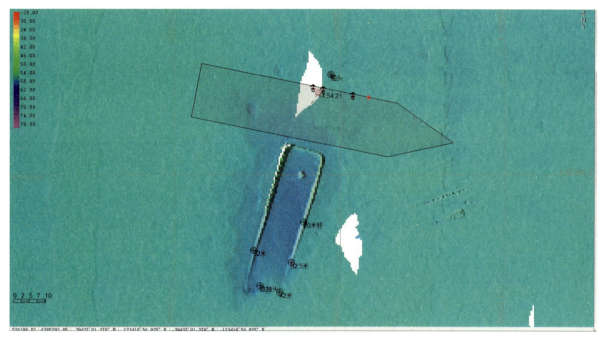

图二二　使用沉船扫测图为底图的定位页面

这种对水下沉船精确定位的方法极大节省了工作量,提高了工作的准确性,为经远舰水下考古任务的顺利完成提供了帮助,也为下一步开展水下实时定位系统的综合应用奠定了基础。

(二) 水下考古定位监控系统的应用实践

在 2019 年舟山近现代沉船调查项目中考古人员尝试对水下考古定位监控系统进行实践运用,因当时缺乏水下实时三维成像声呐系统,只对水下实时定位、水流监测、语音通信技术进行了整合运用,取得了较好的效果,证明了该系统能够很好地服务于水下考古工作。

开展潜水工作前先用多波束测深系统获取沉船水下三维地形图;将超短基线换能器、ADCP (多普勒流速剖面仪)换能器安装于船侧,深度超过船底,将水下语音通话系统换能器安装在船侧并悬挂入水;将 GPS 天线安装于船侧,将换能器连接至甲板处理系统,各设备连接并通电调试;在 hypack 软件中建立测量工程,将沉船三维地形图导入,将 GPS 数据导入,将超短基线定位数据导入 hypack 软件,经校准调试,使信标的 GPS 位置显示在沉船位置底图上。将 ADCP 数据导入 WinRiver 软件中,设置为每隔 1 米深度显示流速流向,更新时间设置为 10 秒。调试水下语音通信系统,确定语音通话正常。

为掌握流速的变化趋势,在开展潜水作业的前一个月将 ADCP 放置在遗址水域,采用自容式记载水流信息的方法,采集了一个月的水流信息,之后将 ADCP 提取出水,导出数据并打印张贴于工作平台,如此可了解该水域水流变化的大体规律。因水流受潮汐等因素影响,相隔一个月的水流变化不大,可为预测水流变化及安排每天潜水工作提供参考。通过监测每天水流变化发现,两个月的水流变化大体相同但时间上有一定的叠加延后。

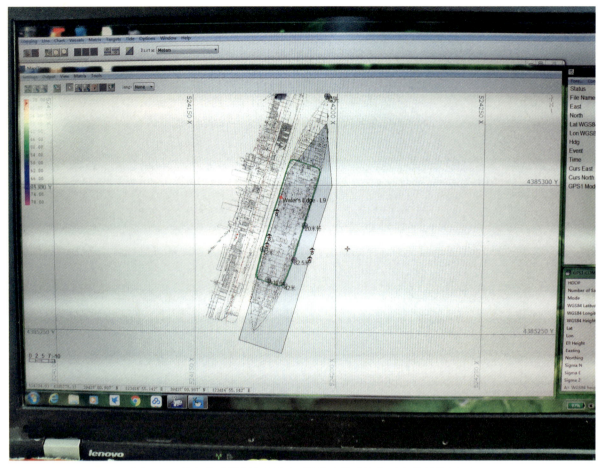

图二三　将船体型线图与沉船扫测图匹配后的实时定位监控页面

　　开展潜水工作时先查看上个月获取的水流变化信息,并查看流速监控界面的海水流速和流向,流速在安全范围内方可下水。将超短基线信标绑定在潜水员气瓶上,根据 hypack 定位界面将平台入水点移动至拟调查位置,并抛设入水浮标,潜水员沿浮标绳入水即可准确到达沉船的拟调查位置。潜水员在水下的深度、位置、移动轨迹实时显示在 hypack 定位界面(图二四)。平台监控或指挥人员可观察了解潜水员水下状态(位置、深度、移动),并通过水下语音通话系统与其沟通。这样潜水员可根据监控人员的指挥到达沉船的不同位置开展工作,并将工作情况及时传达至水面(图二五)。监控人员发现水流变化时可及时通知潜水人员,控制工作时间或及时出水。

　　此次开展工作的水域深度大,水流变化急,经常短时间内水流突然增大至无法潜水程度,且不同深度水流差别较大。有时表层流速较缓而中层水流较大,有时底层和表层流速较大而中层流速较小。在往年的工作中因采用直读式旋桨流速仪导致无法全面了解流速,潜水员较难到达水底或潜水危险状况频发。通过前期一个月的 ADCP 水流测量并结合实时流速检测发现其原因是不同深度流速存在较大差别。此外该水域水底几乎没有能见度,潜水员在水下工作容易迷失方向,既影响工作效率又增加了危险性。此次通过水下实时定位监控系统,水面人员可通过水下语音通话系统指挥潜水员行动路线及避开三维地形图上渔网密集、沉船破裂处等危险区域。

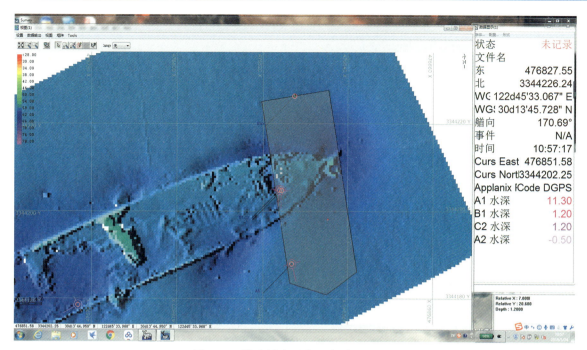

图二四　潜水员水下位置实时显示页面

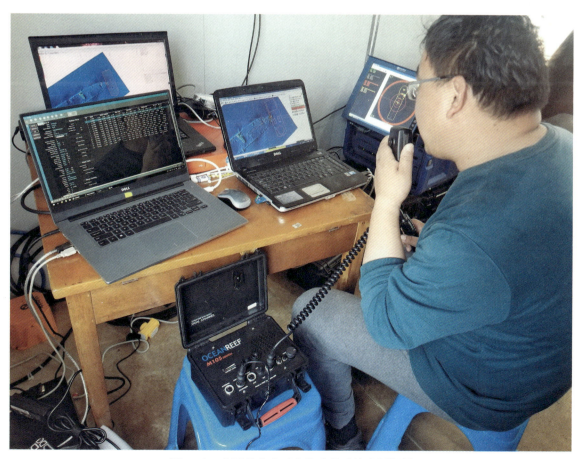

图二五　水下考古实时定位监控系统应用场景

本次调查通过对水下实时定位监控系统的应用,得以准确掌握水流规律及变化状况,合理安排潜水工作时间,最大限度的提高潜水安全,水面工作人员及时掌握水底工作情况,潜水沟通及指挥得以实现,提高了工作效率和安全保障,使水下考古调查任务得以顺利完成,并为今后在类似水域开展水下考古工作奠定了基础。

八、结　　语

水下考古实时定位监控系统是结合工作需求,借鉴国内外科研成果,对 GPS 定位技术、超短基线定位技术、水流监测技术、水下实时三维成像技术、水下语音通信技术的综合运用,解决了水下考古工作中亟待解决的潜水安全、沟通指挥、实时工作场景监控等需求。2019 年舟山近现代沉船调查对该系统进行了实践应用,取得了较好效果,证明该系统能够提高水下考古工作效率,保障潜水员安全,扩展水下考古工作范围。但该系统尚需进一步完善,如未对水下实时三维成像系统开展应用,因而具体效果不明;在初次使用中仍存在一些问题,如超短基线定位精度和信号延误的问题。这些都需要进一步的探索和改进,也期待将更多新技术新设备引入到该系统中,以更好地促进水下考古事业的发展。

A Dissertation on Real-time Positioning and Monitoring System for Underwater Archaeology

By

Zhu Shiqian　　Liang Guoqing

Abstract：Real-time location（RTLS）, velocity of flow monitoring, image transmission and communication command is very important in underwater archaeology. This paper introduces and studies the current domestic and foreign relevant frontier technologies and applications, and integrates relevant technologies according to the practical needs of underwater archaeology, so as to design and sort out a real-time positioning and monitoring system for underwater archaeology. This system improves the safety and efficiency of underwater archaeology, expands its field, and make underwater archaeology more science and technology.

Keywords：Underwater Archaeology, Underwater Real-time Location（RTLS）, ADCP, Underwater Communication, Underwater Real-time Three-dimensional Imaging

征 稿 启 事

　　《水下考古》系列辑刊由国家文物局水下文化遗产保护中心负责出版。自 2017 年起，连续出版。本辑刊主要刊登水下考古及中外交通、陶瓷贸易、水下文物的科技保护与政策法规等相关领域论文，尤其欢迎沉船、窑址、港口、濒海聚落等考古新发现，欢迎海内外学人赐稿。

　　为方便作者来稿，并使稿件规范化，特将来稿的基本要求告知如下：

　　1. 来稿不拘中英文，中文稿件以 7 000 至 15 000 字为宜，英文稿件以不超过 30 页为原则，中英文稿件均须附中英文篇名及关键词（3~5 个）、中英文摘要（200 字左右）。

　　2. 来稿正文使用 WORD 或 WPS 格式处理，图片以 JPG 或 TIFF 格式存档。图片须标明在正文中的位置，并提供单独图片文件（单色线图不低于 600 dpi；黑白和彩色图片不低于 300 dpi）。

　　3. 来稿时，请提供作者姓名、单位、职称、通讯地址、邮编、联系方式、电子邮箱以及来稿字数、图数等信息，以方便联系。

　　4. 本编辑部对来稿有文字性修改权，如不同意，请来稿时注明；如需重大修改，会征得作者同意。

　　5. 本编辑部将择优录用来稿；稿件应遵守学术规范，严禁剽窃、抄袭等行为；本刊发表论文原则上须为首发，严禁一稿多投，凡发现此类行为者，后果由作者自行承担。

　　6. 来稿请直接通过电子邮件投寄，编辑部将在三个月内发出稿件处理通知。请自留底稿，未予采用之稿件，本刊不负责退还。

　　7. 本书已加入《中国学术期刊网络出版总库》及 CNKI 系列数据库。凡被本书录用的文章，将同时进行电子出版或提供信息服务，相关著作权费用和稿酬将由本书一次性支付。如有特殊要求，请来稿时注明。

　　8. 来稿一经刊登，赠送作者本刊 2 册，论文抽印本 20 份，酌付薄酬。

本刊编辑部联系方式：
国家文物局水下文化遗产保护中心
北京市海淀区宝盛南路 1 号院 4 号楼　　邮政编码 100192
邮箱：sxkgjk2017@163.com
电话：+86－50972166
传真：+86－010－50972157

书稿文字规范

1. 文稿次序：每篇文章按文章标题、作者信息、摘要、关键词、正文、英文标题、作者名、英文摘要、英文关键词顺序编排；如标题文章需注明信息（如列明资助或项目名称），采用 ＊ 注，注于页下。

2. 版式格式：中文稿件采用简体横排；文章标题用三号、黑体，单独成段引文用小四、楷体，正文与其他信息用小四、宋体；设置 1.5 倍行距。

3. 标点格式：本刊除英文摘要和纯英文注释使用西式标点符号外，统一使用中文标点符号；阿拉伯数字之间的起讫号一律用波浪线"～"，中文之间的起讫好一律用"—"；英文提要和英文注释中的出现的出版物（图书名或期刊名）名称采用斜体。

4. 注释格式：注释采用页下注，每页单独编号；注码格式为 [1]……[100]……，注码置于标点符号的右上角；同页内再次征引，可用"同上，×页"或"同注 [×]，×页"，不采用合并注码的形式。

5. 图表格式：图名位于图片下部居中，图号形式为图一……图一〇……图一〇〇……；表名位于表格上部居中，表号形式为表一……表一〇……表一〇〇……。

6. 特殊格式：首次提及帝王年号时，须注明对应的公元纪年；首次提及外国人名，须附外文原名；中国年号、古籍号、叶数采用文中数字，如洪武元年，《明史》卷一，《西域水道记》叶三正。其他公历、杂志卷、期、号、页等均采用阿拉伯数字。

7. 注释内征引文献参考格式：

1）古籍类，司马迁：《史记》，中华书局，1963 年，第 1234 页；《莱州府志》，清康熙五十一年刻本第 100 页。

2）专著类，王冠倬：《中国古船图谱》，三联书店，2000 年，第 1 页。

3）文集类，郭泮溪：《胶东半岛早期航海活动初探》，《国家航海》第 7 辑，上海古籍出版社，2014 年，第 20 页。

4）期刊类，林悟殊：《元代泉州摩尼教偶像崇拜探源》，《海交史研究》2003 年第 1 期。

5）外文著作类，Kwang-chih Chang, *Shang Civilization*, Yale University Press, 1980, p.4.

6）外文期刊类，Virginia Kane, "Aspects of Western Chou Appointment Inscriptions：The Charge, the Gifts, and the Response", *Early China*, 1982(8), pp.14－28.